VERDAD o TERRITORIO:

UN ACERCAMIENTO BÍBLICO A LA GUERRA ESPIRITUAL

Jim Osman

Prólogo por Justin Peters

Este libro es publicado por James C. Osman II y
Kootenai Community Church Publishing

Text copyright © 2015 James Clancy Osman II

Todos los derechos reservados por el contenido intelectual de esta obra. Ninguna porción de este libro podrá ser reproducida en cualquier forma o por cualquier medio sin la autorización previa por escrito del autor, James C. Osman II o por Kootenai Community Church, P.O. Box 593, Kootenai, Idaho 83840.
Todos los derechos reservados.

ISBN: 978-0-9984550-3-7

Título en inglés: *Truth or Territory*
Traducción: David L. Belch

Diseño de cubierta provisto por Josh Comstock de
http://www.PeaceHarbor.co.

Alojamiento Web provisto por Thomas Leo de
http://www.TLCWebHosting.com.

http://www.TruthOrTerritory.com

http://www.KootenaiChurch.org

Dedicatoria

Este libro está dedicado a los santos amorosos y fieles llenos de gozo que se congregan como Kootenai Community Church, quienes me permiten servirles con gozo como un consiervo de Jesucristo.

¿Por qué este libro? – Una Nota Personal

¡Gracias por comprar este libro!

Tal vez haya unas cuantas razones por las que lo has comprado. Hay varias razones por las cuales lo escribí.

Primero, escribí el contenido de este libro como una serie de artículos publicados en el boletín informativo de la iglesia durante un período de año y medio. Me han preguntado en numerosas oportunidades sobre algunas de las doctrinas y prácticas mencionadas en estas páginas. Decidí recoger y recopilar las respuestas por escrito para que tuviera un recurso a la mano para entregar a los que preguntaran en el futuro. Es mi deseo sincero que Dios use Su verdad en estas páginas para purificar a Su iglesia, reformar a Su iglesia y capacitar a los santos para la obra del ministerio.

Segundo, habiendo escrito este material, deseaba hacer esto accesible a una audiencia más allá de las paredes de mi propia familia eclesial. Inicialmente hice esto por medio de disponer de los artículos en nuestra página web (www.kootenaichurch.org) gratuitamente. Poner este material en el formato de un libro lo hace aún más disponible para una audiencia más grande. Sigue siendo mi deseo que Dios use esto para Su gloria en la capacitación de Su pueblo.

Tercero, he decidido dejar este material disponible para la compra en el formato impreso y electrónico para recabar fondos para el nuevo edificio de Kootenai Community Church. Estamos en el proceso – y lo hemos estado desde 2002 – de construir un nuevo edificio para nuestra familia eclesial. Nos hemos comprometido a hacer esto sin recurrir a un préstamo y de solo construir según lo que podemos pagar. Consecuentemente, ha sido un proceso largo, y el Cuerpo de Cristo en Kootenai ha sido maravillosamente paciente y adaptable a todo esto.

Nos hemos reunido en la cafetería de una escuela por 13 años (contados hasta el 2015). Esto ha involucrado descargar, poner en su sitio y guardar de nuevo las sillas, el equipo de sonido y los instrumentos musicales semana tras semana durante todo este tiempo. Estar en un lugar alquilado ha impuesto muchas limitaciones sobre nuestro ministerio, y la gente se ha adaptado. Estamos agradecidos de que Dios haya provisto un lugar de encuentro durante todos estos años, pero estamos a la espera de

Verdad o Territorio: Un Acercamiento Bíblico a la Guerra Espiritual

ubicarnos en nuestro propio edificio con todas las oportunidades que esto traerá.

Todas las ganancias provenientes de la venta de este libro van directamente a Kootenai Community Church, para el propósito de completar nuestro edificio donde se reunirá la iglesia. ¡Gracias por tu contribución a este fin!

¡Soli Deo Gloria!

Actualización 2018: Me complace informar que Kootenai Community Church pudo trasladarse a su nuevo edificio de iglesia el 01 de junio del 2018. Después de 16 años de congregarnos en la cafetería de una escuela de primaria mientras que estuvimos construyendo un nuevo sitio, con gozo nos mudamos a este nuevo cede sin cualquier deuda. Damos gracias a Dios por Su provisión bondadosa y fiel a través de Su pueblo.

Otros libros de Jim Osman

Selling the Stairway to Heaven: Critiquing the Claims of Heaven Tourists

The Prosperity of the Wicked: A Study of Psalm 73
(La Prosperidad de los Impíos: Un Estudio del Salmo 73)

God Doesn't Whisper

Contenido

Prólogo   xiii
Reconocimientos   xvii
Prefacio   xxi

Introducción   1

Parte 1: Estableciendo Principios Bíblicos
Capítulo 1 – Nuestra Fuente de Inteligencia   11
Capítulo 2 - ¿Verdad o Territorio?   21
Capítulo 3 – El Enemigo y Su Ejército   37
Capítulo 4 – El Mundo y la Carne   47

Parte 2: Poner al Descubierto Prácticas No Bíblicas
Capítulo 5 – Armas Carnales: Setos   61
Capítulo 6 – Armas Carnales: Maleficios   75
Capítulo 7 – Armas Carnales: Atar a Satanás   89
Capítulo 8 – Armas Carnales: Reprender a Satanás   103
Capítulo 9 – Armas Carnales: Mapeo Espiritual   117

Parte 3: Explicando Perspectivas Bíblicas
Capítulo 10 - ¿Puede el Cristiano Estar Poseído por un Demonio?   131
Capítulo 11 - ¿La Autoridad de Cristo Es la Misma Que la Nuestra?   149
Capítulo 12 - ¿Qué de los Exorcismos?   163
Capítulo 13 – La Guerra Espiritual y la Santificación   179

Parte 4: Examinando un Pasaje Bíblico
Capítulo 14 – La Postura de un Soldado   195
Capítulo 15 – La Protección para un Soldado   211

Capítulo 16 – Conclusión: Una Apelación Final   227

Acerca del Autor   229

Prólogo

Existe una gran y trágica paradoja entre gran parte de la cristiandad profesante. Vivimos en un día y una era de acceso incomparable a recursos bíblicos casi ilimitados. Las estanterías de las librerías cristianas están llenas de obras de una vertiginosa gama de autores, acerca por igual de una vertiginosa gama de temas. Conferencias cristianas que prometen capacitar a la gente para tener éxito y victoria en cada área de su vida están llenas a la máxima capacidad. El advenimiento de la era de internet ha hecho disponible casi cada sermón de casi todo predicador, tanto vivo como muerto, con solo el clic de un ratón.

Sin embargo, con toda esta facilidad de acceso a información bíblica, nunca ha sido la sociedad en general y la iglesia misma tan ignorante de la doctrina bíblica. Todos los estudios hechos sobre este tema confirman que, como mucho, la gente tiene un conocimiento superficial de la Biblia. Escasos son los que están dispuestos a seguir la directriz del Apóstol Pablo a "procurar con diligencia presentarte a Dios aprobado" (2 Timoteo 2:15). La mayoría se conforman con obtener su teología por medio de fragmentos de sonido y sermoncitos con poco, si acaso algo, de fundamento en las Escrituras.

Pocas áreas de la vida cristiana son más incomprendidas que la de la guerra espiritual. El tema de la guerra espiritual es popular. Con sus imágenes de ángeles y demonios blandiendo espadas en batallas invisibles, y la presunción de que nosotros debemos participar en tales batallas o no hacerlo a nuestro propio riesgo, la guerra espiritual genera tremendo interés. Libros y conferencias sobre el tema proveen instrucciones de cómo luchar esta guerra por medio de romper maldiciones generacionales, orando por un seto de protección, exorcismos, haciendo un mapeo de reinos espirituales y reprendiendo y atando toda la jerarquía demoníaca hasta llegar a Satanás mismo. Si estas instrucciones son seguidas meticulosamente, nos dicen, que la victoria está asegurada – por lo menos hasta el próximo encuentro espantoso.

Tales prácticas antes solían estar confinadas a la iglesia católica y las iglesias carismáticas. Ya no es así. Hoy estas técnicas son aceptadas casi universalmente (y malentendidas universalmente) dentro del mundo evangélico. La gente asume que estas maquinaciones prescritas son herramientas indispensables para vivir una vida material y espiritualmente victoriosa.

¿Te sorprendería saber que ninguna de estas técnicas es necesaria o aún bíblica?

La guerra espiritual es real, esto hay que saberlo. La Biblia tiene mucho que decir al respecto. El problema, sin embargo, es que casi toda la enseñanza contemporánea sobre este tema es debidamente no bíblica. Maestros populares han tomado varias Escrituras fuera de sus contextos bíblicos y han fabricado una teología que tiene éxito al momento de vender libros y llenar las conferencias, pero es completamente inútil para capacitar al cristiano para las batallas verdaderas que le esperan.

El Apóstol Pablo instruía a sus lectores en Corinto "a no sobrepasar lo que está escrito" (1 Corintios 4:6). En otras palabras, tanto en nuestra doctrina como en nuestra práctica no podemos exceder los parámetros dados y preservados para nosotros por Dios en Su Palabra. Cuando los parámetros bíblicos son excedidos, la protección de Dios es abandonada. ¡La ironía trágica es que la enseñanza contemporánea sobre la guerra espiritual es poner al descubierto a las masas de personas sin discernimiento a la misma decepción demoníaca de la cual alega protegerlos!

En *Verdad o Territorio*, Jim Osman ha hecho un gran favor a la iglesia. Él toma el confuso caldero teológico elaborado por los "expertos" modernos de la guerra espiritual y lo rompe con la Palabra de Dios. Con precisión y claridad, él demuestra que la verdadera guerra espiritual no es una guerra luchada con mantras y encantamientos, sino con la verdad bíblica.

Verdad o Territorio será de gran beneficio al profesor, pastor y laico por igual. Una obra como ésta es muy necesaria en el cuerpo de Cristo hoy, y es mi oración que tu andar obediente con nuestro Rey sea enriquecido y simplificado por medio de esta lectura. Jim es un amigo personal y una persona por quien tengo el más alto respeto como un pastor, teólogo, esposo, padre y discípulo de nuestro Señor. Encomiendo este recurso con gran gozo y entusiasmo.

En Su Servicio,

Justin Peters
justinpeters.org

Reconocimientos

El reto de escribir los reconocimientos de un libro radica en el esfuerzo de decidir en qué orden incluir a las muchas personas que ciertamente ameritan ser reconocidas. ¿Deben ser incluidos en el orden cronológico, por contribución o por cercanía al autor?

Si doy inicio con el orden cronológico, tengo que comenzar con mi profesor de Biblia en el cuarto año de mis estudios, Phil Powers, quien ahora es pastor en Forcey Memorial Bible Church en Washington, DC. Phil estaría sorprendido de ser mencionado aquí, pero no tanto por la sorpresa de que yo escriba actualmente un libro y lo ofrezca a la venta a la gente. Phil fue usado como un instrumento de Dios para retar mi manera de pensar sobre las teologías y cuestiones discutidas en este libro. Pude sentarme bajo la tutela invaluable de Phil durante mi cuarto año de estudios en Millar College of the Bible en Pambrun, Saskatchewan. Gracias a Phil, fue un requisito comprar el libro *A Holy Rebellion* ["Una Rebelión Santa"], una obra de la cual verás citas a lo largo de este libro. Gracias, Phil.

Si doy inicio con las personas que han contribuido a esta obra, entonces tengo que mencionar primero a mi buen amigo y mentor Brian Atmore, una vez Presidente de Millar College of the Bible, y después pastor en Creston Baptist Church. La contribución de Brian a mi vida, ministerio y predicación ha sido, y continúa siendo, sin medida. Él revisó detenidamente el manuscrito para este libro con un bolígrafo rojo en su mano y proveyó páginas de percepciones substanciales escritas a mano y sugerencias editoriales. El ojo y oído cuidadoso de Brian por palabras escritas es un regalo inusual y valioso. Seguro que usó una media docena de bolígrafos rojos, pero ha hecho este libro mejor en todas las maneras. Brian, todas las secuencias de **tres** conceptos [esto es conocido como "trillizos" en inglés] indicadas en estos agradecimientos son en tu honor. ¡Gracias!

Brian no es el único que ha metido mano en este libro. Hay unas cuantas personas que han contribuido. Thomas Leo ayudó con el diseño artístico de la portada y Jenny Leo proporcionó valiosa edición y retroalimentación durante el proceso de escribir. Mi secretaria, Marcia

Verdad o Territorio: Un Acercamiento Bíblico a la Guerra Espiritual

Whetsel, ayuda cada semana por medio de liberar algo de tiempo en mi horario para que lo pueda dedicar a la escritura.

Jason Upchurch, pastor de Deer Park Church en Deer Park, Washington proveyó de un valioso ánimo y de comentarios sobre el tono de mi escritura. Muchas de las oraciones en este libro sonaban mucho más ásperas, estridentes y ofensivas de cómo son ahora. Agradezco a Jason por cualquier tono bondadoso reflejado en estas páginas. Cualquier cosa restante en estas páginas que suene intencionalmente ofensiva es por descuido. Mi intención es estimular la manera de pensar, pero no ser áspero. Espero que Jason me haya ayudado a establecer un equilibrio. Gracias, Jason.

Estoy agradecido por la aportación reflexiva, el ánimo y las palabras bondadosas de Justin Peters (justinpeters.org) quien fue lo suficientemente bondadoso para escribir el prólogo de este libro. El apoyo de Justin y su esfuerzo continuo de promocionar este libro ha servido como un poderoso estímulo para completarlo. Gracias, Justin.

¿O debo dar inicio con las personas con más cercanía a mí? Si es así, entonces debo comenzar por agradecer a Dios por mi amable esposa quien es la mayor bendición en mi vida, después de la salvación por medio de Jesucristo. Su amistad y amor son más valiosos para mí que la propia vida. El tiempo que ella ha dedicado a la revisión de esta obra, no solo una vez, sino por segunda vez, es imposible recuperarlo. Lo ha hecho sin una palabra de queja. Ella tiene un ojo cuidadoso para los errores tipográficos, sin que este libro no valdría el papel de imprenta. Estoy agradecido que esto ha sido un trabajo de amor de parte de ella, por lo menos así lo espero. ¡Tal vez solo quería que la gente no pensara que se había casado con un idiota!

También estoy indeciblemente agradecido por el Cuerpo de fieles, amables y serviciales creyentes con quienes tengo el gozo de ser parte cada Día del Señor. Los creyentes en Kootenai Community Church han leído estos capítulos en el formato de artículos en el boletín informativo de nuestra iglesia y han proporcionado aportaciones valiosas y ánimo. Es un gozo servir al Señor con ellos y crecer juntos en la Palabra de Dios. Ellos son mi gozo y corona (1 Tesalonicenses 2:19-20). Los ancianos del rebaño con quienes yo sirvo en Kootenai, Dave Rich, Jess Whetsel y Cornel Rasor, están entre mis mejores amigos, y entre los hombres más dignos de confianza, honorables y dotados que yo jamás he tenido el placer de conocer. Es un

Reconocimientos

regalo de gracia estar en yunta con ellos en la obra de pastorear a la grey de Dios.

Estoy agradecido por el trabajo meticuloso de David Belch que ha producido esta versión en español. Sin su esfuerzo, y la ayuda editorial de Jorge Pérez y Adriana Espinoza quienes han revisado todo el manuscrito desde Tenerife (España), esta edición en español no existiera. ¡Gracias, David!

Estoy casi seguro que me ha faltado alguien. Así como los atenienses tenían un altar al Dios No Conocido (Hechos 17:23), ofrezco mi agradecimiento sincero a ti, el "Colaborador Desconocido" y ayudante en esta obra. ¡Gracias! Sin ti, este libro no existiera – lo creo.

Dejo lo más significativo para lo último. Doy gracias a mi Dios y Padre del Señor Jesucristo por su regalo inexpresable – la salvación por medio de Su Hijo. Le agradezco por escogerme para la salvación y por acercarme a Sí mismo. Le agradezco por darme los regalos de arrepentimiento y de la fe en julio de 1987 cuando primero creí hacia la vida eterna. Me asombra a diario que Dios haya salvado a un desgraciado como yo.

Gracias, oh Dios Bondadoso por salvarme, por santificarme y por asegurarme en Tu Hijo. ¡En Cristo, yo sé que seré presentado irreprensible delante de Tu trono con gozo excesivo para Tu propia gloria eterna!

¡A Dios solo sea la gloria, la alabanza y el honor ahora y para toda la eternidad! Amén.

Verdad o Territorio: Un Acercamiento Bíblico a la Guerra Espiritual

Prefacio

El libro que estás por leer comenzó como una serie de artículos publicados en el boletín mensual informativo de la iglesia que yo pastoreo en Kootenai, Idaho. Originalmente tenía pensado una serie de nueve partes que aumentó a dieciséis. Mi intención era proveer respuestas por escrito a preguntas hechas frecuentemente, concernientes a prácticas entre cristianos en el área de la guerra espiritual.

Hay una gran necesidad de tener un pensamiento bíblico claro sobre este asunto. Algunos libros confiables existen sobre el tema de la guerra espiritual, muchos de los cuales observarás citados y referenciados en las páginas que siguen. Son escasos y rápidamente perdidos en el mar tempestuoso de la mala enseñanza.

No estoy bajo ningún delirio de grandeza que me haga pensar que puedo escribir una obra definitiva sobre el asunto. Me ubico en los hombros de los gigantes de la fe que han pasado por aquí antes. Mi oración y esperanza sincera es que Jesucristo, nuestro gran Rey, pueda usar esta obra para liberar a Su gente de la superstición y empoderarlos para luchar la batalla por la verdad – bíblicamente.

En los capítulos 1 y 2 examinamos los asuntos fundamentales como la suficiencia de las Escrituras y la naturaleza de la batalla espiritual. En los capítulos 3 y 4 tomamos una vista a lo que la Biblia dice referente a los tres enemigos enfrentados por el cristiano, a saber, el mundo, la carne y el diablo. Cinco capítulos (5-9), se dirigen a las prácticas erradas de combate prevalentes en muchos círculos cristianos. Explicaré estas prácticas, daré ejemplos de su uso y examinaré textos frecuentemente citados para apoyarlas. En los capítulos 10-12 abordamos algunas preguntas claves: ¿Puede un cristiano ser poseído por un demonio? ¿Es la autoridad de Cristo mi autoridad? y, ¿Qué de los exorcismos? En el capítulo 13 examinamos la conexión entre la guerra espiritual y la santificación. Por último, en los capítulos 14-15 estudiamos Efesios 6, la sección bien conocida sobre la armadura de Dios, a la luz de su contexto.

¡Que nuestro bondadoso y soberano Dios trino use este libro para capacitar a los santos, refutar a los que contradicen, defender la fe ya

Verdad o Territorio: Un Acercamiento Bíblico a la Guerra Espiritual

entregada una sola vez y para siempre, contender por la verdad, extender Su Palabra y glorificar Su tan santo nombre!

¡Permítanos examinarlo todo y retener lo que es verdadero!
¡Soli Deo Gloria!

Jim Osman
Pastor/Maestro
Kootenai Community Church

Una Introducción

Hay pocos temas en el cristianismo que están tan nublados por falta de entendimiento, suposiciones falsas, mala información, prácticas no bíblicas y creencias místicas supersticiosas como el tema de la guerra espiritual. Por consiguiente, el tema ocasiona respuestas apasionadas y con frecuencia acaloradas de parte de personas que han promulgado ciertas prácticas, técnicas o convenciones modernas.

Mientras predicaba Efesios 6 en los cultos de adoración de la iglesia donde pastoreo (lo cual me llevó cuatro semanas), cuando estaba a la mitad de este capítulo para presentar lo que la Biblia dice acerca de la guerra espiritual desde varios pasajes de las Escrituras, durante un mensaje titulado "La Guerra Equivocada", yo cité a un autor popular llamado Neil T. Anderson, como una ilustración de un acercamiento equivocado de ciertos aspectos de la guerra espiritual. Después del sermón, una mujer que estaba de visita en nuestra iglesia se acercó a otra mujer que era miembro y dijo con toda seriedad: "¡Tienes que salir de esta iglesia! ¡Este hombre es hereje! ¡Él está enseñando una herejía!". Esta visitante estaba muy comprometida con los escritos y las enseñanzas de Neil T. Anderson y mi crítica de algunas de sus enseñanzas merecía que me identificara como "hereje". Obviamente, hay un debate muy controversial y acalorado en varios ámbitos.

La guerra espiritual es un tema muy popular. Una búsqueda rápida en la página web de Amazon sobre "La Guerra Espiritual" produjo más de 2.700 productos. Si piensas que esto es demasiado para digerir, no debes preocuparte por hacer una búsqueda de estas palabras con Google e intentar revisar todo lo que ofrece el internet.[1]

¿A dónde puede recurrir una persona que esté hambrienta de aprender acerca del conflicto espiritual, para encontrar respuestas? Buscar libros sobre este tema, a lo mejor la lleva hacia un pantano de aguas confusas. Es tan probable escoger las enseñanzas no bíblicas de Neil T.

---

1. La búsqueda de Google de "La Guerra Espiritual" dio 6.310.000 resultados.

Verdad o Territorio: Un Acercamiento Bíblico a la Guerra Espiritual

Anderson[2], como adquirir algo más bíblico de Charles Spurgeon.[3] Encontrarás una docena de diferentes acercamientos sobre este asunto de la guerra espiritual desde la perspectiva de centenares de autores diferentes.

Hay una sed muy presente por la enseñanza sobre esto. Creyentes, jóvenes y ancianos, nuevos y veteranos, desean saber sobre los temas de los ángeles y los demonios. Desean saber sobre la lucha espiritual en los cielos descrita en las Escrituras. Esa sed siempre presente es encontrada por una fuente sin fin de libros y enseñanzas que prometen liberación de los demonios, victoria sobre el pecado y triunfo en la guerra espiritual.

Así como lo estaré desarrollando en las páginas a continuación, mucho de lo que se ha enseñado en el ámbito cristiano concerniente a la guerra espiritual no se encuentra para nada en las Escrituras. Mucho es nada más que disparates paganos y supersticiosos. Mucho consiste en técnicas evidentemente no bíblicas que dependen de textos bíblicos tomados fuera de su contexto y retorcidos. Una parte es netamente la tradición – cosas que nos han enseñado o que hemos escuchado en predicaciones – que jamás son puestas a prueba por las Escrituras.

El error se presenta de manera desenfrenada en este ámbito y no creo que sea por accidente. Creo que el enemigo de nuestras almas desea desviarnos, engañarnos o distraernos con metodologías no bíblicas, sin beneficio y no productivas. Si Satanás puede engañar a los cristianos acerca de la verdadera guerra espiritual, él puede neutralizar la eficacia del creyente, y efectivamente mantenerlo apartado completamente de la batalla.

Este es un tema en el cual Satanás mantiene un interés establecido de confundir, desviar y engañar al pueblo de Dios. Por lo tanto, necesitamos desesperadamente discernimiento y enseñanza claramente bíblica al respecto.

El planteamiento que las personas toman sobre este tema abarca desde la negación al engaño, de la apatía al celo. Algunas personas niegan

---

2. *Winning Spiritual Warfare* por Neil T. Anderson salió como número nueve en una búsqueda en Amazon.com.

3. Recomiendo altamente *Spiritual Warfare in a Believer's Life,* un escrito en inglés de una colección de sermones por Charles H. Spurgeon sobre este tema. Este libro salió como número doce en la lista de Amazon.com.

Una Introducción

que Satanás exista, otros ven un demonio detrás y por debajo de cualquier cosa. Otras personas ni toman tiempo para pensar en Satanás, su actividad y sus trucos. Otros están tan preocupados con lo demoníaco que casi no tienen tiempo para nada más excepto para hacer combate con los demonios, atar al diablo y renunciar a las maldiciones. Mientras que algunos ni piensan en la actividad del mundo invisible, otros están tan consumidos con este mundo que viven bajo una amenaza constante de miedo o incluso terror de su enemigo invisible. Las perspectivas a las que una persona puede ser expuesta en el ámbito de las prácticas de la guerra espiritual van de lo ortodoxo a lo absurdo.

¿Por qué otro libro sobre la guerra espiritual? Estoy convencido que la Biblia describe la verdadera guerra espiritual. Creo que muchos creyentes carecen de un entendimiento completo y funcional de lo que verdaderamente es la guerra espiritual y de cómo se lucha esta guerra. Con tantas tonterías enseñadas en el panorama cristiano, no debe asombrarnos que el pueblo de Dios sea confundido. Demasiado de la enseñanza sobre este tema carece de cualquier fundamento en las Escrituras y está más relacionado con el misticismo pagano que con cualquier cosa bíblica o cristiana. Mi esperanza y oración es que el tiempo y el esfuerzo dedicado a este libro sean usados por Dios para llamar a Su Iglesia a las Escrituras como la guía para hacer la guerra espiritual efectiva.

Tenemos el deber de acercarnos a la Biblia y hacer la pregunta: "¿Qué me dice para poder ser un soldado efectivo en esta guerra espiritual?" Cuando hagamos esta pregunta y permitamos que la Biblia hable por sí misma, evitamos el misticismo pagano, la superstición infiel y la preocupación espantosa con lo demoníaco. Evitamos las prácticas no bíblicas que de alguna manera se han enlazado con la iglesia.

Creo que este libro ampliará tu manera de pensar, retará algunas de tus tradiciones, y para algunos de nosotros, arará un nuevo terreno mientras que intentamos construir una teología bíblica sobre la guerra espiritual. Llegaremos a ver que la tradición, la superstición, el misticismo, nuestra propia manera de pensar, o aún peor que el testimonio de los propios demonios, demuestran ser fundamentos muy débiles para la teología.

Una Jornada Personal

La guerra espiritual es un tema en el que he invertido mucho tiempo lidiando. He experimentado algo como una reforma o transformación, en la cual tuve que deshacerme de mucho de lo que se me había enseñado y de lo que había absorbido como un nuevo creyente.

Entiendo que los testimonios personales son, bueno exactamente eso – personales. No son objetivos. Son solamente anécdotas. No debemos construir nuestra teología sobre los testimonios personales, aunque sean nuestros o de otros. Tenemos que edificar nuestro entendimiento acerca de la guerra espiritual sobre la Biblia y sólo la Biblia. Mi propia historia ayuda a ilustrar la necesidad de rechazar toda práctica no bíblica y centrada en el ser humano.

En el tiempo de mi vida en que Dios me salvó, yo no conocía nada de la Biblia – nada. Había memorizado unos pocos pasajes de las Escrituras, pero mi conocimiento del trasfondo y la enseñanza de los libros de la Biblia era insignificante. Aunque asistía a una iglesia con cierta frecuencia antes de comenzar mis estudios en un centro teológico, no fui bien enseñado ni disciplinado.

El Instituto Bíblico me puso frente a una variedad extensa de enseñanzas y prácticas diversas. No fue lo que me enseñaron en los salones lo que dio forma a mi teología de la guerra espiritual, sino lo que recogí de mis conversaciones y el tiempo con otros estudiantes. El cuerpo estudiantil estaba formado por estudiantes con muchos trasfondos. Algunos eran muy carismáticos y habían sido expuestos a "encuentros de poder" y "exorcismos".

Con y sin el permiso de la facultad y los profesores, ciertos libros y audios dieron vueltas por el cuerpo estudiantil mientras que jóvenes adultos enseñables, fervientes y ambiciosos tragaron casi todo lo que tenía sabor cristiano sin pausar para examinar estas enseñanzas a la luz de las Escrituras. Tuvimos fervor en abundancia, pasión en exceso, pero discernimiento en escasez.

Escuché a estudiantes promoviendo prácticas tales como orando por un seto de protección, nombrando demonios, renunciando a maldiciones pasadas generacionales, y atando y reprendiendo a Satanás. Aun había algunas personas que promovieron el exorcismo como una manera legítima de hacer guerra contra Satanás y sus huestes. Por primera vez en mi vida cristiana, conocí a personas quienes creían que los cristianos pudieran ser poseídos por los demonios.

Los libros y las enseñanzas de Neil T. Anderson llegaron a ser comunes en los estantes y en las residencias. Muchas de sus prácticas fueron adoptadas y promovidas entre el cuerpo estudiantil. Dos libros de ficción cristiana estaban encendiendo al mundo cristiano: *Esta Patente Oscuridad* y *Penetrando la Oscuridad*, por Frank Peretti. Para algunos de los estudiantes, estos dos libros funcionaron como un manual para la guerra espiritual efectiva. Libros escritos por ocultistas ya convertidos se pasaron de mano a mano con entusiasmo. Después de todo, ¿quién pudiera pensar que estaba capacitado para hacer la guerra con demonios si nunca había leído algo escrito por supuestos "ex satanistas" tales como Mike Warnke y Rebecca Brown?

También fui expuesto a un audio casete que ofrecía una metodología para la guerra espiritual prometiendo la salvación de seres queridos por quienes se oraba ciertas oraciones. ¿Quién no quisiera esto? El audio presentaba una metodología que incluía atar a Satanás, renunciar a pecados y maldiciones generacionales, nombrar demonios y atarlos, orar por un seto de protección y rogar por medio de la sangre de Jesús sobre personas, lugares y cosas.

Todo esto me sonaba bien – por cierto tiempo. Yo oraba las oraciones, rogaba a base de la sangre, rigurosamente ataba a los demonios y reprendía a Satanás, pensando que estaba bien encaminado hacia la victoria espiritual y la verdadera santificación. ¡Hacía la verdadera guerra! Por lo menos así lo pensé.

Al mismo tiempo, estaba aprendiendo en mis clases sobre la soberanía de Dios, las limitaciones que Satanás tenía y lo que la Biblia enseñaba acerca de la santificación en la vida cristiana. Por mucho tiempo fui capaz de aislar mi teología, no asimilando que lo que aprendía en el salón no cuadraba bien con lo que practicaba en las residencias.

Ahora, no me malentiendas, no fui un cazador de demonios chiflado y carismático, intentando expulsar demonios de todo objeto. No hice exorcismos ni tuve visiones de demonios ni nada por el estilo, pero sí había ingerido una teología de lo demoníaco que no cuadraba con las Escrituras. Llegó el día en el que finalmente reconocí que lo que aprendía de las Escrituras en mis clases no encajaba con lo que aprendía de otros libros y de los estudiantes en la residencia.

Verdad o Territorio: Un Acercamiento Bíblico a la Guerra Espiritual

El cambio en mi forma de pensar comenzó cuando oí por casualidad unas discusiones entre los estudiantes de cuarto año acerca de lo que aprendían en su asignatura sobre el andar cristiano, que durante esa semana se enfocaba en el tema de la guerra espiritual. Hablaban de las cosas maravillosas que aprendían – cosas que jamás habían pensado antes. Repentinamente, las piezas se estaban uniendo para ellos y llegaban a entender que lo que habían creído por tanto tiempo estaba errado. Ahora parecía tan ridículo y fuera de lugar con las Escrituras. Hablaron de haber sido liberados de tanta superstición y miedo.

Escuché a un estudiante, quien admiraba y respetaba, indicar que el hecho de "atar a Satanás" era una práctica completamente no bíblica.

Yo pregunté, "¿qué te hace decir eso?"

Empezó a compartir conmigo lo que estaba aprendiendo en su asignatura sobre la guerra espiritual. Llegué a comprender que lo que compartía conmigo era una perspectiva y cosmovisión que había aprendido en mis clases, pero nunca lo había trasladado a la práctica. Escuché, ofrecí algunos argumentos e hice algunas preguntas. No intentaba refutarlo, pero sí deseaba más información. Lo que compartía parecía tan simple, práctico y sobre todo bíblico. Nada de lo que me dijo contradecía lo que había aprendido en mis clases. La luz comenzaba a aparecer y empecé a ver algunas contradicciones en mi propia manera de pensar.

Empecé a hacer preguntas a otros estudiantes de cuarto año. Finalmente uno de ellos me dijo, "Solo tienes que leer el libro."

"¿Cuál libro? ¿Cómo puedo obtener este libro?"

Basado en su recomendación, fui a la librería del instituto teológico y compré el libro *A Holy Rebellion* (*Una Rebeldía Santa*), por Thomas Ice y Robert Dean Jr.[4] Devoré ese libro. Leí y volví a leer casi todos los capítulos en un tiempo muy corto. Lo comparé con las Escrituras y descubrí que, en

---

4. Es probable que había leído ese libro cinco veces antes de que fuera un requisito en mi cuarto año de estudios. Contenía todos mis apuntes, observaciones, cosas resaltadas y comentarios míos de todo mi estudio, investigación y meditación. ¡Estaba tan usado que casi se rompía! Lo presté a alguien y no recuerdo a quién. Después fue publicado de nuevo bajo el título *Overrun By Demons: The Church's Preoccupation with the Demonic*. De momento está publicado bajo el título *What the Bible Teaches About Spiritual Warfare* por Publicaciones Kregel.

contraste con mi anterior teología sobre la guerra espiritual, este libro ofrecía una perspectiva que cuadraba con lo que estaba aprendiendo de la Biblia. No pude discutir con ello. Me encontré diciendo, "Sí, eso es correcto. Eso tiene sentido. ¿Por qué no pensaba yo eso? ¿Cómo es que no pude entender esto antes?"

En un corto tiempo de varios meses, pasé por una reforma radical en mi forma de pensar. Llegué a entender que la Biblia, y sólo la Biblia, puede servir como nuestra guía en el área de la guerra espiritual. Fui liberado de un acercamiento místico y supersticioso a la guerra espiritual tan repentinamente como si una luz se hubiera encendido. Empecé a ver como locura lo que pensaba que era bíblico. Todo empezó a tener sentido.

¿Cómo Vas a Responder?

Reconozco que entre las personas que lean este libro habrá algunos que fueron liberados hace mucho tiempo de su preocupación por lo demoníaco. Igual que yo, en un momento dado pensabas que la guerra espiritual real consistía en un combate mano a mano con demonios para retomar el territorio que Satanás había conquistado. En un tiempo tu perspectiva sobre la guerra espiritual tenía más en común con *Esta Patente Oscuridad* de Frank Peretti que con cualquier cosa que se presentará en este libro. Pero ya has dejado todo eso atrás. A través del estudio de las Escrituras, de alguna manera, llegaste a entender que la verdadera guerra espiritual no se trata de TERRITORIO sino de la VERDAD. Espero que encuentres en este libro ánimo, afirmación y capacitación.

Otros que leen este libro todavía están donde yo estaba en un momento. Te han enseñado que la guerra espiritual tiene que ver con retomar territorio de Satanás. Te han instruido a orar por un seto de protección, nombrar demonios y atar a Satanás. Nunca has llegado a pensar reflexivamente sobre estas prácticas y nunca has sido retado a cambiar tu forma de pensar al respecto. La realidad de que estas prácticas no son enseñadas por las Escrituras llegará a ser completamente nueva para ti. Nunca has cuestionado las suposiciones o las prácticas que son resultado de tu pensamiento. Mucho de lo que tengo que decir te dejará estupefacto.

Haz una cosa por mí: pon todo a prueba a través de las Escrituras (Hechos 17:11). Acércate a las Escrituras y ve si lo que digo del texto bíblico es verdadero o no. Interpreta correctamente. Haz la diligencia necesaria.

Piensa todo cabalmente. Examina y pon a prueba todo lo que yo diga y todo lo que tú crees. La verdad prevalecerá.

Habrá otros que leerán este libro y jamás han escuchado sobre estas prácticas de atar a Satanás, rogar la sangre, orar por un seto, espíritus territoriales, nombrar demonios o maldiciones generacionales. Todo esto es nuevo para ti. En este caso, haz una cosa por mí: pon todo a prueba a través de las Escrituras (Hechos 17:11). Si no has escuchado de estas cosas antes, lo escucharás. Necesitas prestar cuidadosamente atención a lo que la Biblia enseña sobre estos asuntos para que no te tomen por sorpresa o seas engañado.

Algunos serán alentados. Algunos sentirán una sensación de liberación mientras las perspectivas viejas dan paso a una nueva manera de acercarse a la guerra espiritual – una que nunca habían considerado. Algunos, espero que un número mínimo, estarán enojados, sintiendo que sus maestros favoritos han sido atacados y su discernimiento cuestionado. Algunos sentirán que estoy intentando robarles sus herramientas más preciosas en la guerra contra la maldad. No lo estoy intentando. En la actualidad, mi deseo es capacitarlos con herramientas – herramientas bíblicas – para que juntos podamos "resistir en el día malo" (Efesios 6:13).

Parte 1:
Estableciendo
Principios Bíblicos

1

Nuestra Fuente de Inteligencia

Es un principio bien establecido de la guerra que debes "conocer a tu enemigo." El antiguo general militar chino Sun Tzu dijo, "Si conoces a tu enemigo y te conoces a ti mismo, no hay que temer los resultados de cien batallas." También dijo, "Conócete a ti mismo, conoce a tu enemigo. Mil batallas, mil victorias."[1]

La guerra no se puede luchar sin inteligencia. Los comandantes en el campo de batalla necesitan saber la ubicación, la trayectoria y la intención de su enemigo. Las naciones invierten mil millones de dólares cada año recabando datos de inteligencia militar sobre actuales y potenciales enemigos. La nación con inteligencia superior tiene mayor probabilidad de ganar la guerra. Con perjudicar la capacidad de una nación a recoger esta información militar, vas a ponerla en desventaja en su capacidad de luchar una guerra de manera efectiva.

Estamos sumergidos en una batalla. No es una guerra contra carne y sangre, sino contra principados, contra potestades, contra las huestes espirituales en regiones celestes (Efesios 6:10-12). Las apuestas son altas, las batallas son reales y el enemigo es un ser poderoso. De hecho, él es más fuerte, más inteligente y más hábil que nosotros para ganar esta batalla. Necesitamos información acerca de nuestro enemigo para participar en la batalla. ¡Después de todo, no queremos luchar la batalla equivocada, de la manera equivocada, con los medios equivocados! Esto acabará en derrota segura.

Una nación metida en la guerra puede recoger la información militar de varias fuentes. Posiblemente puede depender de fotos satélites, aviones de vigilancia, espías, operativos internos o traidores del otro

---

[1] Sun Tzu se supone es el autor de *The Art of War*.

bando. Pueden recoger información valiosa de cosas filtradas, comunicación interceptada, pistas anónimas, intervenciones telefónicas o por medio de capturar a un combatiente del enemigo. Estas y muchas otras maneras son válidas en el mundo de la guerra moderna.

¿De dónde recogemos nuestra información en la batalla que luchamos? De la Biblia.

¡La Biblia sola!

Eso es. Una sola fuente. No hay otras.

Se nos ha mandado recurrir a una sola fuente de inteligencia. Toda nuestra información viene sólo de un canal. No tenemos otra vía a la cual debemos recurrir, ninguna otra fuente.

Si estás respondiendo con incredulidad ahora mismo, tu perspectiva de las Escrituras es demasiado pobre. Si te incluyes entre las muchas personas tentadas a pensar, "Hombre. ¿Esto es así? Pues me doy por vencido. Si eso es todo lo que está a mi alcance, debo rendirme ya," esto quiere decir que tu vista de la Biblia y la suficiencia de ella es deficiente.

Tu respuesta debería ser: "No hay problema, porque eso es todo lo que necesito."

¿Qué más pudieras necesitar? El Dios que escribió la Biblia no puede mentir (Tito 1:2), entonces puedes estar seguro que toda la información que Él nos ha dado es absolutamente verdadera. Aún más, Él conoce infinitamente más acerca de ángeles, demonios y guerra espiritual que lo que cualquier otra fuente te pudiera ofrecer. Él conoce el sendero de la victoria. Él conoce el pasado, el presente y el futuro perfectamente. Él conoce el resultado y ha asegurado ese resultado. Él conoce el enemigo mejor de lo que el enemigo se conoce a sí mismo. Dios también nos conoce a cada uno de nosotros: nuestras debilidades, nuestras necesidades y nuestras fragilidades. Nosotros tenemos la única fuente absolutamente perfecta, fidedigna y digna de confianza para toda inteligencia.

Dudo que haya muchas personas que cuestionarían mis afirmaciones respecto a Dios y a Su Palabra. El peligro no radica en que usted o yo negáramos estas verdades, sino en que falláramos en la aplicación de las mismas en el área de la guerra espiritual. Ningún verdadero creyente jamás cuestionaría la omnisciencia de Dios o Su veracidad. Sin embargo, los creyentes sí fallan en entender cómo estas verdades deben informar nuestra perspectiva de la guerra espiritual.

¿Es la Biblia Suficiente?

Todos los errores en la teología y la práctica cristiana se pueden establecer sobre una perspectiva inadecuada de las Escrituras. La poca perspectiva de las Escrituras en la iglesia moderna, es evidenciada por su complacencia a aventurarse con la psicología, su disposición para alejar la Biblia del ministerio de la predicación y su constante búsqueda y aceptación de la revelación extrabíblica.[2]

La doctrina de la suficiencia de las Escrituras es tan fundamental para la teología y práctica cristiana que nos encontramos enfrentados a esta verdad una y otra vez. Antes de poder elaborar una teología sobre la guerra espiritual, es indispensable establecer primero un entendimiento firme y un compromiso con la suficiencia de las Escrituras. Veremos en los capítulos a continuación que las creencias y las prácticas erradas en el ámbito de la guerra espiritual tienen su origen en el fracaso de derivar la teología de "la sola Escritura". Tristemente, no hay ninguna esfera de la vida cristiana en la cual esta doctrina es desechada con más rapidez que en la teología que apoya las prácticas modernas de la guerra espiritual.

En los capítulos a continuación, tendremos que volver a retomar una teología básica de las Escrituras y preguntar: "¿Cómo se aplica esto a la guerra espiritual?" Toda teología errada, relacionada con la metodología de la guerra espiritual es resultado de fallar en la aplicación de la doctrina de la suficiencia de las Escrituras a este tema. Todas las prácticas tontas, todas las preocupaciones con demonios y todo el misticismo pagano enmascarado como la verdad es resultado de la negación práctica de la suficiencia de las Escrituras.

Comenzamos donde debemos, con la Biblia. Tenemos que refrescar nuestra memoria con lo que la Biblia dice acerca de sí misma.

La Suficiente Fuente de la Verdad

Cuando afirmamos que la Biblia es la única fuente fiable de información acerca de los ángeles, los demonios y la guerra espiritual, no estamos diciendo algo que la Biblia no afirma por sí misma. ¿Cómo

---

[2] He escrito una serie larga sobre *Hearing the Voice of God* (*Escuchando la Voz de Dios* sería la traducción del título en español) que contiene un artículo completo sobre la suficiencia de las Escrituras. Puedes ver estos artículos en http://kootenaichurch.org/newsletters/hearing-the-voic-of-god/, la página web de nuestra iglesia.

sabemos que la Biblia es suficiente y fiable? Vamos a observar algunos textos fundamentales.

2 Timoteo 3:16-17: "Toda Escritura es inspirada por Dios y útil para enseñar, para reprender, para corregir, para instruir en justicia, a fin de que el hombre de Dios sea perfecto, equipado para toda buena obra."[3]

El apóstol Pablo describió la Escritura como "**inspirada**" y "**útil**". Pablo dijo al joven Timoteo, la Escritura es "inspirada" o literalmente "divinamente soplada" (θεόπνευστος). La Biblia de las Américas traduce esta palabra como "inspirada", pero la NVI (en inglés) lo traduce mejor como "respirada por Dios". Eso quiere decir que el producto que sostienes con tu mano fue dado por el soplo de Dios mismo. Esto es la declaración que la Biblia hace de sí misma.

Cuando afirmamos que las Escrituras son sopladas por Dios, no queremos decir que la Biblia *contiene* la Palabra de Dios (como si las palabras de Dios se encuentran en algún lugar dentro de las Escrituras).[4] No queremos decir que la Biblia *llega a ser* la Palabra de Dios cuando la leemos o la experimentamos personalmente.[5] Más bien, *ella es* la Palabra de Dios – sea o no que la gente la crea, la obedezca y confíe en ella. Es una verdad objetiva y revelada de parte del Dios del universo, quien no solamente nos ha entregado Su Palabra, sino que además la ha preservado y protegido. Por consiguiente, tenemos las mismas palabras reveladas por Dios.

Puesto que la Biblia es respirada por Dios, es la inerrante, infalible, verdadera y precisa fuente de información pertinente a la vida, la eternidad, la historia, la realidad, Dios, la salvación, el Cielo, el Infierno y el mundo invisible de ángeles y demonios. Dios no puede mentir (Tito 1:2).

Por lo tanto, las Escrituras deben ser creídas, debemos confiar en ellas y obedecerlas. Las Escrituras no son una colección de observaciones

---

[3] Todos los textos bíblicos citados en esta obra son tomados de La Biblia de las Américas (LBLA), (La Habra, California, Lockman Foundation, 1997) excepto si dice lo contrario.

[4] Algunos enseñan que dentro de las páginas de las Escrituras, escondidas en las palabras, o escondidas en las enseñanzas de la Biblia, la Palabra de Dios es místicamente contenida. Ellos dirían que en tal momento nos corresponde leer y experimentar las Escrituras para entonces descubrir la Palabra de Dios contenidas en ellas.

[5] Esta idea fue popularizada por el movimiento neo ortodoxo a la mitad del siglo veinte que enseñaba que cuando la Biblia es experimentada y los pasajes "toman vida", entonces, y solo entonces, *llegan a ser* la Palabra de Dios a nosotros. Eso es un enfoque relativista sin esperanza que hubiera sido rechazado por Pablo.

1 Nuestra Fuente de Inteligencia

anticuadas de parte de hombres religiosos coleccionadas durante un periodo de centenares de años. La Biblia es la Palabra de Dios – santo, infalible y verdadero. De las muchas fuentes a nuestro alcance por las cuales pudiéramos obtener información concerniente al reino espiritual, la Biblia sola es avalada como absolutamente inerrante.

La segunda palabra usada por Pablo para describir las Escrituras es "útil" (ὠφέλιμος). La palabra significa "útil" o "provechoso". Las Escrituras son útiles "para enseñar, para reprender, para corregir, para instruir en justicia." Cuando la Palabra es usada de esta manera, da como resultado que el hombre (o la mujer) de Dios sea "perfecto, equipado para toda buena obra." La palabra "equipado" (de ἐξαρτίζω) significa "hacer que una persona sea completamente adecuada o suficiente para algo; equipar completamente; causar que sea completamente calificado; adecuación."[6] La Palabra de Dios capacita al cristiano, haciendo que él sea adecuado para la vida, el ministerio y ciertamente la batalla espiritual.

¿Qué necesitas para que seas apto para la guerra espiritual? ¿Qué te provee las herramientas necesarias para luchar la batalla? Todo lo que necesitamos es la Escritura soplada por Dios, que capacita y hace madurar al hombre de Dios, para todas las áreas de la vida y el ministerio. Si tenemos las Escrituras, tenemos todo lo que es necesario, y no necesitamos algo más. Es indispensable que esta verdad llegue a arraigarse profundamente en nuestras almas. Numerosas enseñanzas sobre la guerra espiritual nos guían a buscar en otras fuentes para hallar la información acerca del enemigo y las tácticas para luchar contra él.

En la guerra terrenal entre las naciones, la información militar siempre tiene que ser investigada, analizada y verificada antes de confiar en ella. Los que recogen la información tienen el deber de preguntarse si la fotografía ha sido falsificada, si la pista es legítima y si la fuente es fiable. Nosotros en ningún momento tenemos que dudar de nuestra fuente de información, porque es la verdadera Palabra del Dios de la Verdad.

Así como Pablo, Pedro apuntaba a sus lectores hacia las Escrituras como la suficiente revelación de la verdad dada por Dios. 2 Pedro 1:3-4: "Pues su divino poder nos ha concedido todo cuanto concierne a la vida y a la piedad, mediante el verdadero conocimiento de aquel que nos llamó

---

[6] J.P. & Nida Louw, E. A., Vol. 1: *Greek-English lexicón of the New Testament: Based on semantic domains* (electronic ed. of the 2nd edition) (New York: United Bible Societies, 1996), 679.

por su gloria y excelencia, por medio de las cuales nos ha concedido sus preciosas y maravillosas promesas, a fin de que por ellas lleguéis a ser partícipes de la naturaleza divina, habiendo escapado de la corrupción que hay en el mundo por causa de la concupiscencia."

Dios nos ha concedido[7] todo lo perteneciente a la vida y la piedad. Todo lo que necesitamos nos ha sido dado en Cristo. Llegamos a un conocimiento pleno de Él, quien nos ha llamado y por quien fuimos salvos, llegando a ser partícipes de la naturaleza divina y escapando de la corrupción que hay en el mundo debido a los malos deseos.

Por medio de Su gloria y excelencia, Dios ha concedido todo lo que es necesario para la vida y la piedad. Esto es una declaración sobre la suficiencia completa de las Escrituras en la vida del cristiano. Se nos ha concedido la salvación en base de Su llamado. Se nos ha concedido todo lo que es necesario para vivir la vida cristiana. Esta suficiencia completa es encontrada en Sus preciosas y maravillosas promesas – Su Palabra. Todo lo que Dios nos ha prometido lo encontramos en Su Palabra.

En conjunto, entre nuestra salvación en Cristo y la Palabra de Cristo tenemos nuestra suficiencia completa. ¿Qué más nos haría falta? Cuando consideramos la rica bendición de la Palabra de Dios, la salvación que se nos ha concedido y el hecho de que somos partícipes de la naturaleza de Dios por medio del Espíritu Santo quien mora en nosotros, ¿Es posible que realmente digamos, "Ah, es bello, pero no es suficiente. Necesito algo más."? ¡No! Eso es un insulto a la gracia de Dios y a Su Palabra.

Es Todo Lo Que NECESITAMOS

Con el hecho de afirmar que la Biblia es suficiente como la fuente de inteligencia en nuestra batalla espiritual, no estamos diciendo que la Biblia contiene todo lo que se PUDIERA conocer. Dios no ha revelado todo lo que se puede conocer de Sí mismo, Su voluntad, el Cielo, el Infierno, los ángeles y los demonios. Sin embargo, Él ha revelado todo lo que NECESITAMOS saber y todo lo que Él desea que conozcamos.

Dios no nos ha dicho todo lo que está ocurriendo en estos ámbitos [ámbitos espirituales], pero Él nos ha dicho todo lo

---

[7] Esto es el pretérito perfecto simple indicando algo que ya ha pasado y está completado. No es algo que continua o se necesita repetir. No se puede duplicar, no se puede añadir o mejorar.

que necesitamos saber para protegernos y llevar a cabo exitosamente nuestra misión. Cuando acudimos a información proveniente de fuentes más allá de la Biblia, es posible que nos pongamos en una situación vulnerable, porque sin quererlo, hemos ido más allá de nuestros linderos.[8]

La Biblia no propone ser la única fuente de toda verdad[9], o de revelar todo lo que se pudiera conocer sobre estos temas.[10] La Biblia sí hace el reclamo de darnos información clara y precisa, y sí propone darnos toda la información que necesitamos para cada situación que se presente en nuestras vidas.[11]

Ahora el Problema

Dudo que muchas, o aun cualquiera de las personas que leen este libro rechazarían la inerrancia e infalibilidad de las Escrituras. Presumo que la mayoría de los lectores fácilmente afirmarían todo lo que he dicho hasta ahora referente a las Escrituras. Es probable que tengas una alta perspectiva de las Escrituras.

El peligro que enfrentamos en el ámbito de la guerra espiritual no es que *negaríamos* la autoridad y la confiabilidad de las Escrituras de pleno, sino que fallaríamos en la *aplicación* de esta creencia. Así como escriben Ice y Dean,

>...aun entre los que afirman la inerrancia e infalibilidad de las Escrituras, muchos cristianos niegan la autoridad de las Escrituras en la manera en que las aplican (o fallan con la aplicación) a sus vidas diarias. Al parecer muchos cristianos no

---

[8] Thomas Ice y Robert Dean, Jr., *Overrun By Demons: The Church's New Preoccupation With the Demonic* (Eugene: Harvest House Publishers, 1990), 20.
[9] Por ejemplo, la Biblia no sostiene ser una fuente completa de toda verdad sobre la oceanografía, la arquitectura, la física quántica o la matemática. Pero en lo que habla la Biblia, siempre habla la verdad y no puede errar.
[10] No se nos ha dicho cómo es la apariencia de los demonios, qué nombres llevan si es que son nombrados o como están estructurados. Hay mucho acerca de los ángeles y los demonios de lo cual no se nos ha dicho en las Escrituras y esto es por el diseño y la sabiduría de Dios.
[11] Ice and Dean, 22.

sostienen la Biblia como suficiente para cada buena obra cuando observamos ciertas prácticas que se han construido sobre perspectivas encontradas fuera de la Biblia. Esto es cierto especialmente en el área de la guerra espiritual.[12]

Debemos volver constantemente a las Escrituras para construir sólo en la Biblia nuestra manera de pensar y de llevarla a la práctica. Necesitamos confrontar las prácticas y creencias sostenidas en común con la Escritura y poner todo a prueba con la Palabra de Dios. Deberíamos construir nuestra teología acerca de los demonios, la posesión demoníaca, el exorcismo de demonios y la guerra espiritual sobre las Escrituras y sólo las Escrituras.

Una Mala Metodología

Hay dos enfoques comúnmente usados por los cristianos en el desarrollo de su teología sobre la guerra espiritual.

El primer enfoque lo podemos llamar *"la metodología empírica."* Esta metodología es la más común en nuestros tiempos. El enfoque empírico intenta aprender todo que se puede acerca de los demonios, la posesión demoníaca y cómo luchar contra los demonios de cualquier fuente. Las personas que han sido endemoniadas o que han estado un tiempo en el ocultismo son entrevistadas. La información es recogida. Las experiencias son compaginadas y minadas para obtener los detalles. ¡No es fuera de común encontrar a personas construyendo teologías completas y prácticas basadas en la información recogida de ex satanistas, brujos o aun de una entrevista con un demonio actual! La metodología empírica recoge datos a base de las observaciones y las experiencias.

El segundo enfoque es fundamentar nuestro entendimiento sobre la revelación. ¡Estudiamos la Biblia y la Biblia sola! ¿Es esto demasiado simple para ti? ¿Esta metodología te parece inadecuada, anticuada y pasada de moda?

¡Yo promuevo esta metodología!

Cuando la primera metodología es usada y basamos nuestra teología sobre las experiencias, no hay fin para la teología tonta y las prácticas no bíblicas que inevitablemente resultan.

---

[12] Ibid., 22-23.

1 Nuestra Fuente de Inteligencia

Por ejemplo, he escuchado a personas insistir que en el trato con los demonios hay que darles mandatos específicos. No puede ser cualquier mandato, más bien tienes que mandarlos "en el nombre de Jesucristo, el Hijo de Dios." Ellos afirman que hay demonios llamados "Jesús", entonces no funciona mandar a los demonios en el nombre de Jesús, porque si no especificas cuál Jesús, solo estás invocando en el nombre de uno de los demonios llamado Jesús.

¿La Biblia nos indica que hay demonios llamados Jesús? No. ¿Entonces cómo sabe esta gente que hay demonios con el nombre Jesús? Las personas que son "autoridades" en el ámbito de la guerra espiritual te dirán que han exorcizado demonios llamados Jesús. Han conversado con demonios llamados Jesús. ¡Esta es información recogida de los demonios! ¿Es fiable esta información? Apenas. Es una teología y una práctica basada en la experiencia, en conjunto con la información recogida de un demonio.

Alguien va a contrarrestar, "Pero la persona realizando el exorcismo ordenó al demonio a decir la verdad 'en el nombre de Jesucristo el Hijo de Dios y por medio del poder de Su sangre.' Si ordenas a que digan la verdad en el nombre y por la sangre de Jesús, están en obligación de decir la verdad."

¿Dice la Escritura esto? No. Otra vez, ¿cómo lo sabrían? Fueron palabras habladas por un demonio de cómo obligar a un demonio a decir la verdad. De nuevo, están basando su práctica sobre la experiencia y el testimonio demoníaco.

Ninguno de estos conceptos está ni remotamente basado en las Escrituras. Es cómico, y todavía los cristianos se lo tragan del todo. Puedes encontrar cientos de libros sobre el tema de la guerra espiritual. Estos autores afirmarán en una página la autoridad y suficiencia de las Escrituras y en la próxima página promocionarán una metodología para la guerra espiritual basada en ni un solo texto de las Escrituras, sino sobre sus experiencias, sus entrevistas y sus encuentros con los demonios.

Técnicas e información recogida de los demonios y enseñada como si fuera la verdad de Dios es la forma más alta de blasfemia. Deshonra a Dios, mancha a Su Palabra y pone en duda Su carácter. Estas son doctrinas de demonios (1 Timoteo 4:1), siendo enseñadas como si fueran la verdad de Dios. Tratar con el testimonio de demonios como si fuera tan puro, fiable y verdadero como la Palabra de Dios es blasfemia, claro y simple.

> En cualquier momento que basamos una técnica para tratar con personas endemoniadas en algo que no sea la enseñanza clara de la Palabra de Dios, estamos condenados a fracasar. De hecho, hacer uso de cualquier enfoque sobre información no derivada directamente de las Escrituras es en la práctica una negación de la autoridad y la suficiencia de las Escrituras.[13]

Es absolutamente crucial en el área de la guerra espiritual que construyamos nuestra teología sobre la Biblia y sólo la Biblia. Permíteme ser lo más claro, conciso, directo y bondadoso que pueda. No me importa lo que has experimentado. No me importa lo que un conocido haya experimentado. No me importa lo que el hermano misionero del tío del mejor amigo de la prima de tu madre haya experimentado en una tribu remota en algún lugar lejano de la selva amazónica. No me importa lo que diga un "experto" popular en la guerra espiritual, o lo que la experiencia sugiere, o lo que un demonio ha dicho, o lo que un ex satanista conoce. ¡Ni tampoco te debe importar a ti!

Tenemos una fuente perfecta de la verdad que provee todo lo que necesitamos para hacer la batalla. Todo debe basarse en las Escrituras y sólo en las Escrituras. En las páginas que siguen, llegarán a ver cuán lejos han llegado algunos con respecto a este primer principio. ¡Que Dios nos mantenga en Su Palabra!

---

[13] Ibid., 34.

2

¿Verdad o Territorio?

Habiendo establecido que la Escritura es nuestra única fuente fiable de información en el ámbito de la guerra espiritual, ahora debemos definir la "guerra espiritual". La guerra espiritual es el tema más ampliamente incomprendido en el mundo actual evangélico. Cuando la mayoría de los cristianos escuchan o leen las palabras "guerra espiritual", visualizan un tipo de combate místico mano a mano que es luchado contra los demonios usando ciertas oraciones, mantras, encantaciones o prácticas tales como atando a Satanás, orando por un seto de protección, exorcismos o reprendiendo a los demonios con un intento de retomar territorio de Satanás y reclamarlo para Cristo.

No solamente se trata de que estas prácticas específicas son por nada bíblicas,[1] tampoco lo es la noción de que la guerra espiritual involucra interacción directa contra demonios con el fin de ganar territorio físico o espiritual.

Solo podemos mirar a las Escrituras para obtener una descripción de la guerra espiritual y permitir que la Biblia defina lo que es esta guerra. No podemos adoptar prácticas o cosmovisiones ocultas y místicas. No tenemos la libertad para inventar prácticas que pensamos sean efectivas en la batalla espiritual. Solo podemos dirigirnos a la Biblia y permitir que Dios nos diga lo que constituye la verdadera guerra espiritual. Por consiguiente, cualquier práctica que no esté fundamentada sobre una interpretación sana de textos bíblicos en su contexto, debe ser rechazada. Todo nuestra forma de pensar y entendimiento de la guerra espiritual tiene que estar fundamentada en las Escrituras.

---

[1] Examinaremos estas prácticas y los pasajes usados para apoyarlas en los capítulos que siguen.

Una Descripción Bíblica de la Guerra Espiritual

Nos dirigimos a un pasaje conocido – uno que es frecuentemente citado, pero rara vez comprendido.

> Pues aunque andamos en la carne, no luchamos según la carne; porque las armas de nuestra contienda no son carnales, sino poderosas en Dios para la destrucción de fortalezas; destruyendo especulaciones y todo razonamiento altivo que se levanta contra el conocimiento de Dios, y poniendo todo pensamiento en cautiverio a la obediencia de Cristo (2 Corintios 10:3-5)

Tal vez esperabas el texto de Efesios 6 y una discusión sobre la armadura de Dios, o algún pasaje de los evangelios donde Jesús ordenó y expulsó a los demonios. Observaremos estos pasajes en su debido tiempo, pero iniciamos a un nivel más fundamental y respondemos la pregunta: "¿Qué es la guerra espiritual?"

En 2 Corintios 10, el Apóstol Pablo define y describe la esencia de la guerra espiritual. En estos versículos, él nos dice cómo luchamos, qué luchamos y por qué luchamos. En 2 Corintios 10, tenemos una definición y una descripción de la guerra espiritual, que juega un papel crítico en equiparnos para entablar combate con nuestro enemigo.

Así como con cualquier texto bíblico, necesitamos prestar algo de atención al contexto, para asegurar que estamos comprendiendo correctamente el significado del pasaje.

Pablo escribió 2 Corintios como una defensa de sí mismo, de sus compañeros de trabajo y su ministerio. Después de escribir 1 Corintios, algunas personas en la iglesia de Corinto habían comenzado lo que se puede describir como una campaña de asesinato del carácter, en contra de Pablo. Había hombres en Corinto que reclamaban ser apóstoles. Aparentemente eran hombres con muchos talentos, dotados y persuasivos, cuyo ataque constante contra Pablo había influenciado los corazones y las lealtades de los creyentes corintios. Estos falsos maestros sembraron dudas sobre los motivos de Pablo. Insistieron que él estaba en el ministerio por el dinero. Dijeron que Pablo faltaba la integridad. Sugirieron que era hipócrita, que decía una cosa y hacía otra. Aun las personas que trabajaban y servían con Pablo no fueron inmunes a sus ataques. Estos charlatanes atacaron a Tito e impugnaron sus motivos.

2 ¿Verdad o Territorio?

Reclamaron que ni Pablo ni Tito tenían la autoridad dada por Dios. Se burlaron de la apariencia física de Pablo, de sus habilidades y de su predicación.

Pablo respondió con una descripción feroz de estos hombres como "falsos apóstoles, obreros fraudulentos, que se disfrazan como apóstoles de Cristo" (2 Corintios 11:13-15). Él dijo que, así como Satanás se disfraza como un ángel de luz, de igual manera sus siervos (los de Satanás) se disfrazan como siervos de Cristo. Pero en vez de ser mensajeros de Cristo, en realidad son inspirados de manera demoníaca y son falsos maestros empoderados – mensajeros de Satanás.[2]

Pablo escribió 2 Corintios para defenderse y a sus compañeros de trabajo contra los ataques de los falsos maestros. Él defendió a Tito, quien viajaba con él, recordando a los corintios la integridad de Tito, su disposición a trabajar y su vida intachable. Defendió su propio apostolado, autoridad, poder, ministerio, conducta, motivos y más importante que nada, el mensaje del evangelio – lo cual Pablo sostenía que era la verdad. De vez en cuando Pablo citaba a sus detractores. Por ejemplo,

> Pues aunque yo me gloríe más todavía respecto de nuestra autoridad, que el Señor nos dio para edificación y no para vuestra destrucción, no me avergonzaré, para que no parezca como que deseo asustaros con mis cartas. Porque ellos dicen: Las cartas son severas y duras, pero la presencia física es poco impresionante, y la manera de hablar menospreciable. (2 Corintios 10:8-10)

Sus detractores decían: "Pablo escribe una carta fuerte por ser tan débil y poco impresionante. Él no es fuerte. Ni es tan bueno como un orador. Es despreciable y su hablar es patético."

Pablo estaba planificando un viaje a Corinto para tratar con estos asuntos en persona, aunque seguro que no quería. De hecho, esperaba que los corintios trataran con esta pesadilla antes de que él llegase.

Al inicio de este capítulo Pablo decía:

> Y yo mismo, Pablo, os ruego por la mansedumbre y la benignidad de Cristo, yo, que soy humilde cuando estoy

---

[2] Creo que estos falsos maestros, y uno en particular, fue "la espina en la carne" de Pablo. Estos fueron mensajeros de Satanás que eran una fuente constante de dolor para Pablo.

delante de vosotros, pero osado para con vosotros cuando estoy ausente, ruego, pues, que cuando esté presente, no tenga que ser osado con la confianza con que me propongo proceder resueltamente contra algunos que nos consideran como si anduviéramos según la carne (2 Corintios 10:1-2).

¡Si ellos decían que Pablo era fuerte en sus cartas, tenían que esperar hasta que el pequeño hombre llegase a Corinto! Él les dijo en el versículo 2 que esperaba no tener que ser tan audaz y fuerte en confrontarlos como esperaba hacerlo. ¡Esto fue una advertencia! "Traten ustedes con este asunto antes de que yo llegue, o yo lo resuelvo, y si yo lo resuelvo, no les va a gustar."

En el versículo 6 del capítulo 10, Pablo dijo que estaba "preparado para castigar toda desobediencia cuando vuestra obediencia sea completa." La obediencia que Pablo tenía en mente, en esta situación en Corinto, era un rechazo por completo a estos hombres, sus métodos y sus ataques contra Pablo. Si la iglesia estaba dispuesta a rechazar a estos hombres y reafirmar a Pablo y su mensaje y ministerio, entonces Pablo vendría y castigaría la desobediencia de estos hombres.

En el versículo 2, Pablo decía que venía y que no sería algo agradable. En el versículo 6, Pablo decía que venía para castigar toda desobediencia. En medio de estos versículos se encuentra este texto sobre la guerra espiritual. En los versículos 3-5, Pablo dibujó una comparación severa entre *su* método de ministerio y el método de estos *"otros hombres"*. Pablo describía su propio ministerio, contrarrestando éste con el ministerio de estos maestros falsos.

Con todo este contexto y trasfondo, vamos a observar estos versículos en detalle y ver *cómo* luchamos, contra *qué* luchamos y *por qué* luchamos.

El "Cómo" de Nuestra Guerra

Los falsos maestros en Corinto insistían en que la metodología de Pablo y sus tácticas en el ministerio eran carnales y mundanas. Etiquetaron el ministerio de Pablo como "no suficientemente espiritual". Dijeron que era "carnal" y que no trataba con asuntos espirituales reales. Según ellos, Pablo no estaba ejercitando una verdadera lucha espiritual, solo participando a un nivel carnal.

2 ¿Verdad o Territorio?

Él respondió en versículos 3-4, "Pues aunque andamos en la carne, no luchamos según la carne; porque las armas de nuestra contienda no son carnales, sino poderosas en Dios para la destrucción de fortalezas."

La palabra "carne" aquí no es usada en su sentido ético o moral. Pablo no está diciendo que andamos "carnalmente" o "inmoralmente". La palabra es usada en su sentido normal, su sentido más literal, significando que "somos hombres normales." Quería decir simplemente que él participaba en la existencia normal humana con todas sus limitaciones inherentes. Afortunadamente, nuestro método de luchar no es limitado por nuestra naturaleza física o nuestras debilidades humanas. No hacemos la guerra meramente según la carne.[3] Aunque andamos físicamente, luchamos espiritualmente.

Dios nos ha dado ciertas armas que deben ser usadas en la guerra espiritual. Dado que la batalla que luchamos no es una batalla física, sino una espiritual, las armas que usamos de igual manera son espirituales y no físicas. Cuando Pablo dice que las "armas de nuestra contienda no son carnales," él quiere decir que no son hechas ni diseñadas humanamente. Tenemos armas celestiales, dadas por Dios para el avance de la verdad, no diseñadas por hombres para la defensa de territorios.

Pablo resaltó una tentación real que a menudo enfrentamos, la tentación de acercarnos a nuestra vida, nuestro andar, el ministerio o la lucha espiritual desde una perspectiva netamente humana. Andamos en este mundo y siempre estamos siendo bombardeados con lo mejor de la sabiduría humana, las metodologías humanas, el pensamiento humano y maneras mundanas. Estamos rodeados de teorías nuevas y mejoradas de cómo debemos llevar a cabo el ministerio, cómo se debe luchar contra los demonios y cómo se debe vivir la vida cristiana. A menudo se nos dice que podemos realizar fines divinos con medios mundanos. ¡Esto no pudiera estar más lejos de la verdad!

---

[3] Este pasaje está cargado de imágenes militares. La imagen de guerra era una de las favoritas de Pablo. Efesios 6 contiene muchas imágenes de guerra, y la armadura de guerra de un soldado romano es usada como un ejemplo para la batalla cristiana. Vemos imágenes similares en 2 Timoteo 2:3-4, "Sufre penalidades conmigo, como buen soldado de Cristo Jesús. Ningún soldado en servicio activo se enreda en los negocios de la vida diaria, a fin de poder agradar al que lo reclutó como soldado." Vea también 2 Timoteo 4:7 y Judas 3 para referencias sobre la lucha. Pablo vio la vida cristiana como una batalla larga de toda la vida, una lucha larga, una pelea constante.

Verdad o Territorio: Un Acercamiento Bíblico a la Guerra Espiritual

En los capítulos a continuación, nos dirigiremos a métodos de la guerra espiritual que son hechos según el criterio humano y no dados por Dios. "Manuales de cómo hacer" la guerra espiritual están llenos de tácticas y métodos que nacen en la mente y el pensamiento de hombres y demonios, y no derivados de la Palabra de Dios. Tenemos que asegurar que nuestras "armas" no provienen de origen humano.

Aunque andamos en la carne, no usamos medios carnales para realizar los fines de Dios. Una lectura de 1ª y 2ª de Corintios nos da algunos ejemplos de "armas carnales". Los corintios confiaron en la sabiduría humana y en el entendimiento humano, de tal manera que lo elevaron por encima de la sabiduría divina. Ellos apreciaron muestras de habilidades, dones y talentos humanos. Ellos criticaron a Pablo porque no era tan dotado con la oratoria como otros. Formaron grupitos alrededor de diferentes maestros y se jactaron de sus propias habilidades. Buscaron la aprobación de los hombres y grupos numerosos de seguidores. Estos son los tipos de armas carnales que Pablo rechazaba. De hecho, en 1 Corintios 1, Pablo manifiesta que cuando él llegó a Corinto, rehusaba a propósito relacionarse con los corintios a este nivel, aunque sabía que podría obtener seguidores propios si adoptaba tales métodos de ministerio centrados en el hombre. En lugar de esto, él optó por la locura de la predicación y la sabiduría de Dios, lo opuesto a lo que seguro atraería seguidores en Corinto.[4]

A Satanás le encanta engañarnos llevándonos a usar métodos que son carnales – trucos, campañas y tácticas publicitarias (métodos hechos por nosotros mismos) – y a abandonar las armas que Dios nos da que son divinamente poderosas.

¿Se dio cuenta que en este pasaje Pablo no nos dice qué son nuestras armas? Él sí nos da unas pistas. Hasta ahora hemos visto tres cosas acerca de nuestras armas.

Primero, son espirituales y no carnales.

Segundo, las armas son poderosas en Dios. Conllevan el poder divino. No se puede decir esto de cualquier metodología o sabiduría humana; estas nunca conllevan el poder divino.

Tercero, estas armas destruyen bastiones. Ellas destruyen las fortalezas. Ellas son "poderosas en Dios para la destrucción de fortalezas"

---

[4] 1 Corintios 1:18-2:9.

(v. 4) Esto nos lleva al próximo asunto: ¿contra qué apuntan nuestras armas?

El "Qué" de Nuestra Guerra

Es posible que todavía te estés preguntando cuáles son estas armas. ¿Qué arma espiritual tenemos a nuestra disposición que es dada por Dios, investida con Su poder y que puede derribar fortalezas? Antes de que podamos responder a esa pregunta, necesitamos averiguar lo que son estas fortalezas. ¿Contra qué estamos luchando? ¿Cuál es el blanco? ¿Estamos luchando contra una organización que desea privar a los cristianos de sus derechos? ¿Estamos luchando contra los que promueven la homosexualidad, los médicos que facilitan los abortos o los partidos políticos? ¿Quién es nuestro enemigo? ¿Contra qué están apuntando nuestras armas?

2 Corintios 10:4 nos da la respuesta: "Porque las armas de nuestra contienda no son carnales, sino poderosas en Dios para la destrucción de fortalezas." ¿Qué son estas fortalezas que debemos destruir en la guerra espiritual?

Algunos dicen que estas fortalezas son bastiones demoníacos, estructuras poderosas celestiales, maldiciones generacionales, encantamientos, jerarquías demoníacas. Por lo tanto, ellos concluyen que nuestras armas involucran métodos y medios para debilitar el poder demoníaco, impedir al diablo, liberar a la gente de maldiciones, derribar fortalezas por medio de orar y ahuyentar a los espíritus.

¿Cómo describe Pablo estas fortalezas? Él dice que estamos "destruyendo especulaciones y todo razonamiento altivo que se levanta contra el conocimiento de Dios, y poniendo todo pensamiento en cautiverio a la obediencia de Cristo" (10:5). Él usa las palabras "especulaciones", "conocimiento de Dios" y "pensamiento". Esas palabras nos dicen todo lo que necesitamos saber sobre la naturaleza de la guerra espiritual.

La palabra traducida como "especulaciones" o "argumentos" (LBLA, NVI) significa "pensamientos" o "imaginaciones". Se refiere a "razonamientos" o "procesos mentales". Las fortalezas que estamos destruyendo no son fortalezas físicas. No son mantras demoníacos, hechizos o maldiciones. No son estructuras poderosas de jerarquías demoníacas. Las fortalezas son fortalezas *mentales*. Destruimos "pensamientos" y "razonamientos".

La próxima frase describe aún más acerca de estas fortalezas como "todo razonamiento altivo que se levanta contra el conocimiento de Dios." "Todo razonamiento altivo" muestra el orgullo de estas fortalezas mentales. La palabra "altivo" fue usada para describir las torres que rodeaban las fortalezas militares. Las torres se extendían muy alto sobre las fortalezas para proveer una defensa.

Estas fortalezas mentales están contra el conocimiento de Dios. Pablo no está meramente describiendo pensamientos inocentes. Está hablando acerca de fortalezas mentales, razonamientos del corazón humano, filosofías y especulaciones humanas centradas en el hombre que manifiestan orgullo y autosuficiencia. La guerra que luchamos es contra las especulaciones orgullosas y altivas del corazón humano que desafían a Dios y se levantan en oposición al conocimiento verdadero de Dios.

Las Fortalezas Mentales del Hombre

El ser humano está rodeado del conocimiento de Dios. El ser humano tiene conocimiento de Dios en la creación y escoge restringir la verdad con injusticia.[5] Aunque no se escuche la voz audible de Dios, el hombre está rodeado por la creación de Dios que da testimonio incesante del Creador.[6] El ser humano tiene conocimiento de Dios revelado en su consciencia que constantemente lo acusa del quebrantamiento de la ley de Dios escrita en su corazón.[7] ¿Cómo responde el hombre a la luz de la creación y la consciencia? Él restringe la verdad con injusticia porque ama a la oscuridad en vez de la luz.[8] El intelecto del hombre es entenebrecido y su mente está en enemistad contra Dios.[9] En vez de someterse a la verdad, los hombres edifican fortalezas mentales que los mantienen como rehenes y resguardados en la incredulidad. Se esconden tras su manera altiva y orgullosa de pensar que los mantiene aislados contra el conocimiento de Dios. Estas fortalezas consisten en argumentos mundanos, razonamientos, la ciencia (falsamente llamada así), pensamientos y filosofías que se

---

[5] Romanos 1:21ff.
[6] Salmo 19:1-6.
[7] Romanos 2:12-16.
[8] Juan 3:19-21; Romanos 1:18ff.
[9] Romanos 8:6-8.

oponen militantemente, elevadas, hostiles a Dios y el verdadero conocimiento de Él.

Deseando ser el centro de su propio autosuficiente universo, el hombre, en su estado no regenerado, no desea apartarse de su pecado, ni someter su corazón lleno de orgullo al Dios Soberano. Se mantiene como un rehén en sus fortalezas mentales rodeado de sus razones que apoyan su incredulidad. Sus torres de "filosofía", "conocimiento", "ciencia" y "evolución" forman su defensa contra la verdad.

Al ser humano no regenerado, aislado del conocimiento de Dios por sus fortalezas mentales, la predicación de la cruz es necedad.[10] El hombre, en alianza con las fuerzas de oscuridad, edifica todo tipo de "especulaciones" y "razonamientos altivos" contra la verdad. La evolución, el ateísmo, el relativismo moral, la tolerancia, el hablar políticamente correcto, la teología liberal, el racionalismo, el naturalismo, el humanismo y muchos más son ejemplos del engaño satánico edificado en las mentes y los corazones del hombre.

El hombre voluntariamente cree cualquier cosa excepto la verdad, y usa las mentiras ofrecidas por Satanás para construir baluartes contra la verdad. Satanás es complacido porque él obra para atrincherar al hombre en el error mientras lo ciega contra la verdad. Al hombre le encanta la oscuridad y odia la luz, y por lo tanto se complace detrás de sus especulaciones e imaginaciones altivas.

Philip Hughes describe la guerra cristiana de esta manera:
Por lo tanto, la guerra cristiana está apuntada a derribar los razonamientos, que son las fortalezas por las cuales la mente incrédula intenta fortalecerse contra las verdades de la depravación humana y de la gracia divina, y también a derribar cada baluarte orgulloso elevado contra el conocimiento de Dios.[11]

Una batalla está encendida contra la verdad. Satanás, el gran mentiroso y homicida desde el principio, engaña a los hombres con sus mentiras astutas. Él y su hueste de demonios están constantemente

---

[10] 1 Corintios 1:18ff.
[11] Philip Edgcumbe Hughes, *The New International Commentary on the New Testament, The Second Epistle to the Corinthians* (Grand Rapids: Wm. B. Eerdmans Publishing Co., 1962), 352.

promoviendo, enseñando y avanzando sus mentiras. Estas mentiras son las especulaciones orgullosas de la mente y el corazón humano.

¡Estamos en guerra acerca de la verdad! La lucha espiritual es una guerra que gira alrededor de la verdad. Luchamos contra las mentiras por medio de promover la verdad. Cuando la verdad avanza, Dios es glorificado y las fuerzas de la oscuridad sufren derrota.

¿Cómo luchamos? Luchamos una guerra espiritual con armas espirituales. ¿Contra qué estamos luchando? Estamos luchando contra los razonamientos, los pensamientos y las especulaciones de error erigidas en los corazones de los hombres.

Y ahora unas preguntas relacionadas: ¿Cuáles son nuestras armas? ¿Qué significa que son "poderosas en Dios para la destrucción de fortalezas"? ¿Qué usa Dios para destruir el error y hacer que avance la verdad? ¿Qué contiene la verdad divina que puede penetrar directo al corazón, traer convicción, remover la ceguera, destruir la sabiduría humana, confundir al sabio y traer gente al conocimiento de la verdad? La Palabra de Dios.

El evangelio y la Palabra de Dios son los medios de hacer la verdadera guerra espiritual. Cuando ya entendemos que la verdadera guerra espiritual es una guerra acerca de la verdad, entonces nos queda poca duda sobre la identidad de nuestras armas. Es el evangelio de la verdad contenida en la Palabra de Verdad.

Con este entendimiento como un trasfondo, lea los siguientes versículos conocidos.

> Porque no me avergüenzo del evangelio, pues es el poder de Dios para la salvación de todo el que cree… (Romanos 1:16).
>
> Porque la palabra de la cruz es necedad para los que se pierden, pero para nosotros los salvos es poder de Dios. Porque está escrito: Destruiré la sabiduría de los sabios, y el entendimiento de los inteligentes desecharé. ¿Dónde está el sabio? ¿Dónde el escriba? ¿Dónde el polemista de este siglo? ¿No ha hecho Dios que la sabiduría de este mundo sea necedad? Porque ya que en la sabiduría de Dios el mundo no conoció a Dios por medio de su propia sabiduría, agradó a Dios, mediante la necedad de la predicación, salvar a los que creen. Porque en verdad los

judíos piden señales y los griegos buscan sabiduría; pero nosotros predicamos a Cristo crucificado, piedra de tropiezo para los judíos, y necedad para los gentiles; más para los llamados, tanto judíos como griegos, Cristo es poder de Dios y sabiduría de Dios. (1 Corintios 1:18-24)

¿Puedes ver el lenguaje de la guerra espiritual en estos textos? Dios destruye la sabiduría humana que está en contra del conocimiento de Dios. Él hace esto por medio de la predicación de la Palabra. El evangelio es poderoso para la destrucción de fortalezas. Es poderosamente usado por Dios para llevar cautivo todo pensamiento a la obediencia a Cristo.

Dios no usa los métodos carnales del hombre para luchar esta guerra espiritual. Dios usa la única herramienta que Él ha investido de poder divino – Su Palabra. La predicación de la Palabra y la predicación del evangelio no es un arma carnal de origen humano. ¡No depende de la sabiduría humana para ser efectivo! Esta arma de la verdad "no es según la carne."

Pablo describió su ministerio de predicación en Corinto en 1 Corintios 2:1-5.

Cuando fui a vosotros, hermanos, proclamándoos el testimonio de Dios, no fui con superioridad de palabra o de sabiduría,[12] pues nada me propuse saber entre vosotros, excepto a Jesucristo, y éste crucificado. Y estuve entre vosotros con debilidad, y con temor y mucho temblor. Y ni mi mensaje ni mi predicación fueron con palabras persuasivas de sabiduría, sino con demostración del Espíritu y de poder, para que vuestra fe no descanse en la sabiduría de los hombres, sino en el poder de Dios.

Si Pablo hubiera querido usar armas de la carne, él hubiera usado "palabras persuasivas de sabiduría." Hubiera intentado impresionar a los corintios con su oratoria y retórica. Pablo no dependió de estos medios carnales, por muy impresionantes que estos hubieran sido a las sensibilidades mundanas de ellos. Él predicó la verdad del evangelio en el poder del Espíritu.

---

[12] Estos hubieran sido armas carnales.

En 2 Corintios 6:3 Pablo defiende su ministerio para que "no fuese desacreditado." Él describió las dificultades que había aguantado en el ministerio. Pero en medio de aflicciones, dificultades y angustias, el ministerio de Pablo se hizo "en pureza, en conocimiento, en paciencia, en bondad, en el Espíritu Santo, en amor sincero, en la palabra de verdad, en el poder de Dios; por armas de justicia para la derecha y para la izquierda" (2 Corintios 6:4-7).

Uno de los elementos de la armadura de Dios es la "espada del Espíritu, que es la Palabra de Dios."[13] Pablo fue un verdadero y efectivo guerrero en el ámbito espiritual. Siempre se preocupaba por la verdad del evangelio y su fiel proclamación. En el contexto de hablar sobre la guerra espiritual, Pablo pidió oración para que "me sea dada palabra al abrir mi boca, a fin de dar a conocer sin temor el misterio del evangelio, por el cual soy embajador en cadenas; que al proclamarlo hable con denuedo, como debo hablar" (Efesios 6:18-20).

La proclamación del evangelio es poderosa en Dios para salvación. El evangelio libera la gente del dominio de la oscuridad y los traslada al dominio de luz, desde el error a la verdad, desde Satanás a Dios.

El "Por Qué" de Nuestra Guerra

Pablo explica la razón por la cual nos comprometemos en la batalla por la verdad en el versículo 5: "...poniendo todo pensamiento en cautiverio a la obediencia de Cristo" (2 Corintios 10:5).

La palabra traducida "pensamiento" en este texto es diferente que la palabra traducida "especulaciones" al inicio de este versículo. La palabra traducida "pensamiento" fue usada para describir el motivo y la intención en la mente. Se podría decir que estamos luchando para traer toda intención, todo pensamiento y toda disposición de la mente a la obediencia de Cristo.

¿A quién estamos llevando cautivo? Estamos llevando cautivo a las mismas personas que se han encerrado en sus fortalezas mentales. Habiendo sido desobedientes a Cristo, retenidos en su castillo de mentiras, el evangelio es poderoso en Dios para destruir sus especulaciones vanas y hacerlos prisioneros de Cristo.

---

[13] Efesios 6:17.

¡Esto No Es Lo Que Vemos Usualmente!

Esta descripción bíblica de la guerra espiritual es demasiado diferente a lo que es enseñado en la mayoría de las iglesias cristianas hoy en día. Nos dicen que la guerra espiritual es un combate mano a mano contra demonios, haciendo conjuros, orando ciertas oraciones y recuperando territorio de Satanás. *La verdadera guerra espiritual no es una batalla para tomar territorio, sino una batalla por la verdad.*

Irónicamente, mientras que la iglesia actual parece estar preocupada con la lucha contra demonios, ha desarrollado una apatía completa hacia la verdad. La indiferencia imprudente de la iglesia actual por la verdad ha puesto en desventaja su capacidad para luchar la verdadera guerra espiritual. La iglesia ha dejado de lado su única arma dada por Dios, para estar a favor de armas carnales hechas por hombres que nunca pueden derribar las fortalezas mentales en las que ellos mismos se encuentran cautivos.

No es raro sintonizar un canal cristiano en la televisión o la radio y escuchar a Satanás siendo atado, reprendido o exorcizado. Hay iglesias que patrocinan vigilias de oración durante las 24 horas del día y practican el mapeo espiritual. "Ministerios de Liberación" abundan, pero ¿cuál es el estado de la iglesia?

La mayoría de las iglesias están llenas de "cristianos" que no pueden explicar el evangelio con claridad. Toleran falsos maestros por docenas y apoyan sus ministerios. La iglesia actual ha perdido su capacidad y aun su disposición a discernir entre la verdad y el error. Las iglesias no se interesan en defender la verdad o predicar y enseñar la verdad. Nos dicen que la verdad causa divisiones y ofende innecesariamente a la gente. En vez de esto debemos enfocarnos en la unidad, el amor, el propósito y cosas más positivas. Temas difíciles como el pecado, el infierno, la ira de Dios, el juicio, el arrepentimiento y la justicia de Dios son no solamente descuidados sino evitados por completo.

¿Pudiera Satanás estar más complacido con la fascinación moderna de la iglesia? Lo dudo. Puedes atar a Satanás todo el día. A él no le importa, siempre y cuando no compartas el evangelio, defiendas la verdad o no ataques los errores y las mentiras de sus fortalezas. Puedes reprenderlo hasta que cambies de color y él seguirá engañando a multitudes. ¡A él no le importa, siempre y cuando tu amor y enfoque no sea hacia la verdad, la doctrina sana y la proclamación del evangelio! Atar

Verdad o Territorio: Un Acercamiento Bíblico a la Guerra Espiritual

y reprender a Satanás son prácticas completamente inútiles que no hacen absolutamente nada. Son prácticas no bíblicas, fabricadas en las mentes de hombres para una iglesia que ha abandonado su llamado de ser "columna y sostén de la verdad" (1 Timoteo 3:15).

A Satanás le encanta una iglesia llena de personas ignorantes del evangelio, que sean apáticos para defenderlo. Él prospera en iglesias donde las líneas entre lo correcto y lo incorrecto, la verdad y el error son borrosas e ignoradas. Él se regocija cuando escucha a líderes de la iglesia decir que no debemos preocuparnos por temas relacionados con la verdad y la doctrina. Él se deleita en "cristianos" que piensan que la verdad debe ser sacrificada por el bien de la unidad y el amor. A él le encanta "cristianos" ignorantes de la verdad, porque estos son los guerreros más inefectivos.

¿Entonces qué es la guerra espiritual? ¿Cómo lo definimos? ¿Se trata de exorcismos, ministerios de liberación, confesar pecados de sus antepasados y renunciar a las maldiciones generacionales? ¿Se trata de reprender a Satanás, atar a Satanás y echar demonios a las fosas? ¿Se trata de orar para que caen los espíritus territoriales, y reclamar a lugares y personas para Dios por medio de la sangre de Cristo? ¡No! ¡No! ¡Mil veces no!

La guerra espiritual es la proclamación con denuedo de la verdad del evangelio a los pecadores perdidos. El evangelio, y es solo el evangelio, que es poderoso en Dios para la salvación. El evangelio destruye las fortalezas anti-Dios compuestas por las mentiras de Satanás. Los libera del dominio de la oscuridad y el dominio de Satanás. Tenemos que proclamar y defender la verdad "para que abras sus ojos a fin de que se vuelvan de la oscuridad a la luz, y del dominio de Satanás a Dios, para que reciban, por la fe en mí, el perdón de pecados y herencia entre los que han sido santificados" en Cristo (Hechos 26:18). La guerra espiritual es una lucha acerca de la verdad, no de territorio. No es un combate mano a mano contra los demonios, sino la proclamación y defensa de la verdad de Dios.

Estamos en el negocio de liberar a los hombres por medio de hacerlos cautivos de Cristo. Usamos la única arma divinamente poderosa en nuestro arsenal, que es la verdad del evangelio, y lo proclamamos con denuedo para entonces ver cómo se derrumban las fortalezas. Proclamamos, predicamos, enseñamos, apoyamos y defendemos la verdad, para que el orgulloso, no regenerado hombre pecador pueda ver sus ismos, argumentos, racionalizaciones y filosofías cargadas de sabiduría humana derrumbadas alrededor de él. Él se queda sin excusa, desnudo ante la verdad de Dios y de Su Palabra. Las mentiras de Satanás son expuestas y destruidas por medio de la verdad. ¡Esto es la verdadera guerra espiritual – una batalla por la verdad!

¡Pues salga ahora y pelee la buena batalla!

3

El Enemigo y Su Ejército

Una de las primeras reglas de la guerra es "Conozca a Tu Enemigo." Esto ciertamente se aplica en el ámbito de la guerra espiritual. No podemos permitirnos el lujo de ignorar las artimañas de Satanás (2 Corintios 2:11). Nuestra ignorancia acerca de él y sus métodos solo hace su trabajo más fácil. Las Escrituras revelan una tremenda cantidad de información sobre Satanás y sus huestes demoníacas, para que podamos conocer quién es nuestro enemigo, cómo trabaja y cómo podemos mantenernos firmes contra sus maquinaciones.

Nunca es placentero pasar tiempo hablando del diablo. No me da nada de gozo darle protagonismo. Aunque esto sea desagradable, es necesario. Necesitamos tener una teología acerca de Satanás para que seamos guardados de dos extremos opuestos e igualmente poderosos.

Primero, mucha gente ignora o no cree en su existencia. Satanás es retratado en nuestra cultura como nada más que un mito, una leyenda o una noción no científica desacreditada de una era supersticiosa ya pasada de moda. Es caricaturizado como un pequeño hombre diabólico vestido con un traje rojo con capa, cola y tridente. El mundo no está solo en su ignorancia del diablo; su existencia y realidad es en gran parte negada aun en la iglesia.

Una encuesta recientemente hecha por Barna de más de 1.800 "autodenominados cristianos" descubrió que "cuatro de cada diez están muy de acuerdo en que Satanás 'no es un ser viviente sino un símbolo de la maldad'. Adicionalmente dos de cada diez decían que están 'algo de acuerdo' con esa perspectiva."[1] En otras palabras, el 60% de los "cristianos" piensan que Satanás es solo un símbolo de la maldad y no un

---

[1] http://www.barna.org/barna-update/article/12-faithspirituality/260-most-american-christians-do-not-believe-that-satan-or-the-holy-spirit-exis.

ser viviente real. No nos asombra que la iglesia está cayendo víctima de cada timo y engaño de él. ¡La mayoría de los que están en la iglesia ni creen que tienen un enemigo verdadero!

Segundo, mucha gente se preocupa por Satanás y sus poderes. Hay muchos que caen en la zanja de no solo creer que existe, sino de atribuirle mucho más poder, influencia y capacidad de lo que realmente tiene. Ven a un demonio detrás de cada arbusto, debajo de cada piedra y detrás de cada evento. Muchos cristianos viven en un constante miedo y terror interminable de Satanás y sus demonios. Tienen miedo de tocar algo, caminar al lado de algo o decir algo que pudiera dar al diablo un punto de apoyo e influencia en sus vidas. Su preocupación constante con lo demoníaco cambia su enfoque de la victoria en Cristo a su propia victimización a manos de fuerzas malignas.

Nuestra capacidad de estar firmes contra las fuerzas de maldad en los lugares celestiales requiere que conozcamos a nuestro enemigo y entendamos sus métodos. En este capítulo estaremos presentando una teología breve de Satanás para que podamos evitar ambos extremos.

Una Historia Breve del Diablo

La Biblia contiene numerosas referencias a Satanás y es llamado por una cantidad de nombres diferentes. Se refiere a él en siete libros del Antiguo Testamento. Cada escritor del Nuevo Testamento menciona a Satanás. Solo en los evangelios es mencionado veintinueve veces. Veinticinco de estas veintinueve referencias son hechas por Jesús.[2]

Satanás aparece muy temprano en la historia humana (Génesis 3), a nuestros primeros padres en el jardín. Cuando escribía Génesis, Moisés no explicó cómo o por qué el diablo existía, ni explica lo que lo hizo malo. Moisés directamente asume que sus lectores ya creen en Satanás. La última referencia a Satanás en la Biblia predice su perdición. "Y el diablo que los engañaba fue arrojado al lago de fuego y azufre, donde también están la bestia y el falso profeta; y serán atormentados día y noche por los siglos de los siglos" (Apocalipsis 20:10).

Primero, sabemos que Satanás es un ser creado. Jesucristo, la segunda persona del Dios Trino es el Creador de todas las cosas (Colosenses 1:15-16) y esto incluye toda la hueste angelical. Solo hay un

---

[2] Robert Lightner, *Angels, Satan, and Demons* (Nashville: Word Publishing, 1998), 66.

ser eterno no creado en todo el universo, y este ser es Dios. Dios no creó la maldad ni creó seres malvados. Los ángeles fueron parte de la creación de Dios que Él declaró que era "bueno en gran manera" (Génesis 1:31).

En cuanto al tiempo de la creación de los ángeles, es difícil ser dogmático. Creo que podemos decir con seguridad que fue en algún tiempo antes de la creación de los cielos y la tierra. Es posible que fuese durante la semana de la creación de Génesis 1.[3] A la altura de Génesis 3, Satanás había sido creado y se había rebelado. Entonces la caída de Satanás ocurrió en algún momento entre lo "bueno en gran manera" de Génesis 1:31 y el aparecer del tentador en Génesis 3:1. Exactamente cuándo fueron creados los ángeles y cuánto tiempo después de la creación cayó Satanás no se nos ha dicho.

Segundo, sabemos que Satanás es un ser viviente personal. Tiene todos los rasgos de personalidad. Tiene intelecto. Es astuto. Él planifica y trama, y hace uso de todos sus recursos para oponerse a Dios. Está en contra de los planes de Dios y de Su pueblo. Su habilidad para engañar y maquinar es una evidencia de su inteligencia, razonamiento, emoción y voluntad. Otra evidencia de su personalidad es su capacidad de comunicarse con otros, incluyendo con Jesús (Lucas 4:1-12).

Satanás no es solo un poder, una fuerza o un mito. No es una leyenda, un símbolo o la personificación de la maldad. Es un ser real con intelecto, astucia, voluntad, un plan y la habilidad para llevar a cabo su plan. Pronombres personales son aplicados a Satanás en la Biblia. Todos estos indican que es un ser personal. No es un ser humano, ni fue un hombre en algún momento. Es un ser creado – un querubín.

Tercero, sabemos que Satanás es un ángel caído. Una vez tuvo una posición de inmensa importancia y prominencia entre los ángeles creados por Dios. Dos pasajes en el Antiguo Testamento describen la condición original de Satanás y su caída de esa posición (Isaías 14 y Ezequiel 28).

Ezequiel 28 es dirigida hacia el "príncipe de Tiro" (v. 2).[4] Sin embargo, comenzando con versículo 12, Ezequiel se dirige hacia el "rey de

---

[3] Dios dijo a Job que "todas las estrellas del alba cantaban y todos los hijos de Dios gritaban de gozo" cuando Él "echaba los cimientos de la tierra" y cuando Él "puso su piedra angular" (Job 38:1-7). Aparentemente seres angelicales ya habían sido creados en el momento de que Dios comenzó la creación de los cielos y la tierra.

[4] El "rey de Tiro" o "príncipe de Tiro" fue en aquel entonces Ethbaal III que gobernó toda la ciudad costera fenicia llamada Tiro.

Tiro" y describe a esta persona de tal forma que descarta la posibilidad de que Ezequiel estuviera describiendo a un hombre. Mientras que versículos 2-10 se dirigen al rey actual, los versículos 11-19 describen el poder espiritual maligno – Satanás – que infundió vigor a ese gobernante. Estos versículos no se podían dirigir al "príncipe [humano] de Tiro". Solo se pueden aplicar a Satanás mismo.

> Hijo de hombre, eleva una elegía sobre el rey de Tiro y dile: "Así dice el Señor Dios: 'Tú eras el sello de la perfección, lleno de sabiduría y perfecto en hermosura. 'En el Edén estabas, en el huerto de Dios; toda piedra preciosa era tu vestidura: el rubí, el topacio y el diamante, el berilo, el ónice y el jaspe, el zafiro, la turquesa y la esmeralda; y el oro, la hechura de tus engastes y de tus encajes, estaba en ti. El día que fuiste creado fueron preparados. 'Tú, querubín protector de alas desplegadas, yo te puse allí. Estabas en el santo monte de Dios, andabas en medio de las piedras de fuego. 'Perfecto eras en tus caminos desde el día que fuiste creado hasta que la iniquidad se halló en ti'" (Ezequiel 28:12-15).

Ezequiel continúa describiendo la caída de Satanás y el juicio posterior de Dios sobre él. Satanás, el "querubín protector", "se llenó de violencia" y "pecó", y por lo tanto fue "expulsado por profano, del monte de Dios" (v. 16). "Se enalteció" su corazón, y él "corrompió [su] sabiduría a causa de [su] esplendor" (v. 17). Esos versículos describen su caída.

Isaías hace uso del mismo recurso literario en su profecía contra el rey de Babilonia (Isaías 14:4-23) mientras que observamos por detrás del rey de Babilonia a uno que ha "caído del cielo", el "lucero de la mañana, hijo de la aurora" que ha "debilitado a las naciones" (v. 12). Esto describe a Satanás que dijo en su corazón, "Subiré al cielo, por encima de las estrellas de Dios levantaré mi trono, y me sentaré en el monte de la asamblea, en el extremo norte. Subiré sobre las alturas de las nubes, me haré semejante al Altísimo" (vv. 13-14); cf. Génesis 3:15).

Satanás una vez vivió en los atrios de Dios como un ángel querubín de Dios. Fue un hermoso, brillante, encantador y glorioso ángel – hasta que

3 El Enemigo y Su Ejército

la injusticia fue hallada en él. El orgullo fue su caída, y Satanás fue expulsado del Cielo, probablemente a una tierra recién creada.[5]

Cuarto, sabemos mucho acerca de Satanás por los nombres que le son dados en las Escrituras. El nombre "Satanás" significa "adversario," y muestra su carácter verdadero como el que se opone a Dios y Sus planes y propósitos.

También es llamado "diablo". Este es el segundo nombre común para Satanás. "Diablo" es traducido del griego *diábolos* (διάβολος) que significa "el que se dedica a la calumnia – calumniador."[6] Esto describe su actividad como uno que lanza acusaciones y calumnias, intenta despedazar a Dios y Su pueblo. 1 Pedro 5:8 lo llama "el diablo, [que] anda al acecho como león rugiente, buscando a quien devorar."

También es llamado "la serpiente" siendo que, en la tentación de Eva, usó a una serpiente (Génesis 3:1-6). Este nombre habla de su astucia, sutileza y naturaleza seductora.

Su poder y ámbito de influencia son descritos cuando es llamado "el príncipe de la potestad del aire" (Efesios 2:2). Su control temporal sobre este sistema mundial presente se entiende cuando es llamado el "dios de este mundo" (2 Corintios 4:4). Actuando como el dios de este mundo, Satanás se ocupa de cegar a los inconversos a la verdad. Como resultado, "todo el mundo yace bajo el poder del maligno" (I Juan 5:19) durante "este presente siglo malo" (Gálatas 1:4).

Una gran parte de su obra se ve cuando es llamado "el tentador" (1 Tesalonicenses 3:5). La destrucción devastadora de sus caminos explica por qué es llamado "el dragón" (Apocalipsis 12:3-4, 7, 9, 13, 16-17).

Por último, es llamado "el maligno" (Juan 17:15; 1 Juan 5:18-19), y el "padre de la mentira" (Juan 8:44). Estos son solo unos pocos de sus nombres. No solo describen sus obras, sino que además son indicativos de su carácter.

---

[5] El problema filosófico de como un ángel perfecto pudiera pecar y por lo tanto caerse de esa perfección tiene una respuesta. No nos dirigimos a este asunto de momento porque va más allá del alcance de este capítulo.

[6] J.P. & Nida Louw, E.A., *Vol. 1: Greek-English lexicon of the New Testament: Based on semantic domains* (electronic ed. of 2nd edition) (New York: United Bible Societies, 1996), 433.

No Ignoramos a Sus Maquinaciones

Las Escrituras nos revelan mucho acerca de la creación de Satanás y su carácter, y también nos informa de sus artimañas. Es intrigante. Satanás se opone a todo lo que Dios hace. Aunque esto significara su eventual caída y destrucción (y ciertamente así es), él intenta frustrar los planes y propósitos de Dios.

Conocemos algo de su forma de actuar debido a que no debemos ser "ignorantes de sus ardides" (2 Corintios 2:11) para que podamos "estar firmes contra las insidias del diablo" (Efesios 6:11). Una de las ruinas de muchos cristianos es su ignorancia total de las maquinaciones e intrigas de Satanás. Sin embargo, cuando miramos a las Escrituras vemos todo lo que necesitamos saber acerca de sus maniobras y sus metas.

Satanás tienta a la gente a pecar y alejarse de Dios (Mateo 4:3; 1 Tesalonicenses 3:5). Satanás energiza y promueve cada religión falsa en el mundo. Toda adoración idólatra y religión falsa es un sacrificio a, y adoración de demonios (1 Corintios 10:20). Él es el autor de todo engaño y falsedad. Con la ayuda de sus sirvientes (2 Corintios 11:15), él inspira a los maestros falsos (1 Juan 4:1-4; 1 Timoteo 4:1-3) y promueve bajo la bandera de la verdad y luz (2 Corintios 11:14-15) su error que descompone el alma.

A él le encanta acusar falsamente a los cristianos y engañar a la gente a creer estas acusaciones falsas. A él le encanta causar divisiones en la iglesia, sembrar la desunión y destruir la paz. Él divide las familias, causa el conflicto entre hermanos e intenta socavar la unidad en la iglesia y en las familias. Éstas son las obras de Satanás.

Todo pensamiento anti-Dios y mundano es satánicamente inspirado. El mundo está bajo su poder (1 Juan 5:18-19) y la totalidad del sistema mundano es de su creación (1 Juan 2:15-17). Toda manera de pensar que está en contra de Dios, cada filosofía, cada doctrina falsa, cada mentira, cada cosmovisión, religión y pensamiento que se levanta contra la verdad de Dios proviene de Satanás (2 Corintios 10:3-5). Toda persona que promueve, defiende y cree sus mentiras ha caído presa de él, y está haciendo consciente o inconscientemente sus órdenes.

Él no presenta sus mentiras y decepciones de una manera veraz. Él hace que el pecado parezca atractivo, cuando en realidad es un veneno que pudre el alma. Él engaña a la gente a pensar que puede robar un placer y nunca pagar la deuda. Él aparece como un ángel de luz. Él disfraza el error como verdad y hace que suene como verdad, que parezca como verdad y

3 El Enemigo y Su Ejército

se sienta como verdad. Él esconde la oscuridad y engaña a la gente a pensar que está caminando en la luz mientras que está andando en una completa oscuridad espiritual.

Él es increíblemente eficaz para hacer las mentiras creíbles, el pecado deseable, la tentación inevitable y el error irresistible. Él es tan eficaz que la única esperanza que tenemos de ser capaces de detectar sus mentiras es de estar íntimamente familiarizados con la verdad. Debemos estar tan bien versados en la verdad, tan fieles a la verdad y tan hacedores de la verdad que él no pueda engañarnos con sus mentiras. ¡Excepto la verdad de la palabra de Dios, somos un blanco como patos en un estanque!

Su Ejército

Hemos observado la creación de Satanás como un ser viviente, su carácter y sus artimañas. La Escritura también nos habla acerca de sus acompañantes.

Satanás no trabaja a solas. Él tiene una hueste de espíritus malignos que están aliados con él en sus propósitos malignos. Satanás es el gobernante de los demonios (Mateo 12:22) y ellos acatan sus órdenes. Están unidos con él en su oposición contra Dios y Su pueblo. La Escritura indica que estos demonios pecaron en el mismo momento que Satanás pecó. Ellos se afiliaron con él en su rebelión, y le acompañarán en su condenación. Jesús habló acerca "del fuego eterno que ha sido preparado para el diablo y sus ángeles" (Mateo 25:41). Apocalipsis 12:4 se refiere a la caída de Satanás e indica que él llevó consigo una tercera parte de la hueste angelical.[7]

Los otros demonios fueron creados originalmente por Dios en perfección y de igual manera cayeron. Ellos, tal como Satanás, son seres vivientes reales y personales. Son activos en el mundo hoy día, y están involucrados en las mismas actividades demoníacas que atribuimos a Satanás anteriormente. En las Escrituras, son llamados "espíritus inmundos" (Mateo 10:1), "demonios" (Mateo 12:24) y "espíritus malignos" (Lucas 7:21).

---

[7] John MacArthur, *The MacArthur New Testament Commentary: Revelation 12-22* (Chicago: Moody Press, 2000), 7-8.

Mucho del ministerio de Jesús involucraba el hecho de liberar a los endemoniados de su posesión demoníaca.[8] Aquellos que estaban poseídos por los demonios demostraron una fuerza inusual (Marcos 5:1-5; Hechos 19:13-16). Al parecer en el Nuevo Testamento los demonios tenían la habilidad de infligir diversas enfermedades y trastornos mentales a sus víctimas. Robert Lightner hace notar:

> Ellos infligían varias enfermedades sobre la gente, tal como la mudez (Mateo 9:33), la ceguera (Mateo 12:22), una forma de epilepsia (Mateo 17:15-18) y trastorno mental (Marcos 5:1-20). ¿Hacen los demonios tales cosas hoy en día? La Biblia no responde a esta pregunta, pero pareciera que sí podrían y probablemente lo hacen a veces. Sin embargo, no todas las enfermedades físicas y mentales son el resultado de la actividad demoníaca. Aún en los tiempos del Nuevo Testamento los dos eran distintos (Mateo 4:24; Lucas 7:21).[9]

Sus Limitaciones

En la Palabra de Dios aprendemos acerca de la creación de Satanás, su carácter, sus artimañas, sus acompañantes y también sus restricciones.

Todo lo que he escrito hasta este punto probablemente causaría pánico, terror, noches sin dormir y ataques de ansiedad. Pero esto no es la historia completa. Ningún tratado de Satanás y sus demonios sería completo sin aprender también de sus limitaciones.

Primero, los demonios son mayores que el hombre en su conocimiento pero no son omniscientes.[10] A los ángeles se les considera tener una gran sabiduría (2 Samuel 14:20) y conocimiento (Mateo 24:36). Aun los ángeles caídos tienen conocimiento más allá del ámbito natural (Lucas 4:34). Sin embargo, no son seres omniscientes. Solo Dios es omnisciente.

Segundo, aunque los demonios son más fuertes que los hombres, no son omnipotentes. Los ángeles son conocidos por tener mayor fuerza y potencia que los hombres (2 Pedro 2:11; Salmo 103:20). Son llamados

---

[8] Examinaremos esta práctica en el capítulo 12.
[9] Lightner, 92.
[10] Este resumen de las limitaciones de los demonios es prestado de Henry C. Thiessen, *Lectures in Systematic Theology* (Grand Rapids: Eerdman's Publishing Company, 1949), 134-135.

3 El Enemigo y Su Ejército

"ángeles poderosos". Los demonios en su estado caído todavía retienen esa fuerza y superioridad sobre los hombres (Hechos 19:13-16), aunque no son todo poderosos. Solo Dios es omnipotente.

Tercero, aunque los demonios tengan mayor capacidad para movilizarse que el hombre, no son omnipresentes. Tienen que recorrer la tierra y andar por ella (Job 1:7; Zacarías 1:11; 1 Pedro 5:8). Los ángeles tienen que movilizarse y a veces hay demoras por su incapacidad de transportarse inmediatamente a sí mismos (Daniel 10:10-14). Satanás no puede estar en más de un lugar a la vez. Solo Dios es omnipresente.

Una limitación importante referente al poder de Satanás es observada en Job 1-2. Satanás fue incapaz de tocar cualquier cosa que Job poseía, o afligir a Job de cualquier manera posible porque Dios había puesto "una valla alrededor de él, de su casa y de todo lo que tenía, por todos lados" (Job 1:10). Satanás tuvo que obtener permiso de Dios antes de que pudiera tocar a las posesiones de Job (Job 1:12) o su salud (Job 2:6).

¡Podemos consolarnos en el hecho de que Satanás no puede hacer nada excepto que Dios, por medio de Su mano poderosa, para Sus propósitos soberanos y de acuerdo con Su voluntad secreta lo permita! Satanás solo puede hacer lo que Dios le dé libertad para hacer. No puede hacer nada en cualquier momento y en cualquier lugar sin que Dios le dé el permiso. Satanás es como un perro sujeto a la correa de su amo. Dios permite que él vaya a cierto punto y nada más, a hacer tal cosa y nada más.

Dios está permitiendo que Satanás trabaje su plan con cierto grado de libertad. Tengo la convicción de que Dios restringe más de su maldad de lo que Él permite. Dios es soberano sobre todas las cosas, y esto incluye a Satanás y sus demonios, sus maquinaciones malignas y sus actividades.

Satanás no es tan poderoso como Dios, y Dios no está "intentando" derrotarlo. Satanás es un enemigo aplastado y derrotado cuya condenación es segura. En último instante, la condenación de Satanás fue asegurada en el momento en que cayó en su rebeldía arrogante, siendo que es imposible que Dios pudiese ser destronado o que Sus planes y propósitos fallaran.

El fin de Satanás y su destrucción fue públicamente asegurado en la cruz donde Jesús "despojó a los poderes y autoridades, e hizo de ellos un espectáculo público, triunfando sobre ellos" (Colosenses 2:15). Jesús, por medio de la muerte, anuló "mediante la muerte el poder de aquel que tenía el poder de la muerte, es decir, el diablo" (Hebreos 2:14-15). I Juan

3:8 dice que "el Hijo de Dios se manifestó con este propósito: para destruir las obras del diablo." Ciertamente lo ha hecho. El príncipe de este mundo ha sido juzgado (Juan 16:11).

La Respuesta del Cristiano

¿Cuál debe ser nuestra respuesta?

¿Se recuerda de los dos extremos que debemos evitar? Ignorar a Satanás, no creer en su existencia y no estar preocupado por sus maquinaciones es estar cegado a un enemigo muy real y muy peligroso. Estar obsesionado con Satanás y preocupado de él es darle demasiada atención a un enemigo derrotado. Ciertamente hay un equilibrio, un enfoque hacia un punto medio.

Para evitar el primer error, debemos estar alerta. Tenemos que conocer a nuestro enemigo, sus tácticas y sus limitaciones. Necesitamos tener sabiduría ante sus planes de división, decepción y destrucción. Necesitamos poder identificar los ataques satánicos y estar firmes contra ellos. Necesitamos poder discernir la diferencia entre la verdad y el error, entre lo correcto y lo incorrecto. Necesitamos mantener nuestras cabezas en alto y permanecer involucrados en el juego. Cierto grado de cautela es apropiado. Debemos andar prudentemente, conociendo los tiempos y discerniendo la verdad.

Para evitar el segundo error, debemos mantenernos firmes. Tenemos que descansar en la victoria, la armadura y la seguridad provista para nosotros. Cristo ha ganado la victoria. Satanás es limitado. Él es activo, pero está derrotado. El "jaque" ha sido asegurado y ahora es solo cuestión de tiempo y algunas jugadas más y el Victorioso aparecerá y derribará a todos Sus enemigos.

Estamos en Cristo y no podemos ser arrebatados por Satanás (Juan 10:25-30). Nuestra salvación es segura. Nuestra victoria sobre la muerte y todo enemigo ha sido asegurada por Cristo y afirmada en Su resurrección (I Corintios 15:50-58). Tenemos la armadura espiritual necesaria para estar firmes contra las asechanzas del diablo (Efesios 6:10-17). ¡Cristo ha provisto todo lo que necesitamos – debemos estar firmes ahí!

Un entendimiento sobre la enseñanza bíblica acerca de Satanás y sus demonios nos impedirá caer en sus tentaciones y ataques y de vivir en constante miedo de él. Mantente alerta. Permanece firme en tu fe.

4

El Mundo y La Carne

Después del último capítulo, tal vez estés esperando que nuestra discusión sobre las fuerzas aliadas en contra de nosotros haya terminado. Es desalentadora pensar que Satanás y su extenso ejército estén atrincherados en su oposición contra nosotros. ¡Lo último que queremos escuchar es que Satanás y sus demonios no son nuestro único enemigo, pero la verdad es que tenemos a dos más!

Cuando la mayoría de la gente escucha las palabras "guerra espiritual", ellos imaginan algún tipo de batalla cósmica entre ángeles, o entre hombres y demonios. El enfoque típicamente está sobre Satanás y sus demonios. Cuando se le pide que nombre a los enemigos del cristiano, la mayoría respondería sin vacilar, "El diablo y sus demonios." Aunque esta respuesta es correcta, no es completa. Actualmente tenemos tres enemigos, no uno.

Nuestro estudio sobre el tema de la guerra espiritual sería inadecuado si fallamos en darnos cuenta de los tres enemigos. Hemos tomado el tiempo para entender los poderes y las limitaciones del diablo, y las habilidades e inhabilidades de él en el capítulo previo. Ahora nos dirigimos a los otros dos enemigos contra quienes luchamos: el *mundo* y la *carne*.

El Peligro de Ignorar al Enemigo

Una cosa que me encanta hacer con mis hijos es la lucha libre. Nos retorcemos en el piso del salón mientras que yo me burlo, les hago cosquillas y hago todo lo que está en mi mano para que ninguno se escape de mis garras. Ellos gritan, se ríen y hacen el mejor esfuerzo para luchar contra mí. Cuando los niños tenían poca edad, yo podía tomar a los cuatro de una sola vez sin problema. ¡Eso ya no es el caso!

Ocasionalmente, me di cuenta de que uno o dos de los niños se apartaban a un lado, esperando la oportunidad perfecta para atacar. Ellos sabiamente se mantenían fuera de mi alcance, a una distancia sana y esperando pacientemente. De pronto descubrí que lo único que yo tenía que hacer para abrirme al ataque era dar mi espalda al niño que estaba esperando. Al enfocar toda mi atención en los otros niños, los que estaban esperando a una distancia veían una debilidad, un punto ciego y, por lo tanto, su oportunidad. Rápidamente se movían para atacarme con el intento de ganar ventaja.

Este mismo escenario se despliega en el ámbito de la guerra espiritual. La guerra espiritual no es una batalla luchada contra un solo enemigo. Es una batalla que luchamos contra tres enemigos por separado, los cuales trabajan en conjunto contra el cristiano.

Si nuestro enfoque sólo está en uno de los tres enemigos, muy pronto descubrimos que estamos perdiendo la batalla en los otros dos frentes. Con demasiada frecuencia, la atención se enfoca sobre el diablo y en derrotarlo mientras que la batalla contra el mundo y la carne es descuidada. "Como resultado de estar tan preocupados con sola una fase de la batalla, muchos cristianos han sufrido una gran infiltración en los frentes del mundo y la carne."[1]

Vemos los resultados de estar preocupados con lo demoníaco en la iglesia hoy en día. Una búsqueda rápida de recursos sobre la guerra espiritual nos muestra material casi sin límite. Abundan ministerios de liberación, recursos de estudio, libros y audios. Nunca en la historia de la iglesia ha habido tanto material disponible para *supuestamente* capacitarnos para la batalla contra fuerzas espirituales.

Al mismo tiempo, es obvio que la iglesia está perdiendo su batalla contra el mundo y la carne. La mundanalidad no solamente se ha infiltrado en la iglesia, sino que, en la mayoría de los sectores, ha tomado el control completo. Un amor hacia todas las cosas temporales, una infatuación con la relevancia y el enamoramiento con la cultura moderna ha perjudicado a la Iglesia. Los pastores y líderes de ministerios anhelan la aceptación en los

---

[1] Thomas Ice and Robert Dean, Jr., *Overrun By Demons: The Church's New Preoccupation With The Demonic* (Eugene: Harvest House Publishers, 1990), 61.

círculos académicos y políticos. Un domingo común en tu iglesia local "enfocada en los buscadores" se siente más como un bufet de la cultura popular que una fiesta sobre la Palabra de Dios. El pensar mundano y la teología centrada en el hombre son las fuerzas que impulsan casi todas las metodologías para el crecimiento de las iglesias. Por lo tanto, estas iglesias mundanas piensan que el evangelismo implica complacer los deseos de los no creyentes y elaborar un mensaje que no confronta su manera mundana de pensar.

¿Cómo estamos los cristianos en la batalla contra la carne? ¿Estamos ganando al enemigo? Apenas. Las estadísticas muestran que un cristiano *profesante* es tan propenso a mentir, robar, divorciarse, ver pornografía, calumniar y engañar con el pago de sus impuestos como sus contrapartes paganas. La desunión, el orgullo, el egoísmo, la avaricia y el descontentamiento no son rasgos exclusivamente encontrados en los no creyentes. Han llegado a estar firmemente atrincherados en la iglesia actual de hoy. ¿No parece esto un poco incongruente?

Aunque muchos factores podrían responsabilizarse de esto, lo cierto es que no podemos negar el hecho de que mientras intentamos hacer la lucha contra Satanás y sus demonios, la mayoría de los cristianos han dado la espalda a los otros dos enemigos. Por lo tanto, el mundo y la carne están ganando victoria tras victoria en las vidas de los creyentes. Podemos estar luchando con todas nuestras fuerzas y estar firmes contra las artimañas del diablo, pero si hemos adoptado el pensamiento impío que caracteriza al mundo mientras que vivimos constantemente según la carne, ¿cuál es el sentido?

Solo una lucha equilibrada y simultánea contra estos tres enemigos asegurará la victoria. Vamos a familiarizarnos con los otros dos enemigos.

El mundo

Al usar la frase *"el mundo"*, yo no quiero decir, y las Escrituras no se refieren, a todos los individuos o habitantes en el mundo. No estamos hablando "del mundo" en el sentido de cada persona en el planeta.

Al usar la frase *"el mundo"*, queremos decir el sistema de pensar, el estilo de vida, la perspectiva de este mundo que no deja lugar para Dios. Es la mentalidad impía compuesta por la "pasión de la carne", "la pasión de los ojos" y la "arrogancia de la vida" (1 Juan 2:15-17).

Verdad o Territorio: Un Acercamiento Bíblico a la Guerra Espiritual

Es probable que hayas escuchado a la gente referirse a "cristianos mundanos". Usualmente esta etiqueta se asocia con ciertas actividades tales como el fumar, ir al cine, escuchar ciertos estilos de música, jugar a las cartas, tomar un vaso de vino o mirar el fútbol los domingos. El concepto bíblico de la mundanalidad tiene mucho menos que ver con ciertas actividades y más que ver con ciertas maneras de pensar. La inmoralidad, la borrachera, las fiestas desenfrenadas y cosas semejantes son pecados de la carne, propiamente dicha. Estas cosas pueden ser promovidas o justificadas por el pensamiento mundano y el sistema del mundo, pero son obras de la carne.

La mundanalidad es una manera de pensar, una filosofía general de la vida, que incita la carne a complacerse con pecados específicos. Es una disposición mental y una cosmovisión, un acercamiento sistemático a la vida que no deja lugar para Dios o Su Palabra. Es una manera de pensar que es humanista, centrada en el hombre y autosuficiente.

Lewis Perry Chafer describía el sistema mundano, escribiendo:

> El cosmos [que significa "mundo"] es un vasto orden o sistema que Satanás ha promovido que se conforma a sus ideales, metas y métodos. Es la civilización funcionando ahora sin Dios – una civilización en que ninguno de sus promotores espera la participación de Dios, que no asigna a Dios alguna consideración con respecto a sus proyectos. Este sistema abraza sus gobiernos que no tienen lugar para Dios, sus conflictos, armamentos y celos, [así como] su educación, su cultura, sus religiones de la moralidad y su orgullo. Es en esta esfera que el hombre vive. Es lo que ve, lo que usa a diario. Para incontables multitudes es todo lo que conocen por el tiempo en el que viven en este mundo. Es propiamente llamado "el sistema satánico," cuya frase es en muchas ocasiones una interpretación justificada de la palabra significativa "cosmos". Es literalmente un cosmos diabólico.[2]

---

[2] Lewis Sperry Chafer, *Systematic Theology, Vol. II* (Dallas Seminary Press, 1948), 77. Citado por Ice and Dean en *Overrun By Demons*, 60-61.

¡En cualquier momento que pensemos como el mundo, estamos pensando exactamente como Satanás lo desea de nosotros! Se nos dice,
No améis al mundo ni las cosas que están en el mundo. Si alguno ama al mundo, el amor del Padre no está en él. Porque todo lo que hay en el mundo, la pasión de la carne, la pasión de los ojos y la arrogancia de la vida, no proviene del Padre, sino del mundo. Y el mundo pasa, y también sus pasiones, pero el que hace la voluntad de Dios permanece para siempre (1 Juan 2:15-17).

Santiago 1:27 dice que "la religión pura y sin mácula delante de nuestro Dios y Padre es ésta: visitar a los huérfanos y a las viudas en sus aflicciones, y guardarse sin mancha del mundo." Santiago reprendió a los que fraternizaban con este enemigo diciendo, "¡Oh almas adúlteras! ¿No sabéis que la amistad del mundo es enemistad hacia Dios? Por tanto, el que quiere ser amigo del mundo, se constituye enemigo de Dios" (Santiago 4:4). La sabiduría que proviene de este mundo "no es la que viene de lo alto, sino que es terrenal, natural, diabólica" (Santiago 3:15).

Los cristianos son odiados por el mundo porque no somos de este mundo (1 Juan 3:1, 13). No debemos amar a este mundo, sino más bien vencerlo (1 Juan 4:4; 5:4) dado que el sistema entero mundano "yace bajo el poder del maligno" (1 Juan 5:19).

Ganando contra el Mundo

El lema escuchado a menudo en círculos cristianos es correcto: "Los creyentes están en el mundo, pero no son del mundo." Los creyentes no pertenecen a este mundo porque han sido escogidos de en medio de este mundo. "Si fuerais del mundo, el mundo amaría lo suyo; pero como no sois del mundo, sino que yo os escogí de entre el mundo, por eso el mundo os odia" (Juan 15:19). Habiendo sido nacidos de Dios, el maligno no nos puede tocar (1 Juan 5:18-19) porque hemos sido liberados del dominio de la oscuridad y trasladados al reino de Su Hijo amado (Colosenses 1:13).

¿Cuál es entonces nuestra relación con el mundo? Aunque no somos de este mundo (Juan 17:14, 16), lo cierto es que sí vivimos en este mundo (Juan 17:15). Hemos sido dejados en este mundo para evangelizarlo mientras que vivimos separados de él.

Verdad o Territorio: Un Acercamiento Bíblico a la Guerra Espiritual

Unos cuantos pasajes del Nuevo Testamento hablan de nuestra separación de este mundo con nuestro estilo de vida y nuestra conducta. "Y no os adaptéis a este mundo, sino transformaos mediante la renovación de vuestra mente, para que verifiquéis cuál es la voluntad de Dios: lo que es bueno, aceptable y perfecto" (Romanos 12:2). La gracia de Dios nos instruye "que negando la impiedad y los deseos mundanos, vivamos en este mundo sobria, justa y piadosamente, aguardando la esperanza bienaventurada y la manifestación de la gloria de nuestro gran Dios y Salvador Cristo Jesús" (Tito 2:12-13). Debemos "guardarnos sin mancha del mundo" (Santiago 1:27), y nunca desear o buscar amistad con el mundo (Santiago 4:4). Hemos "escapado de la corrupción que hay en el mundo por causa de la concupiscencia" (2 Pedro 1:4), y "hemos escapado de las contaminaciones del mundo por el conocimiento de nuestro Señor y Salvador Jesucristo,…" (2 Pedro 2:20).

Cuando permites que "brille vuestra luz delante de los hombres, para que vean vuestras buenas acciones y glorifiquen a vuestro Padre que está en los cielos" (Mateo 5:16), entonces serás "irreprensibles y sencillos, hijos de Dios sin tacha en medio de una generación torcida y perversa, en medio de la cual resplandecéis como luminares en el mundo, sosteniendo firmemente la palabra de vida" (Filipenses 2:15-16).

Nos mantenemos separados del mundo cuando vivimos y pensamos de una manera diferente al sistema impío que impregna todos los rincones del pensamiento humano, cultura y conducta. Jesús fue nuestro modelo de cómo vivir en el mundo mientras enfrentaba al sistema del mundo.

> Cristo dio testimonio de lo pecaminoso de la conducta mundana por medio de demostrar en su vida la perfección moral de Dios; así también, por permitir que el carácter santo de Dios irradiara en su vida, el creyente pone al descubierto lo pecaminoso que son las prácticas del mundo, demostrando que éstas están en contradicción al carácter santo de Dios. Cristo también dio testimonio de la verdad por medio de mostrar al hombre quién es Dios y lo que Él requiere de ellos; así también, el creyente da testimonio de la verdad, reflejando la vida, muerte y resurrección del Señor Jesús. De

estas dos maneras el creyente cumple con su responsabilidad de dar testimonio al mundo.³

Luchamos la guerra contra el sistema mundano por medio de mantenernos firmes contra sus filosofías impías, sus especulaciones y su pensamiento altivo y autosuficiente. Proclamamos la verdad, llevando cada pensamiento del no creyente cautivo a la obediencia a Cristo (2 Corintios 10:3-5). El grado en el que el creyente individualmente, o la iglesia corporalmente, comienza a adoptar la manera de pensar del mundo sobre el matrimonio, el ministerio, la verdad y todos aspectos de la vida y la vivencia es el grado en el que pierden la batalla espiritual.

Satanás no tiene que poseerte para lograr que hagas su voluntad. Él no tiene que oprimirte, controlarte o personalmente atacarte. Lo único que tiene que hacer es llevarte a pensar y actuar como el mundo, y así estás haciendo su voluntad. ¿Atemorizante, no?

La Carne

El 29 de junio de 2010, un titular en CBS decía: "FBI: 10 Espías Rusos Detenidos en USA". Haciéndose pasar por civiles inocentes en Nueva York, Washington y Boston, estos diez agentes rusos intentaban infiltrarse en los círculos donde se formulaban las políticas internas para recoger información acerca de los armamentos, la estrategia diplomática y los desarrollos políticos de USA.⁴

Según este reportaje, "Estos agentes encubiertos son los espías más difíciles de atrapar por el FBI, y son apodados 'ilegales' en el ámbito de la recogida de inteligencia porque se incorporan al empleo civil sin una conexión visible con un gobierno extranjero, en vez de situarse en puestos de empleo dentro de una embajada rusa o misiones militares."⁵

A pocas amenazas se les teme tanto como a "el traidor" – un rebelde dentro del campamento. Ellos trabajan encubiertos para derrocar el gobierno y subvertir sus intereses. Pueden tener mucho más éxito que las amenazas de afuera.

---

³ Allan S. Maitha, *The World: Enemy of the Believer* (Th.M. Thesis de Dallas Seminary, 1970). Citado en *Overrun By Demons*, pp. 73.
⁴ http://www.cbsnews.com/stories/2010/06/28/world/main6627393.shtml se encuentra online desde el 26 de octubre de 2010.
⁵ Ibid.

Así como las naciones tienen sus traidores, espías y rebeldes dentro del campamento, el cristiano también tiene lo suyo – la carne. Los otros dos enemigos que enfrentamos – Satanás y el mundo – ambos son enemigos *externos*. Ninguno de estos enemigos tiene el poder para hacer que una persona desobedezca a Dios. Lo que le da a Satanás o al sistema mundano la oportunidad de trabajar en la vida del creyente es la carne.

¿De Dónde Viene?

"La carne" es la palabra que el Nuevo Testamento usa con mayor frecuencia para describir la naturaleza pecaminosa que está gobernando dentro de los hijos caídos de Adán. En el momento en que Adán pecó en el jardín, él adquirió una naturaleza pecaminosa. Es un principio, una influencia, una disposición a pecar que gobierna completamente al no creyente. Es el deseo de imponer la voluntad propia y la autoridad por encima de Dios en cada área de la vida. Es traspasado, en la concepción, a todo descendiente de Adán.

Romanos 8 es un pasaje clave sobre la naturaleza, el alcance y la influencia de la naturaleza pecaminosa – la carne. Todos los que están en Adán están en la carne y controlados por la carne. Por lo tanto "no pueden agradar a Dios" porque son "hostiles a Dios" y no "se sujetan a la ley de Dios" (Romanos 8:1-17). Aparte del nuevo nacimiento, el no creyente no tiene una nueva naturaleza, ninguna capacidad para hacer cualquier cosa que agrade a Dios. Son esclavos del pecado (Juan 8:34).

La carne produce una amplia gama de pecados y actividades pecaminosas (Gálatas 5:19-21). También produce, en la superficie, lo que parece ser buenas obras y actos de justicia. Ninguna persona fue más justo externamente que Saulo de Tarso (Filipenses 3:2-6), sin embargo todas sus actividades justas fueron pecaminosas porque con estas él intentaba establecer su justicia aparte de Cristo (Filipenses 3:7-11). ¿Qué es lo que impulsa a alguien a realizar actividades religiosas con el fin de ganar el favor de Dios? La carne. La carne en su orgullo intenta establecerse a sí mismo y a sus propios esfuerzos como meritorios delante de Dios.

Nuestro Enemigo Principal

La enseñanza clara del Nuevo Testamento es que la carne, no el diablo, es el mayor enemigo y con más influencia que afronta el cristiano.[6] El mundo *no es* nuestro enemigo más poderoso y de mayor influencia. El diablo *no es* nuestro enemigo más poderoso y de mayor influencia. ¡La *carne es* nuestro enemigo más poderoso y con más influencia!

Así como Ice y Dean señalan con precisión:

Las 21 cartas del Nuevo Testamento fueron escritas con el fin de abordar los asuntos importantes confrontando a los cristianos en esta era, la era de la iglesia. Es razonable esperar que si algo es un asunto importante para el creyente en esta época, se le dará un tratamiento integral en estas cartas, y si algo no es un asunto importante a lo mejor será ignorado.

El silencio de estas cartas en algunas áreas habla un montón. Por ejemplo, demonios (o espíritus malignos) son mencionados solo diez veces, y en la mayoría solo relatan ciertas realidades verdaderas acerca de estos demonios... por el otro lado, en estas mismas cartas hay más de 50 referencias a la carne como el enemigo primordial del cristiano (y "la carne" es sola una de las maneras con que se refiere a la naturaleza pecaminosa). Es obvio que desde la perspectiva del Nuevo Testamento, la mayor área de conflicto es en el ámbito de la carne.[7]

Para citar a un amigo del Instituto Bíblico, "Satanás no necesita tentarme a pecar o hacerme pecar. Mi carne es más que capaz de ocasionar mi caída." Sin embargo, la mayor parte de la enseñanza sobre la guerra espiritual hoy en día es apuntada a conquistar a Satanás – un oponente ya derrotado.

Ganando contra la Carne

Aunque una vez fuimos esclavos del pecado y estábamos bajo la esclavitud de la carne, la salvación nos ha liberado del poder de la

---

[6] Romanos 7:14, 18; 8:1-17; Gálatas 3:3; 5:13-21; Efesios 2:3.
[7] Ice, pp. 76-77.

naturaleza pecaminosa. Romanos 6:17-18 dice, "Pero gracias a Dios, que aunque erais esclavos del pecado, os hicisteis obedientes de corazón a aquella forma de enseñanza a la que fuisteis entregados; y habiendo sido libertados del pecado, os habéis hecho siervos de la justicia."

Siendo que hemos sido identificados con Cristo en su muerte, sepultura y resurrección, nuestro "viejo hombre" es crucificado, muerto y desaparecido. Ya no somos la persona que una vez éramos en Adán. Ahora somos nuevas criaturas en Cristo (2 Corintios 5:17).[8] Aunque nuestro viejo hombre (nuestra identidad en Adán) está muerto y ha desaparecido, la naturaleza de pecado continúa. Todavía tenemos que luchar contra la carne. Esto es lo que lleva a la lucha que Pablo describe en Romanos 7, en la cual hacemos las cosas que no queremos hacer y no hacemos lo que queremos. Aunque ya no estoy "en Adán", y aunque he sido liberado del poder del pecado, todavía reside en mí una naturaleza pecaminosa, la carne que lucha contra el Espíritu (Gálatas 5:16-24).

¿Cómo debemos tratar con esta gran inclinación hacia el pecado, la carne? Romanos 6 es clave. Primero, debemos *saber* que nuestra vieja naturaleza fue crucificada con Cristo y ya no somos esclavos del pecado (vv. 1-10). Segundo, debemos *considerarnos* liberados del pecado, muertos para el pecado (v. 11), y no permitir que el pecado reine en nuestro cuerpo por medio de obedecer a sus malos deseos (v. 12). Tenemos que creer que el pecado ya no tiene poder sobre nosotros y entonces vivir a la luz de este hecho. Lo aceptamos por fe, creyendo que es la verdad, que ya no somos esclavos al pecado. Tercero, escogemos la obediencia y obedecemos a Dios y Su Palabra. De esta manera, andamos por fe creyendo lo que la Escritura dice acerca de nuestra emancipación del pecado.

La victoria sobre el pecado se reduce a elegir el obedecer a la justicia. Si nos presentamos como esclavos a la justicia y escogemos actuar según la justicia, entonces por medio de obedecer a la justicia llegamos a ser esclavos de la justicia. Si escogemos ceder nuestros cuerpos al pecado, entonces seremos esclavos del pecado. La ley inalterable de la santificación es que llegamos a ser esclavos de quien obedecemos (Romanos 6:16). Romanos 6:19 dice, "Porque de la manera que presentasteis vuestros miembros como esclavos a la impureza y a la iniquidad, para iniquidad, así

---

[8] El "hombre viejo" se refiere a la persona que una vez éramos en Adán antes de ser salvos: Efesios 4:22, 24; Romanos 6:6; Colosenses 3:9-10.

4 El Mundo y La Carne

ahora presentad vuestros miembros como esclavos a la justicia, para santificación."

Estamos comprometidos con un paso-a-paso, día-tras-día, decisión-por-decisión de andar con Cristo. Nuestra naturaleza de pecado tiene poder sobre nosotros sólo si escogemos obedecerla. Estamos ocupados en una batalla diaria y habitual contra la carne que es para toda la vida. El Espíritu lucha contra la carne y la carne contra el Espíritu (Gálatas 5:17), porque como el Apóstol Pedro nos hace recordar, las pasiones carnales combaten contra nuestra alma (1 Pedro 2:11).

La vida cristiana no es vivida en un plano místico, libre de esta batalla diaria. Vivimos nuestras vidas encadenados a este cuerpo de muerte, esta carne pecaminosa, y anhelamos la liberación que llegará, o en la muerte o con el regreso del Señor (Romanos 7:24-25; 8:18-25).

Los puritanos usaban una frase que desafortunadamente ha caído en desuso: la mortificación de la carne. Matamos al pecado. Es nuestro enemigo. Peleamos la batalla, luchamos la guerra. Hacemos morir las obras de la carne (Romanos 8:13), resistiendo la tentación, escogiendo la obediencia, luchando la guerra contra un enemigo interno, por la bondad y la fuerza de Cristo.

Los Enemigos se Unen

Tenemos tres enemigos – el mundo, la carne y el diablo. Estos tres trabajan en concierto unidos en contra del creyente. Para darte alguna idea de cómo trabajan en conjunto, considere la ilustración siguiente ofrecida por Ice y Dean en su libro, *Overrun By Demons* ("Rebasado por Demonios"):

> Todos los inconversos están en esclavitud a Satanás, haciendo de ellos sus aliados inconscientes contra Dios. Él los hace bailar en armonía con la melodía del sistema mundano.
>
> Este sistema opera de una manera similar a una emisora de radio. Satanás es el director de programa quien selecciona la agenda para la emisora. Los demonios y la humanidad caída producen la programación, que propicia y refuerza la agenda (doctrina falsa). La emisora entonces transmite el mensaje por el aire. Pero, no puedes sintonizar la emisora excepto que hayas recibido un sintonizador a la frecuencia correcta. La humanidad caída está sintonizada a la emisora "MUNDO" con el volumen al máximo. El sintonizador es la carne, que es

atraída a la frecuencia de Satanás. Los tres trabajan en armonía: el mundo, la carne y el diablo.

La naturaleza del no creyente es simpatizante a la naturaleza maligna del sistema mundano, por lo tanto los dos son atraídos. La diferencia primordial entre los dos es que el sistema mundano caracteriza la expresión corporativa de Satanás, mientras que la carne encarna estas mismas características a nivel personal. Cuando el individuo llega a creer en Jesucristo, esta alineación se rompe y una guerra total comienza entre el cristiano y el mundo.[9]

---

[9] Ice and Dean, 69-70.

Parte 2:
Poniendo al Descubierto Prácticas No Bíblicas

5

Armas Carnales: Setos

Es tiempo para dar un pequeño giro. El material que hemos desarrollado hasta este momento ha servido para construir un marco bíblico por el cual podemos evaluar ciertas prácticas. Hemos puesto un fundamento sobre el cual se puede construir una teología bíblica sobre la guerra espiritual.

Hemos afirmado que la Biblia, y solo la Biblia debe gobernar nuestra teología sobre la guerra espiritual (Capítulo 1). Hemos visto según 2 Corintios 10 que la guerra espiritual no es un combate mano a mano contra demonios para retomar territorio, sino una batalla acerca de la verdad, luchada con la Palabra de Dios (Capítulo 2). Hemos invertido algo de tiempo considerando a nuestros tres enemigos, y cómo ellos trabajan en conjunto el uno con el otro (Capítulos 3 y 4).

En los siguientes capítulos, vamos a evaluar ciertas prácticas que a menudo son asociadas con la guerra espiritual. Mucha gente supone que estas prácticas son bíblicas. El lenguaje de ciertas técnicas de la guerra espiritual ha llegado a ser parte de nuestro vocabulario cristiano, y creyentes con buenas intenciones han adoptado estos métodos, a menudo sin detenerse a evaluarlos a la luz de las Escrituras.

¿Por Qué Preocuparse?

Imagínese a un soldado en la línea de combate que ignoró los mandatos de sus superiores, y decidió llevar la batalla según su propio criterio. El soldado pudiera pensar que su método de luchar contra el enemigo es mejor o más efectivo que el de su comandante. Él pudiera creer que lo que ha practicado durante muchos años no pudiera ser incorrecto. No importa sus motivos, fallar al seguir las órdenes de su comandante, y salir fuera de los linderos puesto por su superior, es una burda insubordinación y desobediencia a mandatos claros.

Tenemos a un Comandante Supremo que ha definido nuestra lucha, nos ha comisionado y nos ha equipado para luchar. Si Él nos ha dado órdenes de cómo se debe luchar esta batalla por la verdad, entonces desde la mejor perspectiva somos negligentes, o desde la peor, somos desobedientes si ignoramos Su instrucción y adoptamos metodologías que Él no ha prescrito ni mandado.

Nuestro Superior no es un mero ser humano falible. Él es infalible y omnisciente. Hacer uso de prácticas para la guerra espiritual que Él no ha mandado ni aprobado es desobediencia, insubordinación e insensatez absoluta. ¿Por qué quisiéramos luchar contra un enemigo tan poderoso usando armas carnales hechas por el hombre? ¿Por qué quisiéramos vivir y batallar con nuestras propias fuerzas? Hacer esto es igual que invitar el desastre.[1]

Es necesario que evaluemos ciertas prácticas que han entrado a nuestro entendimiento moderno acerca de la guerra espiritual. Algunas de las cosas que vamos a discutir tal vez sean acerca de algo que haya leído, de algo visto o escuchado que otros hayan hecho, o aún algo practicado por usted. Yo sostengo que personas bien intencionadas han enseñado cosas espurias concernientes a la guerra espiritual. ¡Algunas personas han llegado a ser tan compenetradas con la urdimbre y trama del pensar evangélico americano que cuestionarlas se considera como un acto de traición! Pero hacer preguntas es un deber.

Tenemos una responsabilidad de evaluar nuestra manera de pensar y nuestra conducta a la luz de las Escrituras, y hacer el esfuerzo de conformar nuestras vidas a la Palabra de Dios. Si lo que nos han enseñado acerca de la guerra espiritual no está fundamentado sobre el texto de las Escrituras, debemos ser prontos para abandonarlo, a pesar de lo tan querida que sea la práctica o tan efectiva que percibamos que es. Si no analizamos los aspectos específicos de nuestras prácticas a la luz de las Escrituras, entonces llegamos a insertar nuestras "armas carnales" a un paradigma bíblico. Este resultado trae confusión y una guerra inefectiva.

---

[1] 2 de Corintios 10:3-5 nos dice que nuestra guerra no es lidiada usando armas, métodos o tácticas que son de la creación del hombre. No tenemos la libertad para adoptar cualquier práctica que somos capaces de inventar.

5 Armas Carnales: Setos

Nada de lo que va a leer en los próximos capítulos tiene la intención de ser una crítica odiosa. Por favor no lo tome de esta manera. La crítica puede ser buena si es hecha correctamente. Nuestro deseo siempre debe ser de traer nuestros pensamientos, motivos, prácticas y creencias al yunque de la Palabra de Dios para martillarlos en conformidad a Su verdad revelada. Un corolario necesario al enseñar la verdad es identificar el error y ofrecer la corrección. Cuando la gente de Dios se involucra en prácticas no bíblicas, la respuesta amorosa es de hacerle saber y corregirle. Es una falta de amor permitir que alguien siga en su error que después se comprobará que era dañino a su salud espiritual.[2]

Involucrarse en la batalla con métodos errados es tan malo o peor que no hacer la guerra en absoluto. Mi oración es que la gente de Dios llegue a abandonar el pensamiento no bíblico, las prácticas extra bíblicas y no bíblicas e involucrarse en la guerra espiritual verdadera, según los órdenes y el ejemplo de nuestro Comandante dados a nosotros en Su Palabra. Si no nos dirigimos a las prácticas erróneas y ponemos al descubierto las metodologías no bíblicas usadas en la actualidad, entonces no podemos construir una metodología bíblica en su lugar. Es imposible construir un edificio nuevo donde se mantenga uno viejo e inútil. Es necesario por lo tanto hacer un poco de destrucción en el sitio propuesto antes de que pueda ocurrir una construcción.

Tejido en la Tela

Prácticas tales como atar a Satanás, orar por un seto de protección, renunciar a maldiciones generacionales, nombrar y orar contra espíritus territoriales, exorcizar a los demonios en cristianos, en paganos o en objetos inanimados, reprender al diablo y rogar por la sangre de Jesús han llegado a ser virtualmente tejidos en la tela de las nociones actuales sobre la guerra espiritual. La legitimidad de esas prácticas es asumida y nunca cuestionada. Estas han llegado a ser tan gran parte de la tela de las

---

[2] Jesús y los Apóstoles constantemente confrontaron las prácticas y creencias no bíblicas (Mateo 5-8; Juan 3, 8, 10). Libros enteros de la Biblia fueron escritos con este fin (Gálatas, 1 Corintios, 2 Corintios, Colosenses, 1 Tesalonicenses, 2 Tesalonicenses, 1 Timoteo, Tito, 2 Pedro, 1 Juan, Judas).

oraciones y las vidas de algunas personas e iglesias, que el cuestionar su legitimidad, en algunos círculos, lo califica a uno como "hereje".[3]

Supongo que algunas personas que estén leyendo sobre estas cosas, antes de leer este libro, jamás han sido expuestas a alguna de estas enseñanzas o prácticas. ¡Considérese muy afortunado! Es posible que lo vea difícil de creer que la gente actualmente practique esto, pero créame – lo hace. Estas cosas no están aisladas a un movimiento aislado dentro del cristianismo. Son enseñadas en iglesias fundamentalistas y conservadoras que creen en la Biblia y están centradas en el evangelio. Estas enseñanzas y prácticas no son de propiedad única del movimiento carismático.

De ninguna manera estoy cuestionando las intenciones de los que practiquen o enseñen las metodologías evaluadas aquí. Mi deseo es solo de evaluar las prácticas.

Orando por un Seto de Protección

Si nunca has sido expuesto a esta enseñanza antes, probablemente te estás preguntando, "¿Qué es esto en realidad?"

Supuestamente, esto es la práctica de erigir un "seto espiritual" alrededor de personas, lugares o cosas para prohibir la influencia satánica o un ataque satánico. Ya con un "seto de espinas" orado alrededor de alguien, Satanás y sus demonios no pueden penetrar. Esto es diferente a la práctica de reprender a Satanás. Por medio de reprender a Satanás, se le impide hacer algo (supuestamente) que de otra manera pudiera hacer. Por medio de orar por este seto de espinas, no es que estás quitando a Satanás su capacidad de hacer algo, sino más bien estás protegiendo a alguien de él. Se enseña que la práctica de "orar por un seto" impide la influencia satánica demoníaca en la vida o la mente de la persona protegida por el seto.

El "seto" es a menudo considerado como un todo-propósito seto. Lo puedes orar por tu pareja, familia, hogar, hijos, empleo, vehículo, iglesia o aún tu pueblo. Si deseas ganar a los no creyentes para Cristo, primero debes orar por un seto de espinas alrededor de la persona para que no pueda ser atacada o influenciada demoníacamente.

---

[3] Hubo un tiempo en el que pensaba que todas estas prácticas eran métodos bíblicos de la guerra espiritual. Sin embargo, creo que una mirada cuidadosa a las Escrituras revela que estas prácticas están basadas en una mala interpretación y versículos citados fuera de su contexto.

5 Armas Carnales: Setos

Los que "oran por un seto" usualmente oran algo como esto, "Señor, yo oro por un seto de protección alrededor de esta casa en el nombre de Jesús. Oro por un seto de protección alrededor de mis hijos en el nombre de Jesús. Oro por un seto alrededor de Roberto, quien necesita la salvación. Y Señor, oro por un seto de espinas alrededor del culto este domingo, en el nombre de Jesús..."

Aparentemente, orar por esto una vez no es suficiente, porque somos animados por expertos en la guerra espiritual a orar por esto regularmente, por lo menos una vez al día, si no varias veces. No sé si esto es porque el seto se descompone con el tiempo, o si Satanás es suficientemente astuto como para hallar maneras de pasar por encima o por medio del seto. Yo supondría que si esta metodología es efectiva en algo, solo hay que hacerla una vez. ¿Por qué no podemos simplemente orar por un seto de protección (seto de espinas) alrededor de toda cosa y así impedir que Satanás pueda influenciar a cualquier cosa? Mejor aún, ¿por qué no solo orar por un seto de espinas alrededor de Satanás mismo y todos sus demonios? En vez de erigir un seto alrededor de toda cosa y toda persona para mantener el diablo por fuera, ¿por qué no orar por un seto alrededor de él para mantenerlo dentro? Sería un Seto Penitenciario de Espinas para Satanás.

Yo por primera vez fui expuesto a esta enseñanza en un Seminario sobre Conflictos Básicos de la Juventud ("Basic Youth Conflicts") en Spokane, Washington enseñado vía video por Bill Gothard. Mencionó esta práctica y dio detalles de cómo hacerlo de una manera efectiva. También citó como referencias de "apoyo" a Oseas 2:6 y Job 1:10. Poco tiempo después fui expuesto a esta enseñanza de una manera mucho más desarrollada. Me pareció bíblico. Me parecía que tenía sentido que pudiéramos prohibir a Satanás influenciar a personas y lugares por medio de usar esta práctica. Cuando busqué los versículos bíblicos, lo cierto es que sí mencionan un "seto". Yo asumí que debería ser bíblico.

¿Pero de verdad es esto lo que enseñan estos pasajes? Un examen de estos textos muy citados muestra que el apoyo bíblico a esta práctica de "orar por un seto" es demasiado estrecho. Vamos a considerar a cada uno de estos textos en su contexto.

Oseas 2:6

"Por tanto, he aquí, cercaré su camino con espinos, y levantaré un muro contra ella para que no encuentre sus senderos."

A primera vista puedes notar una referencia a un "seto" y "espinos". Algunos saltan y dicen, "¿Lo ves? ¡Allí está! ¡Eso es un 'seto de espinas'!"

No tienes que ser un estudiante cuidadoso de las Escrituras para reconocer que la mera mención de "seto" y "espinas" en un versículo no es evidencia suficiente para apoyar la práctica elaborada que está descrita arriba. Una consideración dada al contexto en el que se encuentra este versículo muestra su significado verdadero y revela que ninguna práctica tal cual de "orar por un seto" en contra de las fuerzas demoníacas está prevista por Oseas. De hecho, esto es un ejemplo perfecto de arrancar un versículo de su contexto y usarlo para apoyar una enseñanza que es totalmente ajena al significado y la intención del pasaje.

Castigo, no Protección

Oseas fue un profeta de Dios llamado a ser una lección objetiva inusual para la nación de Israel. Dios mandó a Oseas a "tomar para ti a una mujer ramera y engendra hijos de prostitución; porque la tierra se prostituye gravemente, abandonando al Señor." Oseas hizo esto por medio de casarse con Gomer (1:2-3). Aun los nombres dados a los hijos de Oseas y Gomer resaltaron el significado profético como una señal y un mensaje a la nación (1:4-11).

Esto fue una poderosa lección profética. Las prácticas de prostitución, adulterio e impureza son usadas comúnmente para ilustrar la naturaleza profana y contaminante de la apostasía espiritual de la nación.[4] El hecho de abandonar a su Dios de pacto y dirigirse a otros dioses en idolatría fue como el pecado de prostitución y adulterio. El matrimonio de Oseas con Gomer, y después la infidelidad de ella llegó a ser un retrato vívido de la relación del pacto de Dios con la nación de Israel y la contaminación de ese pacto por su idolatría persistente. La apostasía de Israel fue igualada a la prostitución.

---

[4] Ezequiel 16:20, 25; 23:43.

5 Armas Carnales: Setos

Es en este contexto que llegamos al capítulo 2 de la profecía de Oseas. Con esto en la mente, lee el capítulo entero mientras que observas las referencias enfatizadas a la infidelidad de la nación.

Oseas 2:1-13

Decid a vuestros hermanos: Ammí, y a vuestras hermanas: Ruhamá. ¹Contended con vuestra madre, contended, porque ella **no es mi mujer**, y yo **no soy su marido**; que quite, pues, de su rostro **sus prostituciones**, y **sus adulterios de entre sus pechos**; ³no sea que yo **la desnude completamente** y **la deje** como el día en que nació, y la ponga como un desierto, la reduzca a tierra seca y la mate de sed. ⁴Y no tendré compasión de sus hijos, porque son **hijos de prostitución**, ⁵pues su madre **se prostituyó**; la que los concibió **se deshonró**, porque dijo: "**Iré tras mis amantes**, que me dan mi pan y mi agua, mi lana y mi lino, mi aceite y mi bebida." ⁶*Por tanto, he aquí, cercaré su camino con espinos, y levantaré un muro contra ella para que no encuentre sus senderos.* ⁷Y **seguirá a sus amantes**, pero **no los alcanzará**; los buscará, pero **no los hallará**. Entonces dirá: "**Iré y volveré a mi primer marido**, porque mejor me iba entonces que ahora." ⁸Pues ella no sabía que era yo el que le daba el trigo, el mosto y el aceite, y le prodigaba la plata y el oro, que ellos usaban para Baal. ⁹Por tanto, volveré a tomar mi trigo a su tiempo y mi mosto a su sazón. También me llevaré mi lana y mi lino que le di para que cubriera **su desnudez**. ¹⁰Y ahora **descubriré su vergüenza** ante los ojos de **sus amantes**, y nadie la librará de mi mano. ¹¹Haré cesar también todo su regocijo, sus fiestas, sus lunas nuevas, sus días de reposo, y todas sus solemnidades. ¹²Devastaré sus vides y sus higueras, de las cuales decía ella: "Son la paga que **mis amantes me han dado**." Y las convertiré en matorral, y las devorarán las bestias del campo. ¹³Y la castigaré por los **días de los Baales** cuando ella les ofrecía sacrificios y **se adornaba con sus zarcillos y joyas**, y **se iba tras sus amantes**, y se olvidaba de mí —declara el SEÑOR.

Verdad o Territorio: Un Acercamiento Bíblico a la Guerra Espiritual

¡Es difícil perder el punto! ¿Suena este pasaje como si tuviera algo que ver con la guerra espiritual? ¿Suena como si tuviera algo que ver con una instrucción de cómo prevenir la influencia satánica, la opresión demoníaca o con proteger al justo? No lo tiene. ¡De hecho, el pasaje describe un *juicio*, no una *protección*! Oseas está describiendo un juicio venidero de Dios sobre la nación que involucraba "cercándolos con espinos" para que volvieran a Él. El texto no tiene nada que ver con proteger al pueblo de Dios contra Satanás. No fue hecho *por* su pueblo, sino *contra* ellos. ¡El seto de espinos no es protección sino juicio!

Dios estaba revelando que la nación iba a pasar por un juicio severo por su prostitución espiritual. Dios iba a "encerrarla [a la nación] con espinos" y "levantar un muro contra ella [la nación – Su pueblo por pacto] para que ella no pudiera encontrar sus senderos".

¿Qué "camino" estaba prometiendo Dios encerrar con espinos? Se trataba de los senderos idólatras de la nación, su seguimiento de otros dioses. Tome nota de las referencias de ir detrás de la prostitución espiritual:

Ella dijo, "Iré tras mis amantes" (v. 5).
Ella seguirá a sus amantes, pero no los alcanzará (v .7)
Ella los buscará, pero no los hallará (v. 7).
Ella antes... se iba tras sus amantes (v. 13).

Son esos caminos de la búsqueda injusta de adulterio espiritual y prostitución que Dios está describiendo por medio de Oseas. El juicio de Dios sobre la nación sería un camino de dificultad y dolor – cercado como si fuera con espinas.

La metáfora es fácil de entender. Te puedes imaginar que estás sobre un camino recto y estrecho en el cual hay un seto de espinas en ambos lados. ¡Dirigirse a la derecha o la izquierda, es decir intentar salirse de dicho camino, resultaría encontrarse solo contra las espinas – miseria! De hecho, esto es evidente en el versículo que sigue. Oseas 2:7 dice, "Y seguirá a sus amantes, pero no los alcanzará; los buscará, pero no los hallará. Entonces dirá: 'Iré y volveré a mi primer marido, porque mejor me iba entonces que ahora.'"

La intención entera de Dios de poner un seto alrededor del pueblo contra sus hechos perversos era para que por experimentar la miseria de la prostitución espiritual ellos dirían, "Volveré a mi primer marido [Dios – su compañero de pacto]."

¿Cuáles tipos de miseria [espinas] estaba prometiendo Dios a esta nación infiel? Observe la lista del capítulo:

Ella será desnudada completamente (v.3).
Ella será expuesta como el día en que nació (v. 3).
Ella será puesta como un desierto (v. 3).
Ella será reducida a una tierra seca (v. 3).
Ella sentirá la sed de muerte (v. 3).
Dios no tendrá compasión (v. 4).
Dios quitará la provisión de grano en la cosecha (v. 9).
Dios quitará la provisión de vino (v. 9).
Dios la dejará sin lana y lino (v. 9).
Dios pondrá su desnudez al descubierto (v. 10).
Dios impedirá el rescate de su situación adversa (v. 10).
Dios pondrá fin a su alegría (v. 11).
Las asambleas festivas y celebraciones acabarán (v. 11).
Dios destruirá sus viñas y sus higueras (v. 12).
Ella será castigada por su adoración a los Baales (v. 13).

Todas esas cosas serían las espinas que afligirían al pueblo de Dios. Dios estaba diciendo, "Traeré juicio sobre esta nación a causa de su prostitución con otros dioses. Haré que esta gente se sienta miserable en sus pecados, removeré toda bendición, y ocasionaré que todo esfuerzo de seguir a los ídolos sea doloroso, para que eventualmente regresen a Mí."

Si intentaras decir a Oseas, "Ah, ¿es que podemos orar por un 'seto de protección' alrededor de nuestros seres queridos para protegerlos de Satanás y su influencia demoníaca?", él respondería, "¿Qué?"

Obviamente toda noción tal cual es completamente ajena a este contexto. Sin embargo, toda esta teología de la guerra espiritual, y una práctica amplia de oración, está fabricada sobre la mención de "seto" y "espinas" en el mismo versículo sin cualquier consideración de lo que el versículo actualmente enseña.

Oseas 2:6 no tiene nada que ver con la guerra espiritual o con la protección contra los demonios. Nada. Se refiere a un acto de Dios de juicio para castigar a la nación e impedir que ellos sigan tras sus deseos idólatras.

No hay nada en Oseas 2 que indique que tal seto pueda ser creado por medio de la oración. No hay nada aquí que enseñe que esto fue resultado de la oración. No hay ninguna mención de Satanás ni de cómo un "seto de espinas" impide su actividad. No hay ninguna indicación de que tú o yo podamos hacer cualquier cosa para edificar tal seto. Ni siquiera es un seto literal. Es una metáfora acerca del castigo, no la protección. Es una figura del lenguaje, y una que no tiene nada que ver con la guerra espiritual.

Job 1

¿Y el libro de Job no hace mención de un seto que protegía a Job el justo? Sí, de hecho, un segundo pasaje citado para apoyar la práctica de orar por un seto de protección es Job 1:8-10. "Y el SEÑOR dijo a Satanás: '¿Te has fijado en mi siervo Job? Porque no hay ninguno como él sobre la tierra, hombre intachable y recto, temeroso de Dios y apartado del mal.' Respondió Satanás al SEÑOR: '¿Acaso teme Job a Dios de balde? ¿No has hecho tú una valla alrededor de él, de su casa y de todo lo que tiene, por todos lados? Has bendecido el trabajo de sus manos y sus posesiones han aumentado en la tierra. Pero extiende ahora tu mano y toca todo lo que tiene, verás si no te maldice en tu misma cara.'"

Algunos dirán, "Ves, se menciona una valla allí, un seto de protección que impedía que Satanás atacara a Job."

Esto es ciertamente correcto. El texto sí menciona una valla, y este seto parece ofrecer algo de protección a Job. ¿Pero este pasaje apoya la teología detallada y la práctica de "orar por un seto" que es tan común en muchos entornos cristianos?

¿Cuál fue este seto (o valla) y de dónde provenía? Este seto claramente fue la protección soberana de Dios y Su bendición sobre Job. Eso es evidente en base del hecho de que Satanás desafió a Dios a remover tal bendición y protección para demostrar que Job lo maldeciría.

Puedes leer el primer capítulo entero de Job y verás que no es un manual sobre la guerra espiritual. El punto del pasaje no es para enseñarnos cómo orar de manera efectiva contra Satanás. En Job 1, tenemos un vistazo dentro del ámbito espiritual de algo que nosotros no podemos afectar: la protección soberana de Dios sobre Su gente, y la continuidad o eliminación de esa protección para Su propio soberano propósito y auto exaltación.

Job 1 no prescribe tácticas sobre la guerra espiritual. Eso es la cosa más lejana de la mente del autor y el contexto. ¿Dice el pasaje que el seto fue hecho de espinas? No. ¿Dice el pasaje que esta valla fue puesta en respuesta a las oraciones de guerra espiritual de Job o de otros a su favor? No. De hecho, esto fue la protección soberana de Dios sobre Job, algo que Satanás no podía penetrar sin el permiso de Dios. ¡Fue puesto en su lugar por Dios y solo por Dios, y se removía por Dios y solo por Dios!

Lo único que podemos decir acerca de este seto es que se refiere a la protección soberana de Dios sobre Job y sobre todo lo que le pertenecía. No vemos que seamos instruidos a que debamos orar por esto. Ni tampoco tenemos ejemplos de alguien orando por esto. Simplemente vemos en este pasaje que el alcance de Satanás es limitado por la mano poderosa de Dios.

Yo defiendo el argumento que tal seto ya es la posesión de cada creyente individual – de cada santo. Satanás nos mataría si pudiera. ¿Qué es lo que impide que él haga daño a la gente de Dios o aún matarlos? Nada más que la soberana protección de Dios sobre Su gente. ¿Por qué no estoy muerto ahora mismo? ¿Por qué mi esposa y mis hijos son preservados vivos en cualquier momento? Dios mantiene la maldad a distancia por Su mano soberana. Satanás está sujetado con una correa y se extiende solo hasta donde Dios lo permite. Una lección que aprendemos de Job 1 es que si somos preservados de cualquier cosa, es porque Dios nos está protegiendo. Si no somos preservados de algo, es porque Dios lo ha permitido.

Claramente va mucho más allá de lo que está escrito, el hecho de enseñar que tal protección contra Satanás se puede construir, y que hace falta construirla por medio de un estilo específico de mantra de oración para proteger a alguien de la influencia y el ataque demoníaco. Oseas 2 y Job 1 de ninguna manera están conectados. El seto en uno se refiere a protección, y en el otro a castigo. Uno se refiere a la protección soberana de Dios sobre las posesiones, y el otro se refiere a Dios actuando para afligir a las personas por medio de remover sus posesiones. ¡Lo único que estos dos pasajes tienen en común es que ninguno enseña la práctica de orar por un seto de espinas!

La Interpretación Bíblica Estropeada

Observe cómo la práctica de orar por un seto es "derivada" de las Escrituras. La palabra "seto" [o el concepto de una valla] se menciona en dos pasajes que no están relacionados. Uno de ellos también menciona "espinas". Por lo tanto, tenemos el deber de orar por un seto de espinas alrededor de la gente para protegerlos. ¿Qué?

¿Qué tal si te digo que tienes que orar por una torre que esté al lado de alguien para protegerlo de Satanás? Después de todo, Satanás no puede atacar a alguien que tiene una torre a su lado porque alguien lo ha orado para que esté allí. ¿Cómo lo sé? Porque en la Biblia las torres son para la defensa. ¿Qué versículo enseña esto? Pues, la Biblia describe torres que protegen (Salmo 61:3), y el mismo Salmo habla de la oración (v. 1). Por lo tanto, debemos orar por torres sobre la gente para su protección para que Satanás no los pueda atacar exitosamente.

Si yo empezara a enseñar algo tan tonto, tú correctamente me acusarías de torcer o tergiversar las Escrituras y de crear doctrinas fuera de base. La mera mención de ciertas palabras en la Biblia no da licencia para nada de atribuir cualquier práctica que queramos a esas palabras. Siempre tenemos que preguntar, "¿Qué enseña ese texto?" Ninguno de los pasajes que hemos examinado enseña algo remotamente conectado a la práctica actual de orar por un seto de protección alrededor de la gente.

Una Oración por Protección

¿Entonces qué tal de orar por protección? ¿Significa todo esto que es no bíblico orar a Dios para cuidarnos y protegernos de los ataques de nuestros enemigos espirituales? Seguro que no (Esdras 8:21-23). No hay nada incorrecto en orar por protección por uno mismo o por otros. Los Salmos están llenos de referencias de orar por protección de los enemigos.[5] Estas oraciones no tienen nada que ver con setos y espinas, ni aun con Satanás y demonios.

No es bíblico enseñar que "orar por un seto de espinas" alrededor de alguien o de algo es necesario para avanzar el Reino de Cristo o para frenar la obra de Satanás. No es bíblico promover ciertas oraciones estilo mantra como una herramienta efectiva en la guerra contra Satanás. Yo

---

[5] Salmo 7, 17, 57, 59, 94, para nombrar algunos. Hay muchos.

estoy en desacuerdo con el abuso de Oseas 2:6 y Job 1:10. Esto es el problema central.

Oraciones Reformadas

"Vale. Entonces tal vez no haya una justificación bíblica para apoyar la práctica, ¿pero realmente importa? ¿No estamos hilando demasiado fino? Ciertamente Dios conoce lo que significa y Él puede responder a esa oración, ¿cierto? ¿Qué daño hace el hecho de orar por un seto de espinas alrededor de la gente?"

Tal vez no haga ningún daño, pero ¿hace algún bien? ¿Por qué no orar por una fila de árboles? ¿Por qué no orar por un campo de césped – un campo grande que Satanás tendrá que atravesar durante un buen tiempo antes de llegar a nosotros? ¿Por qué no orar por un círculo de plantas de tomate? Tal vez a Satanás no le guste las plantas de tomate. Perdone mis estupideces, pero solo estoy intentando ilustrar las tonterías que podría decir.

Orar por un seto de espinas no tiene más validez bíblica que orar por un círculo de plantas de tomate. Si no hay validez bíblica en esto, ¿por qué hacerlo? ¿Por qué enseñar a otros a hacerlo, y por qué dar el ejemplo de hacerlo? Queremos que nuestras oraciones sean guiadas por las Escrituras. Queremos llevar adelante esta batalla según las instrucciones del Comandante Supremo. Debemos preocuparnos por orar oraciones según el patrón bíblico. Debemos usar el lenguaje de las Escrituras y orar por esas cosas que están de acuerdo con la voluntad de Dios, tal y como está revelado en las Escrituras.

Ahora, creo que es la voluntad de Dios proteger a Su pueblo. ¿Cómo lo hace? Lo hace por medio de la verdad. Abrazamos la verdad, entendemos la verdad, vivimos la verdad y nos apropiamos de la verdad. Entonces estamos llevando todo pensamiento cautivo a la obediencia a Cristo y enlazando una guerra efectiva (2 Corintios 10:3-5). Podemos orar por la gente según lo hizo Pablo (Efesios 1:15-23; 3:14-19; Filipenses 1:3-11; Colosenses 1:9-12). Acuérdense, estamos involucrados en una guerra sobre la verdad – una batalla por la mente de las personas luchada con la verdad, no con setos de espinas imaginarios.

Es bíblico orar a Dios pidiendo que Él soberanamente proteja a alguien en peligro. Es bíblico orar que Dios libere a alguien de la influencia y el poder de Satanás. Es bíblico orar que Dios haga que alguien llegue a conocer y amar la verdad y ser liberado de las mentiras. Es bíblico orar para que hombres y mujeres escuchen la verdad, entiendan la verdad y sean liberados de la oscuridad a la luz, del reino de Satanás al reino de Cristo (Hechos 26:18). Todas estas son oraciones bíblicas, inteligentes y significativas.

Al contrario, orar por un "seto de espinas" no es ni significativo ni bíblico. Es enlazar algunas palabras que son mencionadas en varios pasajes bíblicos y usar esto como un arma de oración. ¡Satanás no teme tales oraciones!

Conclusión

De nuevo, si nuestro Comandante Supremo no nos ha comisionado a perseguir la guerra de esta manera, ¿con qué fin lo hacemos? ¿Tenemos mejor conocimiento que Él? ¿Somos capaces de presumir que nuestros métodos son superiores a los de Él? Si esto fuese una herramienta eficaz de la guerra, ¿no piensas que Él nos lo hubiera dicho? ¿Tendríamos que extraer forzosamente textos de su contexto y abusar de su significado para establecer una práctica comisionada por Dios? Nunca. Las armas de nuestra lucha no son carnales.

6

Armas Carnales: Maleficios

La única experiencia que Ryan jamás tuvo con algo espiritual estuvo ligada a lo oculto.[1] Su madre y su padre habían incursionado en prácticas ocultas como las cartas del tarot, las tablas de güije y sesiones espiritistas. Su madre leía con avidez libros sobre astrología, horóscopos y la Espiritualidad de la Nueva Era.

Los padres de Ryan no fueron los pioneros en este tema en el ámbito familiar. Su abuela materna se había jactado de ser una suma sacerdotisa wiccano. Y aunque nunca había conocido a su bisabuelo, había escuchado de su participación en estas mismas prácticas de su padre, quien orgullosamente seguía en los pasos de su abuelo. En total, Ryan podía contar casi una docena de miembros de la familia que tenían alguna participación de alguna forma con espiritismo, adivinación, astrología u ocultismo.

Hasta que llegó a la universidad y conoció a su compañero de habitación, un creyente evangélico llamado Mark, Ryan nunca había conocido a alguien que tomaba la Biblia con seriedad, y menos a alguien que la leyera con diligencia y participara en estudios bíblicos. Mark y Ryan iniciaron largas discusiones acerca de realidades espirituales, seres espirituales, el ocultismo y la fe cristiana. Después de asistir a casi una docena de estudios bíblicos con Mark, y una larga conversación mientras almorzaban con el pastor de Mark, Ryan llegó a convencerse de su necesidad de un Salvador.

Ryan llegó a ver el peso de su propio pecado y su necesidad de perdón y se arrepintió de su pecado y abrazó a Jesucristo como Salvador y Señor. La diferencia radical en la conducta y perspectiva de Ryan se

---

[1] Aunque los personajes y las circunstancias de esta historia son ficticios, ellos representan eventos reales y enseñanzas reales que impregnan la iglesia cristiana.

manifestó de inmediato. Tuvo un hambre por la Biblia como nunca lo había tenido hacia cualquier cosa en su vida.

Como si se hubiera encendido una luz, Ryan de repente vio los horrores de las entidades espirituales que impulsaban las actividades de sus padres. Estuvo afligido sobre la condición perdida y engañada, no solo de sus padres, sino de otros en su familia que participaban en el ocultismo. La preocupación de Ryan se transformó en miedo cuando, en su estudio bíblico semanal, escuchó a un estudiante colega sugerir que él posiblemente había heredado un demonio de sus padres. Este cristiano siguió explicando que el castigo de Dios sería puesto sobre Ryan y sus hijos, a causa del pecado de hechicería de sus padres, y a menos que Ryan renunciara de manera específica a los pecados y demonios de sus padres, se expondría a que la influencia de Satanás continuara en las generaciones por venir. Para protegerse a sí mismo, y a sus futuros hijos, Ryan fue aconsejado a tratar directamente y específicamente con demonios que supuestamente se habían atrincherado en su familia por generaciones de prácticas ocultas de parte de ellos.

¿Algo de esto te suena familiar? ¿Has sido expuesto a enseñanzas como ésta sobre el tema de la guerra espiritual?

¿Debo denunciar verbalmente pecados, demonios o maldiciones para poder ser liberado de ellos? ¿Dios castiga a los hijos (aun los que han llegado a ser creyentes) por los pecados de sus padres? ¿Puede una persona heredar un demonio? ¿Alguien que ha sido salvado de un trasfondo oculto necesita una obra adicional de Dios en su vida para prevenir la influencia satánica? ¿Qué quiere decir la Biblia cuando dice que Dios visita los pecados de los padres sobre los hijos hasta la tercera y cuarta generación (Éxodo 20:5)?

Personas que han sido expuestas a este tipo de enseñanza desde una perspectiva u otra me hacen estas preguntas con frecuencia. Es prolífico en muchos círculos cristianos. Responder a estas preguntas requiere nuestra atención.

La Enseñanza

Comúnmente denominado como "maldiciones generacionales" o "pecado generacional", esto es parte de una teología más amplia acerca de la guerra espiritual que incluye atar a Satanás, realizar exorcismos (aun de cristianos) y orar en contra de espíritus territoriales.

6 Armas Carnales: Maleficios

La práctica de renunciar a pecados generacionales o maldiciones generacionales se basa en Éxodo 20:5. "...porque yo, el SEÑOR tu Dios, soy Dios celoso, que castigo la iniquidad de los padres sobre los hijos hasta la tercera y cuarta generación de los que me aborrecen."

Algunos usan este versículo para enseñar que Dios castiga a los hijos por los pecados de sus padres. Otros van más allá, y enseñan que una persona puede estar bajo una maldición a causa de los pecados de sus padres: una maldición a la que se debe renunciar persistentemente y luchar en contra. Y otros lo llevan aún más allá y enseñan que un niño puede actualmente heredar un demonio de sus padres, particularmente si sus padres participaban en los pecados de hechicería e idolatría.

Se cree que, a menos que el cristiano confiese conscientemente y verbalmente en oración los pecados de sus antepasados, y renuncie a esos pecados y a todas sus correspondientes maldiciones y consecuencias, Satanás tendrá una "retención legal" en la vida del creyente que lo mantendrá alejado de la libertad espiritual, la santificación, el crecimiento espiritual y las bendiciones de Dios. Esta "retención legal" puede resultar en opresión demoníaca y aún posesión demoníaca del cristiano.

Se resalta mucho el peligro asociado con la adopción de niños, puesto que los demonios supuestamente pueden ser transferidos por el linaje familiar y así obtener acceso de forma imprevista a hogares cristianos.[2] Después de hablar sobre los peligros de que un demonio se adhiere a los niños adoptados, Mark Bubeck, en su libro *The Adversary* ["El Adversario"], ofrece una oración recomendada de "Renuncia y Afirmación":

> Siendo un hijo de Dios, comprado por la sangre del Señor Jesucristo, yo aquí y ahora mismo renuncio y repudio todos los pecados de mis antepasados. Como uno que ha sido liberado del poder de la oscuridad y transferido al reino del Hijo querido de Dios, yo anulo toda actividad demoníaca que ha sido pasada a mí de mis antepasados. Como uno que ha sido crucificado con Cristo Jesús y resucitado para andar en novedad de vida, yo anulo toda maldición que hubiera sido puesta sobre mí. Yo anuncio a Satanás y a todas sus huestes

---

[2] Mark I. Bubeck, *The Adversary* (Chicago: Moody Press, 1975), 147-148. Bubeck define "transferencia" como "el traspaso de poderes demoníacos de una generación a la próxima" y entonces procede a citar algunas anécdotas para corroborar su doctrina.

que Cristo llegó a ser maldición por mí cuando estuvo colgado en la cruz. Como uno que ha sido crucificado y resucitado con Cristo y ahora está sentado con Él en lugares celestiales, yo renuncio a todas y cada una de las maneras en las que Satanás pueda adueñarse de mí. Me declaro yo mismo ser entregado eternamente al Señor Jesucristo y comprometido con Él. Todo esto lo hago en el nombre y con la autoridad del Señor Jesucristo.[3]

Bubeck entonces incluye esta nota: "Ninguno de nosotros conocemos qué obras de Satanás puedan haber sido pasadas a nosotros de nuestros antepasados. Por lo tanto, es bueno que cada hijo de Dios haga esta renuncia y afirmación. Es recomendable hacerla con voz audible."[4]

No siendo una persona para rehuirse de ofrecer encantaciones especiales por casi cualquier situación, una oración especial y mucho más extensa es ofrecida para los niños adoptados o niños acogidos junto con este recordatorio: "Una renuncia y afirmación de esta índole debe ser a menudo parte del ministerio de oración por este niño adoptado."[5]

Este tipo de oración formularia no es único de Mark Bubeck. También es encontrada extensamente en los escritos del autor popular Neil T. Anderson. En su libro *Released from Bondage* ["Liberado de la Esclavitud"], Anderson escribe,

> El último paso a la libertad es el de renunciar a los pecados de tus antepasados y toda maldición que hubiese sido puesta sobre ti... Espíritus comunes pueden ser traspasados de una generación a la siguiente si no se renuncia a ellos y si su nuevo patrimonio espiritual en Cristo no es proclamado. No eres culpable del pecado de cualquier antepasado, pero a raíz de sus pecados, Satanás ha obtenido acceso a tu familia...

---

[3] Ibid., 148. Esta oración actualmente fue compuesta por Ernest B. Rockstad de Faith and Life Ministries en Andover, Kansas, a quien Bubeck se refiere como "uno de los veteranos de Dios con más experiencia en este tema de la guerra."

[4] Ibid., 149.

[5] Ibid., 150. En efecto, Anderson, Bubeck y White ofrecen oraciones para la limpieza de habitaciones en hoteles, viviendas, rompiendo maldiciones, niños adoptados, niños acogidos, hora de acostarse y una cantidad de otras. Uno rápidamente se impresiona de lo perdido que estaríamos sin los conjuros formularios que se dicen son de gran valor contra las huestes demoníacas.

6 Armas Carnales: Maleficios

Además, gente engañada puede intentar maldecirte, o grupos satánicos te pueden apuntar.[6]

Anderson aún sugiere oraciones formularias para limpiar apartamentos y viviendas que posiblemente hayan sido ocupados por no creyentes y que por lo tanto puedan todavía llevar una maldición. Llevando esta enseñanza no bíblica a su conclusión lógica, Anderson impone sobre el lector esta carga: "Hijos adoptados pueden ser específicamente sujetos a fortalezas demoníacas a base de su parentesco natural. Pero aún un niño adoptado puede llegar a ser una nueva creación en Cristo, y debería renunciar activamente a las fortalezas antiguas y abrazar su herencia como un hijo o hija de Dios."[7]

Así como Bubeck, Anderson ofrece una oración para romper efectivamente la maldición:

> Yo aquí y ahora mismo rechazo y rehúso todos los pecados de mis antepasados. Como uno que ha sido liberado del poder de la oscuridad y trasladado al reino del Hijo querido de Dios, yo anulo toda obra demoníaca que hubiese sido pasada a mí de mis antepasados... Yo renuncio a toda asignación satánica dirigida hacia mí y mi ministerio, y yo anulo cada maldición que Satanás y sus obreros han puesto sobre mí. Yo anuncio a Satanás y a todas sus huestes que Cristo llegó a ser maldición por mí... Yo rechazo cada una y todas las maneras en que Satanás pueda adueñarse de mí. Yo pertenezco al Señor Jesucristo, quien me compró con Su propia sangre. Yo rechazo todos los sacrificios de sangre por las cuales Satanás pudiera adueñarse de mí. Me declaro yo mismo eternamente y completamente entregado al Señor Jesucristo y comprometido con Él.[8]

---

[6] Neil T. Anderson, *Released from Bondage* (Nashville: Thomas Nelson Publishers, 1993), 250-251.
[7] Neil T. Anderson, *The Bondage Breaker* (Eugene, OR: Harvest House Publishers, 1990), 207.
[8] Ibid., 207-8.

En una sección titulada "Generational Sin" ["Pecado Generacional"], Thomas B. White escribe en su libro *The Believer's Guide to Spiritual Warfare* ["La Guía del Creyente para la Guerra Espiritual"],

> Los que hayan tenido experiencia con la liberación saben que en algunos casos hay poderes demoníacos que han trabajado dentro de un linaje familiar por muchas generaciones. Este fenómeno es clínicamente documentado… Si ocurre pecado, especialmente pecado relacionado con la idolatría o la hechicería, y se queda aún no resuelto, el enemigo tiene el derecho legal para acusar y oprimir… Observamos una conexión entre el pecado generacional y la opresión en la generación corriente.[9]

¡Yo pudiera multiplicar ejemplos de esto sin límite, hasta el hastío! No es difícil ver que hay "una nueva generación de cristianos que está comenzando a ver el mundo [espiritual] a través de una cuadrícula que tiene más en común con las religiones misteriosas griegas y persas que con el cristianismo."[10] ¡En efecto! ¿Cuándo es que el cristianismo empezó a parecerse a un diálogo de una novela de Harry Potter?

Éxodo 20 en su Contexto

Mientras lees las oraciones indicadas arriba, te darás cuenta del lenguaje que viene directamente de las Escrituras: "Con Cristo he sido crucificado," "trasladado al reino del Hijo amado de Dios," etc. (Gálatas 2:20; Colosenses 1:13). Aunque el lenguaje puede ser recogido de las Escrituras para algunas de las declaraciones, esto no necesariamente significa que la teología global es bíblica.

¿Enseña la Biblia que los demonios y las maldiciones pueden ser transferidos a través del linaje de sangre? ¿Podemos heredar demonios y maldiciones? ¿Deben ser estas maldiciones renunciadas verbal, vigorosa y repetidamente para que el hijo de Dios quede libre o protegido de Satanás?

El versículo que sirve como el eje en esta teología, y uno que escucharás citado constantemente en apoyo de esta práctica, es Éxodo

---

[9] Thomas B. White, *The Believer's Guide to Spiritual Warfare* (Ann Harbor: Servant Publications, 1990), 62.
[10] Chuck Colson, J.I. Packer, R.C. Sproul, et. al., *Power Religion* (Chicago: Moody Press, 1992), 278.

20:5. He encontrado que el contexto completo rara vez es citado, y aún menos frecuentemente entendido. Aquí está el versículo en su contexto:

> No te harás ídolo, ni semejanza alguna de lo que está arriba en el cielo, ni abajo en la tierra, ni en las aguas debajo de la tierra. No los adorarás ni los servirás; porque yo, el SEÑOR tu Dios, soy Dios celoso, <u>que castigo la iniquidad de los padres sobre los hijos hasta la tercera y cuarta generación de los que me aborrecen</u>, y muestro misericordia a millares, a los que me aman y guardan mis mandamientos. (Éxodo 20:4-6)

La parte subrayada del versículo 5 normalmente es aislada de su contexto, y es usada para enseñar que Dios pone castigos y maldiciones sobre los descendientes de aquellos que lo aborrecen, aún hasta la cuarta generación. Es interesante, y muy llamativo, el hecho de que el versículo 6 sea ignorado casi enteramente por los maestros de la guerra espiritual para explicar el significado del versículo 5. Y el versículo 6 no es un párrafo separado, o aún una oración separada. ¡Es el resto de la oración del versículo 5! Una mirada cuidadosa al pasaje mostrará que no tiene nada que ver con la enseñanza actual sobre "maldiciones generacionales".

Primero, hay un paralelismo obvio entre el versículo 5 y versículo 6 que es central para entender el significado del pasaje.

Versículo 5 – "castigar la iniquidad"
Versículo 6 – "mostrar misericordia"

Versículo 5 – "a la cuarta generación"
Versículo 6 – "a millares"

Versículo 5 – "de los que aborrecen a Dios"
Versículo 6 – "de los que guardan Sus mandamientos"

Este paralelismo hebreo contrasta dos acciones de Dios, dos números de generaciones y dos grupos de personas. Los dos grupos que están en contraste son "los que me aborrecen [a Dios]" versus "los que guarden mis [sus] mandamientos". Los dos números de generaciones en contraste son "hasta la tercera y cuarta generación" versus "millares". Las dos acciones de Dios que se contrastan son "castigar la iniquidad" versus "mostrar misericordia".

No es difícil entender este pasaje. Es un recurso literario judío usado para expresar la comparación y para mostrar la preferencia de una cosa sobre otra. Dios prefiere bendecir millares de generaciones de quienes lo aman, en vez de maldecir tres o cuatro generaciones de quienes lo aborrecen. Su preferencia es de bendecir a los que guardan Sus mandamientos.

Salmo 30:5 es otro ejemplo de este paralelismo comparativo, "Porque su ira es sólo por un momento, pero su favor es por toda una vida; el llanto puede durar toda la noche, pero a la mañana vendrá el grito de alegría." La abundante y duradera bendición del favor de Dios es contrarrestada con su ira.

Deuteronomio 7 expresa la misma cosa, aunque el orden es invertido. Deuteronomio 7:9-10 dice, "Reconoce, pues, que el SEÑOR tu Dios es Dios, el Dios fiel, que guarda su pacto y su misericordia hasta mil generaciones con aquellos que le aman y guardan sus mandamientos; pero al que le odia, le da el pago en su misma cara, destruyéndolo; y no se tarda en castigar al que le odia, en su misma cara le dará el pago." Esto es el mismo asunto expresado en Éxodo 20, mostrando que es la preferencia de Dios y su naturaleza bendecir y mostrar misericordia.

En segundo lugar, no se puede asumir que las personas castigadas en el versículo 5 son personas "piadosas" o creyentes. La interpretación más natural es que Dios visitaría castigos circunstanciales sobre los que lo aborrecen.[11] No debemos presumir que la gente castigada son los descendientes justos de los que aborrecían a Dios. Tendría más razón, y estaría de acuerdo con la enseñanza del resto del Antiguo Testamento, que la gente castigada, aún hasta la tercera y cuarta generación, también son idólatras aborrecedores de Dios quienes han seguido en los pasos de sus padres apóstatas.

En tercer lugar, la interpretación de los maestros de la guerra espiritual no se mantiene cuando es aplicada de manera consistente. Ellos dirían que el versículo 5 enseña que una maldición o un demonio puede ser transferido a los hijos, por tres o cuatro generaciones a causa del pecado o actividades de sus antepasados. ¡Sin embargo no son consistentes en tomar el versículo 6 de la misma manera! ¿Ellos son capaces de también

---

[11] Ejemplos de estos castigos circunstanciales serían la expulsión de la tierra y otros castigos que vendrían de no guardar el convenio Mosaico (Deuteronomio 28:15-68).

sugerir que Dios bendecirá a millares de generaciones (a pesar de su pecado personal y persistente) a causa de la justicia de uno sólo de sus antepasados? Pero, para ser consistentes, deberían afirmar esto, que el versículo 6 dice que Dios mostrará misericordia por mil generaciones a causa de uno que guardó Sus mandamientos. ¿Si un cristiano puede ser castigado y afligido a causa de los pecados no renunciados de su padre, su abuelo o su bisabuelo, entonces los descendientes incrédulos serán bendecidos a causa de un antepasado justo hace 597 generaciones? ¡Ciertamente no!

En cuarto lugar, notamos la ausencia completa de cualquier mención de demonios o espíritus malignos, o aún las maldiciones que Anderson y otros sugieren. El pasaje no está describiendo fortalezas demoníacas, la guerra espiritual o como renunciar a maldiciones, sino los Diez Mandamientos – no espíritus, sino el pecado y su castigo consecuente. Es inimaginable y un salto no justificable tomar cualquier cosa de este pasaje y formular sobre esta cosa una teología acerca de demonios o maldiciones generacionales.

En quinto lugar, la Escritura enseña consistentemente que cada persona es castigada por sus propios pecados, y no los pecados de otro. Un pasaje esencial sobre este tema es Ezequiel 18. En los tiempos de Ezequiel, la gente citaba un proverbio: "Los padres comen las uvas agrias, pero los dientes de los hijos tienen la dentera" (18:2). Al parecer, ellos creían (erróneamente) que aunque los padres cometieran el delito, los hijos serían maldecidos o castigados por ello. Ezequiel usó 32 versículos refutando esta enseñanza para mostrar que "el alma que peque, ésa morirá" (18:4).

En contraste con los maestros hoy día de "la maldición generacional", Ezequiel afirma que, "El alma que peque, ésa morirá. El hijo no cargará con la iniquidad del padre, ni el padre cargará con la iniquidad del hijo; la justicia del justo será sobre él y la maldad del impío será sobre él" (Ezequiel 18:20).

¡Son Muchos Los Problemas!

Anderson intenta mostrar que sus prácticas son legítimas por medio de citar ejemplos similares de la historia eclesiástica:

> La iglesia primitiva incluía en su declaración de fe pública, "Yo renuncio a ti, Satanás, todas tus obras y tus maneras." La

Iglesia Católica, la Iglesia Ortodoxa Oriental y muchas otras iglesias litúrgicas todavía requieren esta renuncia como parte de su confirmación. Por alguna razón ha desaparecido de la mayoría de iglesias evangélicas. No solo es necesario escoger la verdad, sino que debes repudiar a Satanás y sus mentiras.[12]

Yo sé porque la práctica desapareció del ámbito evangélico – ¡es porque es patentemente no bíblica!

Aparte de citar desenfrenadamente las Escrituras fuera de su contexto y el abuso de esos versículos, hay una miríada de otros problemas con esta teología. Comienzo con lo que considero lo más ofensivo.

Primero, esta teología niega la suficiencia de la cruz, la expiación y el evangelio. Este es el más serio pero sutil error propiciado por los que enseñan estas doctrinas. Ellos afirmarían verbalmente, y tajantemente, que sí, que de verdad creen en el poder de la cruz y la suficiencia del evangelio, pero su práctica es una negación patente de estas mismas cosas.

Aparentemente, el arrepentimiento una sola vez de una vida de pecado, el lavamiento de la sangre de Cristo, el perdón de todo pecado – pasado, presente y futuro – no es suficiente por sí mismo para liberar a uno de la esclavitud del pecado y del poder de Satanás. Algo más es necesario, a saber, recitando y renunciando verbalmente todos los pecados que el Espíritu Santo trae a la mente de uno. Las oraciones de renuncia deben ser habladas para lograr romper el poder de Satanás y eliminar sus fortalezas – revocar su "derecho legal".

La Escritura dice que él que confía en Jesucristo para la salvación ha sido liberado del dominio de la oscuridad y librado de aquel que tenía el poder de la muerte, es decir el diablo (Colosenses 1:13; Hebreos 2:14-18). El hijo de Dios ha sido adoptado a la familia de Dios y es habitado por el Espíritu del Dios viviente. El evangelio lo ha justificado libremente, completamente y para siempre. Sugerir que algo más es necesario que el evangelio es una afrenta a la suficiencia de la obra de Cristo en la cruz.

Estas oraciones de renuncia y afirmación supuestamente realizan cosas que las Escrituras dicen que ya han sido realizadas y aseguradas para el creyente por medio de la muerte de Cristo. Ninguna "obra" adicional a mi beneficio es necesaria para efectuar esta liberación.

---

[12] *Released*, 70.

6 Armas Carnales: Maleficios

Si el creyente está en Cristo, es una nueva creación. Las cosas viejas han pasado. Punto. ¡Sugerir que sin las renuncias específicas verbales a Satanás, él continuará teniendo un "reclamo legal" sobre mi familia, mis posesiones y mi vida es decir que la obra de Cristo no rompió ese "reclamo" (aunque, como hemos visto, la idea actual de ese "reclamo legal" es dudosa desde el inicio)!

¿Cuál es el significado de estar en Cristo, si ser librado de Satanás no es asegurado en Él? ¿Qué bien hace la obra de Cristo actualmente si necesito continuamente renunciar a pecados y maldiciones y limpiar mis alrededores de las fortalezas de Satanás por medio de oraciones al estilo de conjuros?

Segundo, esta teología es un ataque contra la suficiencia de las Escrituras. Buscarás por toda la Biblia en vano por cualquier de las oraciones ofrecidas por Anderson, Bubeck y otros. No hay oraciones para renunciar maldiciones, proteger a hijos adoptivos, limpiar viviendas, apartamentos o habitaciones en hoteles, o atar a Satanás de los sueños. No hay oraciones ofrecidas para anular los reclamos de Satanás, maldiciones demoníacas o influencias demoníacas generacionales en el linaje. Ni una. No solo no encontramos ejemplos de estas oraciones, nunca se nos dice (en la Biblia) que debemos orar tales oraciones.

Como Ice y Dean lo indican, "De hecho, no hay ni un solo ejemplo en la Biblia entera de una persona salvada estando bajo una maldición satánica que tenía que ser rota por medio de un exorcismo cristiano o una confesión explícita."[13]

Esto nos deja asombrados de lo mal equipados que estaríamos sin todos los conjuros, oraciones y fórmulas ofrecidas por los maestros de la guerra espiritual. Nos dicen que son esenciales, sin embargo no los encontramos en las Escrituras – solo en los libros escritos por "expertos en la guerra espiritual". ¡Sin estos libros, millones sin fin, vivirían vidas en esclavitud a Satanás y sus demonios generacionales y maldiciones, y esto porque lo único que tendrían sería la Biblia! ¡Imagínese!

Anderson hace la siguiente afirmación: "Para ser completamente libre del pasado, hemos encontrado que es *necesario* que cada persona renuncie específicamente a cada religión falsa, maestro falso, práctica falsa

---

[13] Thomas Ice y Robert Dean, *Overrun By Demons: The Church's New Preoccupation With The Demonic* (Eugene: Harvest House Publishers, 1990), 181.

y todo medio de orientación falsa en la cual él o ella haya participado."[14] En mi opinión, esto demuestra arrogancia increíble. Tal vez no es intencionado, pero es arrogancia de todos modos. Cuando alguien enseña que algo fuera de las Escrituras – que no es mandado, ilustrado o modelado en las Escrituras – es necesario para nuestra santificación y liberación, él está diciendo que las Escrituras no son suficiente. Implícitamente está alegando que Dios se descuidó de proveernos con la información necesaria para nuestra vida en Cristo. Gracias que tenemos a Anderson, que nos provee de aquello que al Espíritu Santo se le pasó por alto.

Tercero, esta teología lleva hacia la esclavitud, no a la libertad. Aunque estos maestros de la guerra espiritual dirían que esta enseñanza ayuda a liberar a la gente, "más bien los ata a una cosmovisión supersticiosa en la cual Satanás no solamente se hace presente en todos los frentes, sino también debe ser renunciado repetidamente en cada frente, o él los va a controlar."[15]

Los cristianos están inconscientemente adoptando una cosmovisión pagana, mística, tipo vudú-mágica en el área de la guerra espiritual. Están siendo animados a temer constantemente al poder, las maldiciones, la influencia, la presencia y las reclamaciones de Satanás sobre ellos, sus posesiones y sus familias. Sin el pronunciamiento de conjuros, oraciones formularias y renuncias constantes, nunca pueden esperar ser liberados, resultando en una esclavitud a una cosmovisión patentemente no bíblica y a una teología de ángeles y demonios no bíblica.

¡Cuarto, es un insulto a niños adoptados en todas partes! Poner una carga sobre los padres adoptivos, con un temor no bíblico y sin justificación que su hijo adoptado pueda estar llevando una "maldición de linaje de sangre", que requiere atención especial, no obtenida en la cruz, es cruel en el mejor de los casos.

La teología de maldiciones generacionales, pecados generacionales, oraciones de renuncia, maleficios y maldiciones es completamente no bíblica. La cruz ha obtenido vuestra salvación, justificación, liberación, santificación, glorificación y libertad completa del dominio de las tinieblas. Los que están en Cristo son liberados. Punto final.

---

[14] Neil T. Anderson, *Helping Others Find Freedom in Christ* (Ventura, CA: Regal Books, 1995), 247. Énfasis añadido.
[15] Elliot Miller, "Spiritual Warfare and the Seven Steps To Freedom," *Christian Research Journal* 21.3 (1999), 16.

6 Armas Carnales: Maleficios

Habiendo confesado y abrazado a Cristo, no necesitas renunciar a nada. Eres nuevo y completo en Él. ¡Descanse en esto – sin temor!

7

Armas Carnales: Atar a Satanás

Ningún análisis de la metodología prevalente de la guerra espiritual sería completo si no observamos la práctica de "atar a Satanás". Decir que esta práctica goza de popularidad entre los círculos carismáticos es indicar lo obvio, pero de todas las prácticas falsas de los maestros actuales de la guerra espiritual, esta goza de una popularidad inmensa tanto en círculos carismáticos como en no carismáticos.

Así como con otras prácticas que hemos examinado, deseamos permitir que las Escrituras sean nuestra guía, mientras que intentamos sujetar nuestras creencias y prácticas a la autoridad de la verdad de Dios. Cuando hacemos esto, encontramos que no hay enseñanza bíblica, ni ejemplos en las Escrituras de atar a Satanás.

¿Qué es esto de "Atar" Algo?

No tengo duda de que la mayoría de los creyentes hoy en día están al tanto de la práctica de atar a Satanás. Es probable que lo hayas escuchado durante un culto de oración, un estudio bíblico, un tiempo devocional y aún desde el púlpito durante un culto dominical. "La práctica de atar a Satanás y/o los demonios y espíritus malignos no es sólo algo que los creyentes hacen durante una sesión pública o privada de liberación, sino que también es una actividad personal ejercida de manera regular por un creciente número de creyentes."[1]

Se cree que por medio de atar a Satanás se puede limitar, obstaculizar o prohibir su actividad en la esfera en la cual él está atado. Por ejemplo, una persona podría orar para que Satanás sea atado de poder

---

[1] Thomas Ice and Robert Dean, *Overrun By Demons: The Church's New Preoccupation With The Demonic* (Eugene: Harvest House Publishers, 1990), 100.

Verdad o Territorio: Un Acercamiento Bíblico a la Guerra Espiritual

atar a una persona a la que deseamos presentar el evangelio, con la creencia de que esto aumenta la probabilidad de que la persona llegue a confiar en Cristo como Señor. Alguien podría orar para que Satanás sea atado de cierto evento (concierto, culto de alabanza, etc.) y así prohibirle tener cualquier influencia o poder sobre ese evento. O alguien podría orar para que Satanás sea atado de un sector geográfico (una vivienda nueva, un vecindario, una iglesia, una habitación, el lugar de empleo o una habitación de un hotel) con la creencia de que pronunciar tal oración debilita la habilidad de Satanás a interferir o entrar.[2]

La oración puede ser cualquier cosa, desde un deseo inocente expresado a Dios, hasta una orden directa a Satanás. He escuchado a personas orar de ambas maneras. Conocía a un hombre, que inocentemente rogaba humildemente a Dios, "Señor, ¿podrías atar a Satanás de tener cualquier influencia aquí?" En el otro extremo del espectro están los casi descabellados desvaríos del tele evangelista Robert Tilton dirigidos a las fuerzas demoníacas que él cree están atacando a sus seguidores que le están sintonizando vía televisión:

> Satanás, vosotros los espíritus demoníacos del SIDA[3], y el virus de SIDA - ¡Yo te ato! Vosotros los espíritus demoníacos del cáncer, artritis, infección, migrañas y dolor - ¡Sal de ese cuerpo! ¡Sal de ese niño! ¡Sal de ese hombre… Satanás! ¡Yo te ato! Vosotros los asquerosos espíritus demoníacos de enfermedades y dolencias, enfermedades del oído, los pulmones y la espalda. Vosotros los espíritus demoníacos de artritis, enfermedades y dolencias. Vosotros los espíritus inválidos atormentando a los estómagos. ¡Satanás, yo te ato! ¡Vosotros los espíritus de nicotina – yo les ato! ¡En el nombre de Jesús![4]

---

[2] Ibid. Si esto te parece misteriosamente similar a la cosmovisión espiritual de los que abogan por renunciar a maldiciones generacionales, estás detectando algo. Una perspectiva similar sobre lo demoníaco está en el fondo de ambas prácticas.
[3] La Biblia no enseña que todas las enfermedades y dolencias son el resultado de opresión demoníaca o posesión.
[4] Robert Tilton, *Success-N-Life Program* (ca. 1991), un video archivado en la Christian Research Institute. Hank Hanegraaff, *Christianity in Crisis* (Eugene: Harvest House Publishers, 1993), 257.

7 Armas Carnales: Atar a Satanás

Aún el profesor muy conservador, Bill Gothard, aboga por la práctica de atar a Satanás por medio del nombre y la sangre de Jesucristo. En su libro *Rebuilders Guide*, Gothard ofrece "La Oración para Atar a Satanás y Construir un 'Seto de Protección'": "Padre celestial, te pido reprender y atar a Satanás en el nombre y a través de la sangre del Señor Jesucristo."[5]

Gothard cita Marcos 3:27 y Judas 9 para apoyar esta práctica[6] y escribe, "Antes de intentar reclamar a un ser querido que ha caído bajo el poder de Satanás, primero tenemos que atar a Satanás. De otra manera, él obra a través de este ser amado para crear una reacción en contra de cada esfuerzo para restaurarlo." ¿Qué pasaría si no atas a Satanás antes de intentar la restauración de un ser querido? Gothard responde, "Intentar estropear la casa de Satanás sin atarlo solo resultará en argumentos."[7]

No es mi intención apuntar a Bill Gothard. Francamente, pudiera citar unos cuantos maestros conservadores que copian este consejo. La enseñanza se ha metido en cada rincón y grieta de la Iglesia.

El maestro de la guerra espiritual Mark I. Bubeck,[8] mientras contaba una historia acerca de un "cristiano" suicida que lo llamó en la madrugada para buscar consejo, escribe lo siguiente acerca de esa conversación: "Oré con él, atando todos los poderes de Satanás que intentaban destruirlo."[9] En el mismo libro, mientras que ofrecía una lista de "cosas para hacer y no hacer" cuando uno trataba con lo demoníaco en la guerra de confrontación, Bubeck nos instruye: "Ate a todos los poderes

---

[5] Bill Gothard, *Rebuilder's Guide* (United States: Institute in Basic Life Principles, Inc., 2005), 119. Él sugiere adicionalmente que ores diciendo, "Te pido que edifiques una 'valla de protección' alrededor de mi pareja, para que cualquier persona que lo quiere influenciar para mal perderá este deseo sobre él (o sobre ella) y se alejará." Así como otros, Gothard distorsiona y hace mal uso de Oseas 2:5-7 para promover la práctica de oraciones tipos setos de protección. Ver el capítulo 6.

[6] Estos versículos, así como veremos, no ofrecen ninguna justificación para apoyar esta práctica. El tema de reprender a Satanás será considerado en el capítulo 8.

[7] Ibid. Gothard entonces cita Mateo 7:3-5, Marcos 3:27 y Efesios 6:12 para apoyar su afirmación. ¿Qué tienen que ver estos versículos con esta afirmación? Tu conjetura es tan buena como la mía.

[8] Él fue citado en gran medida en el capítulo 6 por su enseñanza absurda sobre las maldiciones generacionales.

[9] Mark I. Bubeck, *The Adversary* (Chicago: Moody Press, 1975), 91. El énfasis es mío.

de oscuridad que obran bajo la autoridad de cualquier espíritu maligno de Satanás, mandando a todos a salir cuando él sale."[10]

Así como Bubeck, Neil T. Anderson tiene un acercamiento a la guerra espiritual que se apoya en la autoridad presumida del creyente sobre el diablo. Anderson enseña, "Dios nos ha dado la autoridad de 'atar lo que será atado en los cielos'… La eficacia de atar al hombre fuerte (ver Mateo 12:29 [sic]) es dependiente de la dirección del Espíritu Santo y está sujeta al alcance y los límites de la Palabra de Dios escrita."[11]

De acuerdo con su estilo, Anderson ofrece una oración modelo que supuestamente ata a Satanás para no interferir en los seres queridos de uno:

> Estamos de acuerdo en que el espíritu maligno que está en o alrededor de (nombre de la persona) sea atado al silencio. No puede infligir ningún dolor, hablar a la mente de (nombre) o prevenir que (nombre) escuche, vea o hable. Ahora en el nombre del Señor Jesucristo yo te ordeno, Satanás, y a todas tus huestes a liberar a (nombre) y a mantenerte atado y amordazado para que (nombre) pueda obedecer a Dios.[12]

Si sintonizas a CBN (Christian Broadcasting Network ["Red de Radiodifusión Cristiana"]) con la esperanza de recibir una teología sana, acabarás seriamente decepcionado. Durante una emisión del *700 Club*, Pat Robertson abogaba por atar a Satanás para solucionar un ataque satánico dentro del propio hogar. Durante el segmento de "intercambio", "Gilbert" preguntó a Robertson lo siguiente: "Nuestro hogar últimamente ha estado bajo un ataque de parte del diablo. ¿Debemos reprender al diablo en el nombre de Jesús, o simplemente mirar a Dios para que se encargue del asunto por nosotros?"[13]

---

[10] Ibid., 125.
[11] Elliot Miller, "Spiritual Warfare and the Truth Encounter," *Christian Research Journal* 21.2 (1999), 13. Taken from "Twenty Five Most Popular Questions," Freedom in Christ website, http://www.ficm.org. Yo averigüé y no pude encontrar que esto estaba todavía en la página web de Anderson.
[12] Neil T. Anderson, *The Bondage Breaker* (Eugene, OR: Harvest House Publishers, 1990), 227, citado tal cual en Elliot Miller, "Spiritual Warfare and the Truth Encounter," *Christian Research Journal* 21.2 (1999), 14-15.
[13] http://www.cbn.com/media/player/index.aspx?s=/vod/BIO_010510_WS

Robertson respondió diciendo:
Pienso que debes ejercer la guerra espiritual y debes entender lo que estás haciendo. Pero, este, yo,... yo,... yo, pienso que debemos decir, que si deseas decir algo, es, 'Yo te ato, Satanás y a las fuerzas malignas, y- ah- en el nombre de Jesús, yo ato tu poder', que significa que anulas el poder de lo que él está ejerciendo contra ti... Esto es como debes tratar con esta situación.[14]

¡Los Textos de Apoyo al Rescate!

Los que enseñan y practican este método de tratar con el diablo típicamente ofrecen algunos versículos típicos de la Biblia como apoyo bíblico. Aquí están los textos:

Mateo 12:29: "¿O cómo puede alguien entrar en la casa de un hombre fuerte y saquear sus bienes, si primero no lo ata? Y entonces saqueará su casa."[15]

Mateo 16:19: "Yo te daré las llaves del reino de los cielos; y lo que ates en la tierra, será atado en los cielos; y lo que desates en la tierra, será desatado en los cielos."

Mateo 18:18: "En verdad os digo: todo lo que atéis en la tierra, será atado en el cielo; y todo lo que desatéis en la tierra, será desatado en el cielo."

Observarás de inmediato la mención de "hombre fuerte," "atar", "atar en los cielos" y "atar en la tierra." Estas frases son todo lo que necesitan algunos para montar una teología completa sobre la guerra espiritual que involucra oraciones modelos para atar a Satanás. Sin embargo, una interpretación apropiada de cada pasaje en su contexto provee un entendimiento totalmente diferente de las palabras de Jesús. Vamos a observar cada texto.

---

[14] Ibid.
[15] Marcos 3:27 que es citado por Gothard es paralelo a Mateo 12:29.

Mateo 12:29 y su Contexto[16]

Mateo 12:29: "¿O cómo puede alguien entrar en la casa de un hombre fuerte y saquear sus bienes, si primero no lo ata? Y entonces saqueará su casa."

La enseñanza habitual indica que Satanás es el hombre fuerte, y los pecadores son su posesión. Para poder rescatar a seres queridos de su control e influencia, primero debemos "atar a Satanás" para que él no pueda resistir nuestro esfuerzo de "saquear su casa". Cuando solo se lee el versículo 29, entonces es fácil ver cómo la gente podría ser llevada a la conclusión falsa de que este pasaje está describiendo la práctica actual de atar a Satanás. En realidad, nada de esto se está describiendo.

El contexto de Mateo 12 no tiene nada que ver con la guerra espiritual. Es el registro de un evento histórico en la vida del Señor Jesús en el cual sanó a un hombre poseído por demonios. La gente estaba preguntándose si Jesús era quien reclamaba ser: el Hijo de David (12:23). Eso fue la conclusión apropiada, pero no la que los fariseos deseaban que la gente alcanzara. Con un esfuerzo para disuadir a la gente de concluir que Jesús era el Mesías, ellos ofrecieron una explicación alternativa en cuanto a Su capacidad para echar fuera demonios, diciendo, "Este no expulsa los demonios sino por Beelzebú, el príncipe de los demonios" (12:24).

Para mostrar la locura de esta acusación, Jesús resaltó que todo lo que Él hacía para demostrar sus credenciales mesiánicas fue en oposición directa a Satanás. ¿Por qué Satanás expulsaría a Satanás (12:26)? ¿Por qué lucharía contra sí mismo por medio de apoderar a Cristo para hacer la guerra contra Satanás siendo, claramente, que todo lo que hacía Cristo, se oponía a las obras de Satanás y su poder? ¿Cómo podría mantenerse en pie tal reino (12:25)?

Ciertamente Jesús tendría que ser más fuerte que Satanás si Él fue capaz de entrar a este mundo y hacer la guerra de manera tan efectiva contra su reino y saquear sus cautivos. Jesús no fue *apoderado* por Satanás, más bien estaba dominando a Satanás. Esto es el significado del versículo 29. En realidad, Satanás es el hombre fuerte en este versículo, pero el "atar" es una analogía que muestra la fuerza de Cristo sobre Satanás, no

---

[16] Por motivos de espacio, no voy a citar el contexto completo que apropiadamente incluye 12:22-42. Sin embargo, te animo mucho a leer los versículos por tu propia cuenta y hacer el seguimiento en el texto mientras yo explico el pasaje.

un mandato o un ejemplo que debemos seguir. Jesús no nos estaba instruyendo de cómo tratar con Satanás. ¡Estaba refutando el reclamo de que Su poder venía del diablo!

El enfoque central en este pasaje es, "¿De quién venía el poder con que Cristo realizaba Sus milagros – de Dios o de Satanás? Jesús ofreció una analogía simple. Tiene que ser por medio del poder de Dios, siendo que solo Dios es suficientemente fuerte para destruir y saquear el reino de Satanás. Los fariseos acusaban a Jesús de estar *edificando* el reino de Satanás. Jesús reclamaba que estaba saqueando el reino de Satanás.

Mateo 12:29 no es un mandato universal a todos los creyentes de cómo tratar efectivamente con el "hombre fuerte", sino una ilustración histórica del poder personal de Cristo sobre Satanás. ¡Cualquier uso de ese versículo para apoyar la práctica de atar a Satanás es, en el mejor caso, haciendo violencia al contexto!

Mateo 16:19 y su Contexto[17]

Mateo 16:19: "Yo te daré las llaves del reino de los cielos; y lo que ates en la tierra, será atado en los cielos; y lo que desates en la tierra, será desatado en los cielos."

Los partidarios de la metodología de atar, incorrectamente dicen que Jesús está dando instrucciones de cómo "edificar Su iglesia" (v. 18), que esto sólo puede ocurrir si atamos a Satanás en la tierra para que él sea atado en el cielo (los lugares celestiales). Esto es tomado como un mandato para que los creyentes aten a Satanás con la promesa que acompaña de que cuando hacemos esto, él será atado por el cielo.

Una mirada rápida al contexto revela que estas palabras fueron dichas en respuesta a la gran confesión de Pedro de que Jesús es "el Cristo, el Hijo del Dios viviente" (16:16). Es en respuesta a la confesión de quién es Cristo por parte de Pedro que Jesús pronuncia las palabras en el versículo 19. Siendo que Jesús está respondiendo a la confesión de Pedro, el significado de "atar" y "desatar" tiene que tener una referencia a que Jesús está edificando a Su iglesia (v. 18).

---

[17] Por motivos de espacio, no voy a citar el contexto completo que apropiadamente incluye 16:13-20. Sin embargo, te animo mucho a leer los versículos por tu propia cuenta y hacer el seguimiento en el texto mientras yo explico el pasaje.

Verdad o Territorio: Un Acercamiento Bíblico a la Guerra Espiritual

Notamos de nuevo otra vez que el contexto no tiene nada que ver con la guerra espiritual. Jesús no estaba dando una instrucción a sus discípulos de cómo conquistar a Satanás. Esta noción es completamente alejada del texto. La guerra espiritual no es mencionada, ni aludida. No queriendo ser disuadidos por el contexto, los expertos hoy en día de la guerra espiritual ignoran el tema en cuestión e imponen sobre el texto un mandato para "la guerra de atar".

La clave para el pasaje es en los términos "atar" (δεο, griego) y "desatar" (λυο, griego). Como lo indican Ice and Dean, "Eso fue una frase usada en los tiempos de Cristo por los líderes religiosos de Israel referente a lo que fue prohibido (atado) y lo que fue permitido (desatado)."[18] Hay que entender estas palabras en el contexto judaico del primer siglo en el cual fueron habladas. Esto significaba algo para Pedro y los lectores originales que no tenía nada que ver con estorbar o limitar las actividades de Satanás por medio de una fórmula mágica pronunciada en una oración.

En referencia al uso de estas palabras en Mateo 16:19 y 18:18, el *Theological Dictionary of the New Testament* (el *Diccionario Teológico del Nuevo Testamento*) dice, "Jesús no da a Pedro o a los otros discípulos cualquier poder para hechizar o liberar por medio de la magia. El significado acostumbrado de las expresiones rabínicas es de igual manera irrefutable, a saber, declarar algo prohibido o permitido, y por lo tanto imponer o remover una obligación, por medio de una decisión doctrinal."[19] A Pedro, como representante de los apóstoles, le fue dado un cierto grado de autoridad, para hacer declaraciones doctrinales y de obligaciones en la iglesia.[20]

El erudito en el griego nuevo testamentario, Dr. A. T. Robertson, explica el significado de los tiempos de los verbos usados: "Tomen nota del futuro perfecto indicativo (ἐσται δεδεμενον, ἐσται λελυμενον [estai dedemenon, estai lelumenon]), un estado de finalización. Todo esto

---

[18] Ice and Dean, 101.
[19] G. Kittel, G. W. Bromiley & G. Friedrich, Ed., *Vol. 2: Theological Dictionary of the New Testament* (Grand Rapids, MI: Eerdmans, 1964) (electronic ed.), 60.
[20] Vemos esto en la práctica en Hechos 15 durante el Concilio en Jerusalén donde el tema de la salvación y circuncisión de los gentiles fue determinado por los apóstoles cuando declararon el pensar de Dios en un asunto doctrinal y así permitieron algunas cosas y prohibieron otras.

asume, por supuesto, que el uso por Pedro de las llaves estaría de acuerdo con la enseñanza y la mente de Cristo."[21]

Una traducción literal al inglés, pero de redacción torpe, y traducido al español, se pudiera leer así, "... cualquier cosa que atas en la tierra es lo que ya habrá sido atado en los cielos, y cualquier cosa que desatas en la tierra es lo que ya habrá sido desatado en los cielos."[22] Pedro debería prohibir en la tierra, en la iglesia, solo lo que el cielo había prohibido. Él debería permitir en la tierra, en la iglesia, solo lo que el cielo había permitido.[23]

Así es como la frase fue usada en la comunidad judía del primer siglo. Así es cómo Jesús usó la frase. No tiene nada que ver con la guerra espiritual ni con cualquier cosa que hacemos a Satanás. Fue una frase rabínica que tenía que ver con haber recibido la autoridad y responsabilidad de declarar en la tierra esas cosas que el cielo había determinado permitir (desatado) y prohibir (atado). Usar este pasaje para enseñar una metodología acerca de la guerra espiritual en la cual la actividad de Satanás es acortada a través de nuestra "oración de atar" es abusar del pasaje.

Mateo 18:18 y su Contexto[24]

Mateo 18:18: "En verdad os digo: todo lo que atéis en la tierra, será atado en el cielo; y todo lo que desatéis en la tierra, será desatado en el cielo."

"Atar" y "desatar" en este pasaje son usados precisamente de la misma manera que en Mateo 16:19. Es la misma idea, pero aquí la aplicación práctica es para el uso de la disciplina eclesial.

---

[21] A. Robertson, *Word Pictures in the New Testament* (Matthew 16:19) (Oak Harbor: Logos Research Systems, 1997).
[22] Ice and Dean, 102.
[23] Esto, de ninguna manera, apoya la noción de que Pedro debería funcionar como el primer Papa con el tipo de autoridad papal asumido por la Iglesia Católica Romana. Esta misma autoridad es dada en el contexto de la iglesia local individual en su práctica de disciplina eclesial en el próximo pasaje que vamos a considerar – Mateo 18:18. Cada creyente debe declarar en la tierra lo que ha sido determinado en el cielo. Sabemos cuáles son estas cosas porque la voluntad de Dios ha sido revelada a nosotros en las Escrituras a través de los apóstoles.
[24] Por motivos de espacio, no voy a citar el contexto completo que apropiadamente incluye 18:15-20. Sin embargo, te animo mucho a leer los versículos por tu propia cuenta y hacer el seguimiento en el texto mientras yo explico el pasaje.

Jesús está diciendo que los creyentes pueden tener la confianza de que, cuando justamente excomulgan a alguien en la tierra, están cumpliendo con la voluntad de Dios que ya ha sido determinada en el cielo. Esto les debe dar confianza en lo que están haciendo. Entonces en este contexto, atar y desatar conlleva la idea que corresponde a nuestro lenguaje judicial moderno, de declarar a alguien culpable (atando) o inocente (desatando)... En ambos pasajes, ninguna de estas palabras se refiere a la idea contemporánea de atar a Satanás o algo demoníaco. En cambio, estas referencias se refieren a llevar a cabo la voluntad celestial de Dios en la tierra, así como ya ha sido determinada en el cielo.[25]

Así como con los otros, este pasaje no tiene nada que ver con la guerra espiritual ni con atar a Satanás. ¡Tal abuso escandaloso de las Escrituras debería preocupar profundamente a cualquier hijo de Dios!

Los Problemas son Legiones

Hay unos cuantos problemas prácticos y de sentido común con esta práctica de atar a Satanás.

Primero, los maestros de la guerra espiritual que abogan por atar a Satanás a base de estos pasajes no mencionan ni una palabra acerca de la parte de "desatar" indicada en estos versículos. Sin embargo, los mismos pasajes que supuestamente dan la autoridad para atar a Satanás también mencionan el hecho de desatar. En su teología, ¿a qué se pudiera referir esto? ¿Se refiere al hecho de tener la autoridad para desatar a Satanás? ¿Cuál tonto, ya habiéndolo atado, tomaría la acción, en oración, de desatarlo? He escuchado a muchos cristianos orar para atar a Satanás, pero jamás he escuchado a uno orar, "Te desato, Satanás, en el nombre y por la sangre de Jesucristo, para que puedes volver a tus actividades normales de decepción y destrucción." Sin embargo, si los pasajes citados dan la autoridad para atar al diablo, ¿a qué se refiere el hecho de desatar en estos textos?

Segundo, no hay ni un solo ejemplo en cualquier lugar de la Biblia, en el cual un apóstol o un profeta ataban a Satanás. Nunca escuchamos a

---

[25] Ice and Dean, 102.

Jesús pronunciar estas palabras. Tenemos varias oraciones grabadas en el Nuevo Testamento, y ni una vez leemos de que ellos "ataban a Satanás". Ciertamente si esta práctica fuese necesaria para el avance del evangelio y el éxito del ministerio de la predicación, se hubiera hecho antes de los viajes misioneros de Pablo. Si esto fuera una metodología esencial, esperaríamos ver a la iglesia haciendo uso de esta en respuesta a las persecuciones o antes de las reuniones de alabanza. No lees nada de esto en el libro de Hechos. Nada.

Puesto de manera simple, no tenemos ningún mandato para hacerlo, ninguna enseñanza reglamentando esto y ningún ejemplo de esto. No hay cadenas, sogas, cables o esposas en la armadura de Dios (Efesios 6:10-17).

Tercero, la Escritura describe a Satanás como "andando alrededor", no atado por los creyentes. Pedro advierte a los cristianos en 1 Pedro 5:8 a "sed de espíritu sobrio, estad alerta. Vuestro adversario, el diablo, anda al acecho como león rugiente, buscando a quien devorar." Si Satanás puede ser atado solo por pronunciar una frase, "Te ato Satanás", entonces esta advertencia no tiene sentido. En efecto, con todo este asunto de atar ocurriendo hoy en el ámbito cristiano, uno se queda asombrado de cómo él está andando alrededor, buscando a quién devorar.

Cuarto, el único tiempo que la Escritura dice que Satanás es atado es durante el reino milenario de Cristo de 1000 años después de este presente siglo.[26] Ese hecho de atar no se dice que es la obra de creyentes, sino de un ángel de parte de Jesús. Él es atado por un período de tiempo específico (1000 años) que acaba con su actividad actual de decepción por completo (v. 3). Este evento no está ocurriendo en este momento, sino en el futuro. Durante el siglo presente, Satanás anda recorriendo la tierra de un lado a otro, engañando y desarrollando todas sus actividades (Job 1:7).

Quinto, esta práctica no aprueba el "examen de sentido común". Por ejemplo, ¿por cuánto tiempo dura esta atadura? Aparentemente, la atadura no es permanente, dado que hay que hacerlo antes de cada culto, evento especial o encuentro para dar un testimonio. Y no suele ser de efecto universal tampoco, dado que el atarlo para que no ataque a una persona no parece prohibirle de atacar o influenciar a otra.

---

[26] Apocalipsis 20:1-10.

Pues por mucho que Satanás es atado, él parece ser terriblemente productivo y activo. ¿Alguien lo esté desatando? ¿Los demonios lo estén desatando? Si es así, simplemente deberíamos atar a todos los demonios y a Satanás, de todas las cosas, de toda persona, de todo lugar y de todo evento. ¡Allí está, problema resuelto! ¿Alguien cree de verdad que esto funcionaría? Esta práctica entera empieza a verse rápidamente tonta e inútil.

Para comenzar a responder aún a estas preguntas, y explicar cómo, por qué y dónde esto funciona, es necesario que la gente vaya más allá de las Escrituras e invente respuestas procedentes de su propia imaginación. ¡Ninguna de estas preguntas ya indicadas pueden ser respondidas con la Biblia!

No Es Inofensivo sino Peligroso

A estas alturas alguien podría sugerir, y así objetar, que la práctica entera parece ser muy inofensiva. Después de todo, ¿de qué manera importa si alguien hace esto?

Yo afirmo que actualmente nada está ocurriendo cuando la gente ora o manda que Satanás sea atado. La pregunta verdadera no es, "¿Qué daño hace?" sino, "¿Qué bien hace?"

No hay nada en las Escrituras que sugiere que estas oraciones de atar hagan cualquier cosa de verdad. Si es un desastre sin sentido completamente ineficaz de abracadabra (como yo entiendo que lo es), ¿por qué lo harías? Es inútil. ¡Nada ocurre! La Biblia no enseña ni da ejemplos por nada sobre el uso de esta técnica. Es una suposición no comprobada (y peligrosa) que prácticas extra bíblicas pueden ser usadas para hacer la guerra espiritual efectiva. Se nos instruye que debemos hacer la voluntad de Dios a la manera de Dios, no inventar nuestros propios medios sin un fundamento en la verdad.

2 Corintios 10:3-5 nos indica cómo se debe hacer la guerra espiritual. Es una guerra sobre la verdad. El hecho de desobedecer las instrucciones de Dios y adoptar medios hechos por el hombre no es librar la guerra a la manera dada por nuestro Jefe de Combate. Es desobediencia.

Esta práctica no es enseñada en las Escrituras, y no tenemos ninguna razón para creer que actualmente logre cualquier cosa. Los que abogan por esta metodología de "atar" deben responder a esta pregunta: "¿Práctico esto porque estos textos, tomados en su contexto, claramente enseñan esta práctica, o práctico esto porque quiero creer que actualmente hace algo?" Supongo que es lo último, porque ciertamente no es enseñada en las Escrituras.

8

Armas Carnales: Reprender a Satanás

Kim Riddlebarger dice que hay "una generación de cristianos que están empezando a ver el mundo [espiritual] a través de una cuadrícula que tiene más en común con las misteriosas religiones griegas y persas que con el cristianismo."[1] Es casi como que el misticismo se ha casado con el cristianismo, resultando en algún híbrido que pudiéramos llamar mistianismo. En ningún área es más evidente esto que en el ámbito de las metodologías de la guerra espiritual actual. El acercamiento a la guerra espiritual tan fácilmente aceptada sin criterios críticos por la mayoría del mundo evangélico tiene más en común con el misticismo pagano que con cualquier cosa remotamente bíblica.

Ya a esta altura, es probable que hayas notado que el acercamiento que estoy planteando sobre la guerra espiritual es muy diferente de lo que se practica en la mayoría de las iglesias, se enseña por la mayoría de los pastores y se acoge por la mayoría de los "expertos" en la guerra espiritual. Yo creo que la guerra espiritual es, ante todo, una guerra sobre la verdad, que luchamos por medio de la proclamación de la verdad divina en contra de ideologías falsas (2 Corintios 10:3-5). Las personas son liberadas, una vez para siempre, de la oscuridad a la luz a través del evangelio, no por medio de recitar oraciones repetitivas parecidas a los ensalmos, renuncias y mantras – por mucho vocabulario cristiano que contengan estas frases.

Tristemente, la perspectiva cristiana usual de la guerra espiritual involucra un combate mano-a-mano con demonios mientras que asaltamos las puertas del infierno, batallamos contra diablos y nos enfrentamos directamente con Satanás y sus huestes. Esto se hace por

---

[1] Chuck Colson, J.I. Packer, R.C. Sproul, et. al., *Power Religion* (Chicago: Moody Press, 1992), 278.

medio de renunciar verbalmente a pecados, maldiciones y fortalezas demoníacas. A los creyentes se les dice que deben orar por vallas de protección, atar a Satanás por medio de "oraciones específicas que atan" y reprenderle. A los cristianos se les enseña a orar contra los espíritus territoriales, nombrar a los demonios y, claro, el favorito perenne, exorcizar a los demonios.[2] Ya hemos analizado las prácticas de orar por las vallas de protección, renunciar las maldiciones y atar a Satanás. Ahora dirigimos nuestra atención a la práctica de "reprender a Satanás".

¿Qué Es "Reprender a Satanás"?

Muchos maestros actuales de la guerra espiritual creen que la autoridad del creyente en Cristo nos provee poder sobre Satanás y sus demonios. Este poder se puede usar para obligar a los poderes demoníacos a obedecer nuestros mandatos, de igual manera que obedecieron a los de Jesús y los apóstoles. El énfasis que muchos ponen sobre "atar a Satanás" es una manifestación de este punto de vista de la autoridad del creyente. Supuestamente podemos limitar y parar las actividades de Satanás con mandatos simples como, "Te ato, Satanás, por medio de la sangre y en el nombre de Jesucristo." También es asumido que esta autoridad da al creyente el poder para mandar y controlar a los demonios durante una batalla, reprender al diablo verbalmente, exorcizar a los demonios y aún demandar la obediencia de objetos irracionales e inanimados.

El "experto" en guerra espiritual, Neil T. Anderson, aboga por oraciones que involucran el hablar directamente a Satanás en voz alta. En su libro, *The Bondage Breaker* [*Rompiendo las Cadenas*], Anderson argumenta que

> La Palabra de Dios es la única arma ofensiva mencionada en la lista de la armadura. Siendo que Pablo usó "rhema" en vez de "logos" por "palabra" en Efesios 6:17, yo creo que Pablo se está refiriendo a la Palabra de Dios hablada, en vez de la Palabra de Dios personificada en Jesús. Debemos defendernos contra el maligno por medio de hablar en voz alta la verdad de Dios... Puedes comunicarte con Dios en tu

---

[2] Es difícil no darse cuenta de cuánto énfasis cae sobre Satanás y sus demonios con esta propuesta. Rápidamente él llega a ser el enfoque del pensamiento cristiano cuando tanto esfuerzo se dirige a tratar con él.

mente y espíritu porque Él conoce los pensamientos y las intenciones de tu corazón (Hebreos 4:12). Tu comunión con Dios no hablada es tu santuario privado; Satanás no te puede escuchar a escondidas. De la misma manera, si sólo dices algo a Satanás con tus pensamientos, él no saldrá porque no te puede escuchar. Tienes que derrotar a Satanás hablando claro. La buena noticia es que la mayoría de los ataques ocurren durante la noche o cuando estás a solas [¿esto es una buena noticia?], por lo tanto resistir a Satanás en voz alta, significará que raramente tengas que explicar a otros un mandato verbal a Satanás para que se vaya. Sin embargo, es posible que hayan ocasiones en las que tendrás que tomar una posición contra el enemigo en público, que podrá incluir confesar con tu boca que Jesús es Señor (Romanos 10:9).[3]

La manera en la que Anderson trata las Escrituras en esta sección es lamentable. La Palabra de Dios en Efesios 6 es la Palabra que Dios ha hablado y no las palabras que un creyente habla, y por lo tanto no tiene nada que ver con que los creyentes repitan mental o verbalmente esas palabras.

Maestros falsos entre el Word Faith Movement [Movimiento Palabra de Fe] son bien conocidos por su práctica de reprender a Satanás y sus demonios, y presumiendo su autoridad en Cristo de mandar los demonios a prestar atención a su voluntad. Benny Hinn, en su Cura Milagrosa por el Espíritu Santo en Roma, Italia, dijo mientras que supuestamente sanaba a una mujer de cáncer, "Nosotros reprendemos este espíritu de cáncer en el nombre de Jesucristo Hijo de Dios... yo ordeno a que salga de ella."[4]

Una búsqueda vía internet sobre "reprender a Satanás" mostrará una multitud de ministerios de liberación que enseñan acerca de este tema. Por ejemplo, Britt Merrick escribe en su blog del 19 de mayo de 2010,

Cuando nos llaman para tratar con demonios, cuando estamos de misión por Cristo, debemos tratar con ellos de la misma manera que Cristo lo hizo. Jesús *verbalmente mandaba* a los demonios a salir (Marcos 5:8). Después, vemos

---

[3] Neil T. Anderson, *The Bondage Breaker* (Eugene, OR: Harvest House Publishers, 1990), 84-85.
[4] El video está disponible en http://www.youtube.com/watch?v=Uw-B7sEAZO0.

a la iglesia en Hechos siguiendo este mismo modelo (Hechos 16:16-18). El modelo que tenemos puesto por delante es el mandato verbal y el de reprender a los demonios.[5]

Haciendo el esfuerzo de responder a la pregunta, "¿Por qué Dios nos pide hablar directamente a los demonios?" Merrick dice,

No hay nada en las Escrituras que indique que los demonios puedan escuchar nuestros pensamientos, leer nuestras mentes o estar consciente de nuestro diálogo interno. Tenemos que *reprenderlo por medio de hablar en voz alta*. Jesús dio autoridad para echar fuera a los demonios en Su nombre (Marcos 16:17), y manifestó para nosotros el modelo de *mandarlos verbalmente*.[6]

Esto es representativo de la teología de varios de los ministerios de liberación. La práctica es aceptada ampliamente entre círculos carismáticos.

Me sorprendió ver esta teología aplicada de una manera muy particular en una edición especial de *The Voice of the Martyrs* [La Voz de los Mártires]. Richard Wurmbrand, fundador de The Voice of the Martyrs, escribió un artículo titulado "Rebuking the Devil" [Reprendiendo al Diablo].[7] Wurmbrand creía que los cristianos tienen la autoridad para mandar, atar y reprender a los diablos. ¡Más allá de eso, él hizo el intento de comprobar que cuando hablamos la Palabra de Dios en el nombre de Jesús, la cosa a la cual hablamos tiene la obligación de obedecer nuestro mandato, aún si es un objeto inanimado! Contó una historia para apoyar su reclamo.

El pastor americano Dick Eastman estaba angustiado en cuanto a un muro grueso que dividía la capital de una nación

---

[5] http://brittmerrick.com/brittmerrick/?p=872. El énfasis es mío.
[6] Ibid. El énfasis es mío.
[7] Todas las siguientes citas de Richard Wurmbrand son tomadas de *The Voice of the Martyrs*, Special Issue, 1994. Tengo un respeto tremendo y admiración por Richard Wurmbrand y todo lo que ha hecho para ayudar a la iglesia perseguida alrededor del mundo, y por informar a los creyentes en países con libertad de culto acerca de nuestros hermanos perseguidos. No tengo duda de que Wurmbrand fue un hombre piadoso que temía al Señor y lo sirvió fielmente. Sin embargo, discrepo con su acercamiento a la guerra espiritual, sus prácticas defendidas y su triste mal manejo de la Escritura en esta edición particular de su publicación.

8 Armas Carnales: Reprender a Satanás

civilizada – el muro de Berlín edificado por los comunistas. Sabiendo que este muro separaba a familias y amigos, él rogaba a Dios: "Está escrito que si oramos para que se mueva una montaña, será movida. Entonces oramos por esto. ¿Por qué no cumples con tu promesa?"

Una noche Jesús respondió, "Nunca prometí que yo moviera las montañas si oraras. Yo dije, 'Si usted (no Yo) dijera a esta montaña, "¡Muévete!", se moverá' (Mateo 17:20). No te acerques a Mí. Háblale a ese muro de Berlín."[8]

El pastor Eastman fue justo a Berlín para convencer al muro que se desmoronara. No se desmoronó. Él puso la queja a Jesús, quién respondió, "No dije que debieras hacerlo a solas. Llévate unos creyentes contigo."[9]

El pastor se fue a Berlín una segunda vez acompañado por unos cuantos creyentes, y dio la orden al muro de Berlín a desmoronarse. El grupo hizo una señal de la cruz en la piedra ante la cual habían hablado.

Después de pocos días, el muro ya no existía. Alemania fue unificada.

Muchos factores contribuyeron a la destrucción del muro tan reconocido, ¿pero quién puede negar que una palabra hablada a un objeto inanimado puede jugar un papel decisivo?

---

[8] Observe que Eastman está reclamando que Jesús le habló revelación divina referente al significado de un texto bíblico. Tal revelación directa ubica el reclamo de Eastman por encima de las Escrituras y más allá de la crítica. Al fin de cuentas, ¿quiénes somos para cuestionar lo que Jesús mismo habló a Dick Eastman?

Durante mi tercer año de estudios teológicos, nuestra clase asistió a una conferencia misionera muy grande en Calgary, Alberta, en la cual Dick Eastman fue el expositor principal. Durante una de las plenarias, escuché a Eastman contar esta misma historia y hacer estos mismos reclamos extraordinarios, incluyendo que él fue el instrumento usado por Dios para derribar el muro de Berlín.

[9] ¡Ay, si Jesús solo hubiera sido más claro la primera vez que habló a Eastman! ¡Hubiera podido ahorrar el dinero del pasaje! ¿Por qué Jesús no reveló Su voluntad con claridad? ¿A Jesús se le olvidó decirle a Eastman de llevar a otros? Claro, el sentido común salta por la ventana cuando aceptas por defecto que alguien está recibiendo revelación personal de Dios.

¡Actualmente, con todo el respeto debido, yo negaría esto! No creo ni por un momento que tenemos el poder para influenciar a objetos inanimados por medio de hablar la Palabra de Dios a ellos. ¡Tomar las palabras de Jesús acerca de mover montañas de una manera tan fría y literal es un abuso de Su Palabra! Más tarde en ese mismo artículo, Wurmbrand escribió, "Nosotros también podemos hablar a objetos inanimados, aún a grandes distancias." ¡Uno se pregunta porque el Pastor Eastman tuvo que viajar a Alemania – dos veces!

¿Qué posible justificación bíblica pudiera ofrecer Wurmbrand para apoyar estas enseñanzas? Él escribe,

> Jesús ordenó a un árbol a marchitarse, y así ocurrió. Él mandó a la tormenta a calmarse, y hubo paz.
>
> Pero Él hizo más que eso. En una ocasión, Él tuvo una conversación con el diablo. Lo que tenemos en Mateo 4 tal vez es solo un resumen, cuando en esencia Jesús citó la Palabra a él, y fue obligado a retirarse. En otra ocasión Él reprendió al diablo quien había poseído a un niño, y el diablo lo dejó de inmediato (Mateo 17:18).
>
> Los diablos son seres inteligentes. Ellos entienden lo que decimos. *Podemos obligarlos a obedecer a nuestros mandatos….* Si Jesús está viviendo en nosotros por Su Espíritu, *nosotros también podemos mandar a los diablos a irse*.[10]

La suposición detrás de toda esta enseñanza indicada arriba es que, si Jesús hizo algo mientras estaba aquí en la tierra, nosotros también tenemos autoridad para hacer lo mismo. Si Jesús habló al mar para calmar la tempestad, entonces nosotros también podemos hablar a objetos y mandar a que obedezcan nuestra voluntad.[11] Me pregunto, entonces, porque el señor Wurmbrand y Dick Eastman no multiplican el pan y los peces para alimentar a las multitudes de hambrientos en todo el mundo. ¿Por qué ninguno de ellos viajaron a la iglesia perseguida y hablaron la Palabra de Dios a las puertas de las cárceles y a los carceleros y así dar libertad a los que están encadenados? ¿Por qué el señor Wurmbrand no

---

[10] El énfasis es mío.
[11] Esto es inquietantemente parecido a la teología del Movimiento Palabra de Fe que lleva a maestros como Kenneth y Gloria Copeland a reclamar la habilidad de ordenar que el clima y las tormentas le obedezcan.

simplemente mandó a las puertas de su propia prisión a abrirse cuándo fue cautivo? Esto sería la conclusión lógica a la que llegaríamos de esta teología.

Jesús realizó señales que estaban destinadas a atestiguar de Sus reclamos mesiánicos. Tales señales fueron la prerrogativa del Hijo de Dios encarnado, y nunca estaban destinadas a ser la normativa para los creyentes de todas las eras. Es un abuso triste de los textos bíblicos sugerir que estas cosas son ejemplos que los creyentes deben seguir hoy.[12]

El experto en la guerra espiritual Mark Bubeck comparte una historia personal de un encuentro que tuvo con un demonio que supuestamente estaba oprimiendo a su hija, Judy, y causando enfermedad y nausea. Cuando Bubeck fue convencido de que el problema no era algo psicosomático sino demoníaco, él decidió que la mejor manera de tratar con esto era de "luchar directamente contra estos poderes aflictivos."[13]

Después de leer Escrituras que "hablan de nuestra gran victoria y el poder de nuestro Señor sobre el reino completo de Satanás,"[14] ellos oraron. Bubeck recuerda que entonces, "En este momento yo empecé a *mandar* que los poderes de oscuridad que la estaban afligiendo se manifestaran. Yo *llamé a ellos* en presencia de mi hija con todas sus facultades y *ordené* a que respondieran a mis preguntas."[15] Entonces él recuerda haber orado:

> En el nombre del Señor Jesucristo, yo *ordeno* a Satanás y a todos sus espíritus malignos, que no tienen una tarea específica contra Judy, a abandonar nuestra presencia. No permitimos ninguna interferencia o intrusión en nuestra lucha contra los poderes de oscuridad que están afligiendo a Judy. Yo *mando* a todos los poderes de oscuridad afligiendo a Judy a que sean atados. No puedes obrar. No puedes herirle de ninguna manera. Solo se te permite marchar en una sola dirección, fuera de la vida de Judy y al lugar donde el Señor

---

[12] La misma suposición está en el fondo de la creencia de que debemos hacer exorcismos. Si Jesús y los Apóstoles echaron fuera a demonios, entonces nosotros también debemos confrontar activamente de manera audaz a las fuerzas de la oscuridad. Vamos a considerar la enseñanza bíblica sobre los exorcismos en el capítulo 12.
[13] Mark I. Bubeck, *The Adversary: The Christian Versus Demon Activity* (Chicago: Moody Press, 1975), 120.
[14] Ibid.
[15] Ibid.

Jesucristo te manda. Nunca puedes volver a perturbar a Judy. *Te llamo* delante de Judy con sus facultades. *Tienes que responder* a mis preguntas por medio de dar respuestas claras a través de su mente. *No puedes* hablar de otra manera. No *deseo* ninguna palabra de ti excepto las respuestas a mis preguntas. Yo *mando* al jefe mayor de la oscuridad encargado de esta aflicción de miedo, náusea y todos los problemas relacionados a prestar atención. Yo *los llamo a cuentas* en el nombre del Señor Jesucristo. ¿Cuál es tu nombre?[16]

Esto fue seguido de una conversación con demonios que revelaron una supuesta "jerarquía" de poderes demoníacos responsables de esta aflicción. Después de estar suficientemente convencido de que los demonios fueron expuestos, Bubeck "procedió a *mandar* su salida" con oraciones como, "En el nombre del Señor Jesucristo, *yo te ato* completamente. *Yo ato* todos los trabajadores y ayudantes juntos. . . . *Yo mando* a que se vayan donde el Señor Jesucristo los mande. *Yo ordeno* que se vayan ahora mismo."[17]

Reprender al diablo se presenta como una respuesta rápida y efectiva a la tentación. Cuando el diablo te tienta a pecar, nos dicen que debemos reprender al demonio de "lujuria," "alcohol," "depresión," "homosexualidad," "pornografía," "ansiedad" o "calumnia." La liberación de la oscuridad del pecado se puede lograr a favor de miembros de la familia cuando reprendemos al diablo. La misma teología que lleva uno a intentar "atar a Satanás," también enseña que por medio de reprender al diablo, podemos obligarle a huir o alejarse de nosotros. Por lo tanto no es extraño, en encuentros cristianos, escuchar a pastores y maestros reprender a Satanás y mandarle junto con sus demonios que se vayan o que cesen sus actividades. Se cree que si Jesús reprendió a Satanás y a sus demonios (Marcos 1:25; Mateo 17:18), nosotros también podemos mandar a Satanás en el nombre de Jesús y él estará obligado a obedecer nuestros órdenes.

---

[16] Ibid., 120-121. El énfasis es añadido para demostrar la teología de "exigir" obediencia de los demonios.
[17] Ibid., 121-122. El énfasis es añadido.

8 Armas Carnales: Reprender a Satanás

¿Se menciona en las Escrituras el hecho de "reprender a Satanás"? Sí, se menciona. Pero no de una manera que favorece a la teología de los maestros de hoy en día de la guerra espiritual.

2 Pedro y Maestros Falsos

Pedro escribió su segunda epístola ante todo para advertir contra los maestros falsos que intentarían introducir secretamente herejías destructivas que negaban al Maestro (2:1-3). Pedro deseaba preparar a sus lectores para oponerse a la amenaza real de hombres malignos y no piadosos cuyas doctrinas planteaban una amenaza grave a la verdad y la salud de la iglesia.

Al describir a estos hombres y sus enseñanzas, Pedro hace recordar a sus lectores que

> El Señor, entonces, sabe rescatar de tentación a los piadosos, y reservar a los injustos bajo castigo para el día del juicio, especialmente a los que andan tras la carne en sus deseos corrompidos y desprecian la autoridad. Atrevidos y obstinados, no tiemblan cuando blasfeman de las majestades angélicas, cuando los ángeles, que son mayores en fuerza y en potencia, no pronuncian juicio injurioso contra ellos delante del Señor (2:9-11).[18]

Así como el diablo, quien es su padre, estos maestros falsos manifiestan su arrogancia egocéntrica. Su presunción egoísta y atrevimiento imprudente son vistos en el hecho que "no tiemblan cuando *blasfeman de las majestades angélicas*" (v. 10). La palabra traducida "insultar" o "decir mal" en algunas versiones es *"blasphemeo"*, de la cual recibimos nuestra palabra blasfemar. Significa "insultar" o "hablar a la ligera o profanamente de cosas sagradas." Las "majestades angélicas" en este contexto son demonios (cf. Judas 8). Son "majestades"[19] en el sentido que poseen un estado transcendente y sobrenatural más allá de los seres humanos.[20]

---

[18] El énfasis es añadido.
[19] La palabra griega es *doxa*, que significa "glorias."
[20] John MacArthur, *The MacArthur New Testament Commentary: 2 Peter & Jude* (Chicago: Moody Press, 2005), 98.

Estos falsos maestros, en su descarado rechazo de la autoridad, presumieron que eran mayores que los ángeles caídos, capaz de controlarlos y por lo tanto hablaron con insultos malignos contra ellos. Estos maestros falsos se comparan con ángeles, que son mayores en fuerza y potencia que un mero hombre. ¡Sin embargo, aunque los ángeles justos y santos no reprenden, no insultan y no hablan mal de Satanás y sus demonios, los falsos maestros sí! De forma imprudente, presumen que ellos, hombres meramente caídos, tienen poder y autoridad sobre los demonios para mandarlos y controlarlos. ¿Suena familiar?

Pedro continúa describiendo a estos falsos maestros imprudentes "como animales irracionales, nacidos como criaturas salvajes para ser capturados y destruidos, *blasfemando* de lo que ignoran." Él nos asegura que "serán también destruidos con la destrucción de esas criaturas" (2:12). Hablan mal de las cosas de las que son ignorantes.

Judas Concuerda

Así como Pedro, Judas escribió para advertir a los cristianos acerca de los maestros falsos. Acerca de esos falsos maestros de quienes Pedro había advertido que *entrarían* a la iglesia, Judas indica, *habían* entrado a la iglesia (v. 4). La descripción de Judas de estos falsos maestros es similar a la de Pedro. De hecho, Judas hace notar el mismo rechazo de la autoridad y el insultar a majestades angélicas de que Pedro había advertido, diciendo,

> No obstante, de la misma manera también estos hombres, soñando, mancillan la carne, rechazan la autoridad y *blasfeman de las majestades angélicas.* Pero cuando el arcángel Miguel contendía con el diablo y disputaba acerca del cuerpo de Moisés, no se atrevió a proferir juicio de maldición contra él, sino que dijo: El Señor te reprenda. Mas éstos blasfeman las cosas que no entienden, y las cosas que como animales irracionales conocen por instinto, por estas cosas son ellos destruidos (Judas 8-10).[21]

Así como Pedro, Judas observa el rechazo de la autoridad que es endémico entre los falsos maestros. De nuevo, vemos su presunción arrogante demostrada cuando ellos "blasfeman de las majestades

---

[21] El énfasis es añadido.

8 Armas Carnales: Reprender a Satanás

angélicas." Judas usa las mismas palabras que Pedro para describir este hecho de reprender, blasfemar y hablar mal de los ángeles malignos caídos.[22]

Aunque Pedro observó que los ángeles santos, aun desde su posición exaltada, poderosa y gloriosa, no blasfeman contra sus contrapartes caídos, Judas ofrece un ejemplo concreto de Miguel, el arcángel. A Miguel aparentemente fue dada la custodia sobre el cuerpo de Moisés (Deuteronomio 34:5-6). Si no fuera por este pasaje en Judas, no supiéramos que había una contienda entre Miguel y Satanás sobre el cuerpo de Moisés. Judas observa que cuando esto ocurrió, Miguel "no se atrevió a proferir juicio de maldición" contra Satanás. Más bien, Miguel supo que solo el Señor Soberano tenía el lugar para reprender, controlar o mandar a Satanás. Miguel se sometió al Señor en vez de atreverse a reprender a Satanás e insultarlo.

¿Quién Crees Que Eres?

Lo que los ángeles de Dios con alto rango no se atrevían a hacer, hombres pecadores caídos presumían de tener la autoridad para hacerlo. Es inconcebible. He estado en la presencia de cristianos que audazmente declaran, "Satanás, te reprendo en el nombre de Jesús," y me pregunto, "¿Quién crees que eres?" Reprender, mandar o ridiculizar al diablo no son herramientas de la guerra espiritual efectiva; son marcas de falsos maestros, orgullosos, arrogantes y egoístas. Si escuchas a falsos maestros como Benny Hinn, Kenneth Copeland, Robert Tilton y Jesse Duplantis, escucharás a ellos constantemente ridiculizando, reprendiendo y mofándose del diablo. Estos hombres no son maestros en el arte de la guerra espiritual; son bestias sin razonamiento reprendiendo en su ignorancia, corriendo precipitadamente al error y al juicio.

¿Esto significa que cada cristiano que haya pronunciado tales frases es un falso maestro? No, ciertamente no. Algunas personas simplemente están erradas acerca de la naturaleza de la guerra espiritual y la naturaleza del enemigo. Están actuando por ignorancia. Como dice Pedro, ellos están "blasfemando de lo que ignoran." Judas dice que ellos

---

[22] "Aunque es posible interpretar la palabra [*doxa*, 'glorias' o 'majestades'] como una referencia a la majestad de Dios, la traducción 'majestades angélicas' es mejor en vista del pasaje paralelo en la epístola de Pedro" (MacArthur, 174).

"blasfeman de las cosas que no entienden." Creo que esto explica mucho de los intentos equivocados de confrontar fuerzas de la oscuridad. "Esto es un ejemplo de ignorancia de la Palabra de Dios que lleva a prácticas equivocadas en el ámbito de la guerra espiritual."[23]

Siendo que tenemos no solo una, sino dos advertencias severas en contra de tales prácticas, tenemos que preguntar, "¿Por qué alguien quisiera engancharse a esta conducta? ¿Qué nos hace pensar que tenemos más fuerza, más poder, que Miguel el arcángel?"

Más Problemas que Atender

Aparte del hecho de que somos advertidos acerca de tal confrontación descarada y audaz con ángeles caídos, hay además otros problemas con esta práctica.

Primero, no tenemos ningún ejemplo positivo de tales prácticas en la iglesia primitiva. De hecho, sí tenemos un ejemplo negativo de alguien que presumió tal autoridad, pero sin una orden divina – los hijos de Esceva en Hechos 19:11-20. Lucas registra este episodio para que nadie presuma de manera arrogante que los milagros extraordinarios realizados por Pablo (como el exorcismo – Hechos 19:11) eran la normativa para cada creyente. Aparte de Jesús y los apóstoles, no tenemos ningún registro de tal confrontación audaz contra poderes demoníacos practicándose en la iglesia.

De hecho, Pablo mismo no modeló esta manera de tratar con fuerzas demoníacas cuando fue afligido por su espina en la carne, un mensajero de Satanás enviado para atormentarle (2 Corintios 12:7-10). Pablo no ató al diablo, no reprendió al mensajero satánico, no derribó a Satanás, no lo insultó ni de otra manera confrontó al espíritu responsable de la espina. Sin embargo, este tipo de conducta es precisamente lo que es promovido por Bubeck, Anderson y otros.

El ejemplo apostólico es de resistir al diablo (1 Pedro 5:9) y de estar firmes (Efesios 6:10-14), no atando y reprendiendo. El Nuevo Testamento no nos provee de algún ejemplo de cristianos tratando con el diablo de esta manera, no hay ni un mandato o instrucción sobre el reprender al diablo.

---

[23] Thomas Ice and Robert Dean, *A Holy Rebellion: The Church's New Preoccupation with the Demonic* (Eugene: Harvest House Publishers, 1990), 168.

El énfasis en las epístolas descansa en la victoria que ya se ha ganado en el Calvario, resistiendo, y estando firmes.

Segundo, esto produce un enfoque mal dirigido. Dios debe ser el enfoque de nuestras oraciones, no los diablos. Ni siquiera parece sabio que enfoquemos nuestra atención y nuestras oraciones hacia el mandar, reprender o dirigirse a demonios. El enfoque del creyente en la oración debe ser la gloria de Dios, la naturaleza de Cristo y la obra del Dios Trino en Su auto exaltación. Este acercamiento a la guerra espiritual ubica el énfasis en el diablo y sus actividades – algo que seguro el diablo lo disfruta.

No vemos un énfasis similar y un enfoque mal dirigido en los escritos de los apóstoles o en la vida de la iglesia primitiva. En todas las oraciones registradas de los apóstoles y los primeros cristianos, no vemos ni un ejemplo de reprender a Satanás o los demonios.

Tercero, se presta demasiada atención al poder de Satanás y la autoridad del creyente. Satanás es un enemigo derrotado (Hebreos 2:14-15; Colosenses 2:15). Esto no sugiere que no debemos tomar con seriedad la amenaza que él representa. Lo debemos tomar (1 Pedro 5:8-9). Sin embargo, los maestros actuales de la guerra espiritual le dan demasiado crédito. Además, hacen demasiado con la "autoridad" que viene por ser un creyente. Aunque estemos sentados con Cristo en los lugares celestiales (Efesios 2:6), esa posición privilegiada no nos da el poder de obras milagrosas equivalentes a Jesús y los apóstoles.

Cuarto, la manera dada por Dios para tratar con la tentación es de tomar la vía de escape que Dios provee (1 Corintios 10:13), no por medio de reprender al diablo que se presume es responsable de la tentación. No hay un remedio rápido para la tentación. Tenemos que resistirla, aguantarla y huir de ella. Crecemos en santidad en la medida que aprendamos a ceder nuestros miembros como instrumentos de justicia y así no pecar (Romanos 6:12-13). Reprender a un diablo no hace desaparecer la tentación. Somos tentados por nuestra carne y llevados por mal camino a través de nuestras pasiones (Santiago 1:14). La enseñanza de "reprender a Satanás" como un medio de la santificación y la vida cristiana victoriosa frustra el proceso de santificación dado por Dios. Esta teología errada enseña que la victoria sobre la tentación es realizada a través de una correcta fórmula verbal (tal como, "Te ato/ reprendo Satanás, en el nombre de Jesús"), en vez de por medio de decisiones morales correctas. Bíblicamente, la victoria es disfrutada por medio de negar la carne, no por medio de derrotar al diablo. En vez de ver la tentación como algo a tratar por medio de decisiones morales correctas, esta enseñanza adopta una respuesta más en común con una cosmovisión mística y mágica.

¡No debemos atrevernos a reprender a los demonios! Es una práctica completamente innecesaria, anti bíblica e imprudente. No se nos demanda luchar la guerra por la verdad de esta manera. Así como las prácticas de atar a Satanás, orar por los setos de protección y renunciar a las maldiciones, reprender a los demonios no es una herramienta que Dios haya puesto en nuestro arsenal. Es una táctica fabricada completamente por el hombre, que apela a nuestro orgullo de la carne. Satanás no teme a nuestros ensalmos inútiles. ¡Vamos a abandonarlos y cambiarlos por la proclamación de la verdad!

9

Armas Carnales: Mapeo Espiritual

¿Cuál es el resultado de que los cristianos abandonen las Escrituras como la única y suficiente guía para la fe y vida práctica, y se lancen para atacar el enemigo por sus propias fuerzas y sabiduría? El resultado es lo que se conoce como "mapeo espiritual" y la práctica de "Strategic-Level Spiritual Warfare" [la "guerra espiritual a nivel estratégico"]. Es difícil señalar una práctica más desastrosa, peligrosa y destructiva en la teología vigente de la guerra espiritual como la de entablar combate con los "espíritus territoriales".

La práctica que vamos a examinar en este capítulo se menciona a veces como "Mapeo Espiritual", "Guerra Espiritual a Nivel Estratégico", "Espíritus Territoriales" o simplemente "Mapeo". Esto puede ser el enfoque para evangelizar de más rápido crecimiento en la iglesia de hoy en día. Esta práctica no está limitada a las iglesias carismáticas, y ha llegado a ser común, tanto en los Estados Unidos como en muchos lugares del mundo.

La Práctica Definida y Descrita

La Guerra Espiritual a Nivel Estratégico (GENE) es la práctica de entablar una oración de intercesión por diferentes localidades geográficas para superar y desalojar supuestas fortalezas demoníacas en esas localidades. La GENE enseña que hay una jerarquía extensa sobre áreas geográficas que deben ser superadas activamente a través de la oración intercesora y el arrepentimiento, antes de que el ministerio efectivo del evangelio pueda ser posible. Según los practicantes de la GENE, estos demonios tienen que ser confrontados, atados y removidos antes de que el evangelio pueda penetrar efectivamente. A estos demonios regionales y geográficos se refieren como "espíritus territoriales". Se cree que los espíritus territoriales se atrincheran en diferentes regiones a causa de los pecados cometidos allí. John Dawson ha promocionado "el arrepentimiento de identificación con el pecado", que es la práctica de descubrir el pecado o la culpa que ha dado al reino demoníaco un punto de apoyo en la región, y entonces arrepentirse de ese pecado para romper el dominio del demonio.

El "mapeo" es la práctica relacionada con determinar los linderos exactos de espíritus territoriales asignados a diferentes regiones, naciones o ciudades. Se piensa que los demonios tienen que ser identificados de manera específica y nombrados para poder orar, atar y exorcizarlos efectivamente. Esta práctica se ha hecho popular por George Otis, Jr., famoso por sus vídeos *Transformations*. Así como Otis, John Dawson anima a la gente a investigar la historia de su ciudad para identificar la mezcla particular de fuerzas demoníacas que puedan estar manteniendo a la gente en oscuridad espiritual.

Las enseñanzas de John Dawson y George Otis han sido promocionadas por C. Peter Wagner, quien desde 1991 a 1999 fue profesor en el Seminario Teológico Fuller School of World Mission. Como resultado de la posición influyente de Wagner, centenares de pastores, líderes y misioneros fueron expuestos a esta práctica durante ese tiempo.[1]

Casi no se escuchaba de esta práctica hasta el inicio de "los 80", después de que una serie de campañas a lo largo de ciudades en América Latina tuvieran un éxito inesperado. Este éxito se atribuyó al esfuerzo de los evangelistas de orar durante varios días, luchando contra los poderes de la oscuridad.[2] ¡Nació un movimiento! Gracias a la influencia carismática de C. Peter Wagner, esta enseñanza recibió una gran y amplia aceptación. En 1993 Wagner publicó un libro titulado, *Breaking Strongholds in Your City: How to Use Spiritual Mapping to Make Your Prayers More Strategic, Effective and Targeted* (Regal Publishers) ["Rompiendo Fortalezas en tu Ciudad: Cómo Usar el Mapeo Espiritual para Hacer Que Tus Oraciones Sean Más Estratégicas, Efectivas y Enfocadas"], en el cual confesó que no había escuchado el término "mapeo espiritual" hasta 1990. Admitió que era una

---

[1] Otros líderes en este movimiento incluyen David Yonggi Cho, Cindy Jacobs, Dick Bernal y Larry Lea. El A.D. 2000 United Prayer Track es el ministerio dirigido en el presente por George Otis, Jr.

[2] http://www.plymouthbrethren.org/article/418

práctica enteramente nueva, pero era "una de las cosas más importantes que el Espíritu estaba diciendo a las iglesias en "los 90"...."[3]

El error abunda cuando se cree que el Espíritu Santo está diciendo algo diferente hoy, de lo que había dicho hace 2000 años. Uno se pregunta cómo es que la iglesia era capaz de evangelizar a millones, llegar a grupos de personas no alcanzadas y sobrevivir hasta hoy sin esta práctica supuestamente vital.

Según los defensores de la GENE, ya que se han identificado los pecados particulares que han traído el poder demoníaco sobre una ciudad o una región geográfica, hay que arrepentirse de estos pecados y renunciarlos. Identificando a estos "espíritus" es a menudo el resultado de una revelación personalizada del Espíritu Santo a través de la oración.[4] En algunos casos, defensores de la GENE enseñan que se debe descubrir los nombres de demonios sobre regiones geográficos. Según Wagner,

> Otra latinoamericana, Rita Cabezas, ha hecho una investigación considerable acerca de los nombres de los niveles más altos de la jerarquía de Satanás. En este momento no voy a describir la metodología de su investigación, solo mencionar que los pasos iniciales fueron asociados con su extensa práctica psicológica de liberación, y que después esto evolucionó hasta recibir palabras reveladoras de conocimiento. Ella ha descubierto que directamente por debajo de Satanás hay seis principados a nivel mundial, nombrados en español con los nombres Damian, Asmodeo, Menguelesh, Arios, Beelzebub y Nosferasteus. Bajo cada uno, ella informa, hay seis gobernadores sobre cada nación. Por ejemplo, los gobernadores sobre Costa Rica son Shiebo, Quiebo, Ameneo, Mephistopheles, Nostradamus y Azazel. Los

---

[3] C. Peter Wagner, *Breaking Strongholds in Your City: How To Use Spiritual Mapping To Make Your Prayers More Strategic, Effective and Targeted* (Ventura: Regal Books, 1993), 11-12.

[4] John Dawson, *Taking Our Cities for God: How to Break Spiritual Strongholds* (Lake Mary: Creation House, 1989), 154. Obviamente yo discreparía con cualquier persona que enseña que Dios está revelando a la Iglesia hoy en día información esencial para la proclamación y el éxito del evangelio.

Verdad o Territorio: Un Acercamiento Bíblico a la Guerra Espiritual

que están sobre los Estados Unidos son Ralphes, Anoritho, Manchester, Apolion, Deviltook y uno no nombrado.[5]

Los defensores de la GENE enseñan que el conocimiento de esta información es esencial para la guerra espiritual efectiva y el ministerio del evangelio. Creen que estos demonios deben ser investigados, conocidos por nombre, rechazados en oración, atados, reprendidos y expulsados por nombre a través de las oraciones unidas del pueblo de Dios.

¿Apoyo Bíblico?

La mayoría de los defensores de la GENE apuntan a Daniel 10:13 y la referencia al "príncipe de Persia" para apoyar esta enseñanza. Una mirada a este pasaje en su contexto revela que esta referencia velada y escasa no apoya estas prácticas para nada.

A Daniel se le dio un mensaje que lo angustió tremendamente. Fue revelado a Daniel que la nación, a pesar de su regreso del cautiverio, estaría involucrada en un gran conflicto (10:1). Daniel se angustió tanto que ayunó y oró por tres semanas (v. 2). Después de tres semanas, Daniel fue visitado por un angel[6] que le reveló que...

> Desde el primer día en que te propusiste en tu corazón entender y humillarte delante de tu Dios, fueron oídas tus palabras, y a causa de tus palabras he venido. Mas el príncipe del reino de Persia se me opuso por veintiún días, pero he aquí, Miguel, uno de los primeros príncipes, vino en mi ayuda, ya que yo había sido dejado allí con los reyes de Persia (10:12-13).

Después de que el mensajero angelical explicó la visión y fortaleció a Daniel, él dijo,

---

[5] C. Peter Wagner and F. Douglas Pennoger, eds., *Wrestling with Dark Angels* (Ventura: Regal Books, 1990), pp. 84-85 as quoted in (citado en) Thomas Ice & Robert Dean, Jr., *Overrun By Demons: The Church's New Preoccupation With The Demonic* (Eugene: Harvest House Publishers, 1990), 31.

[6] Algunas personas toman esto como el Cristo pre-encarnado, el Ángel del Señor, pienso que es dudoso, dado que Cristo no necesitaría la asistencia de Miguel para derrotar al príncipe del Reino de Persia (10:13ff). En esta ocasión, Dios escogió usar a un ángel para traer el mensaje a Daniel. Este probablemente fue Gabriel, quien fue usado antes para traer un mensaje a Daniel (ver Daniel 8:15-17), aunque no podemos estar seguros.

9 Armas Carnales: Mapeo Espiritual

¿Sabes por qué he venido a ti? Ahora vuelvo para luchar contra el príncipe de Persia, y cuando yo termine, he aquí, el príncipe de Grecia vendrá. Sin embargo, te declararé lo que está inscrito en el libro de la verdad, pero no hay nadie que se mantenga firme a mi lado contra estas fuerzas, sino Miguel, vuestro príncipe (10:20-21).

Este pasaje nos ofrece un vistazo de la guerra llevada a cabo en el ámbito espiritual que Pablo menciona en Efesios 6. Es un pasaje muy interesante y de este podemos sacar las siguientes conclusiones:

Primero, hay una lucha espiritual muy real que se está dando, de la cual, en su mayor parte, somos completamente inconscientes.

Segundo, había un demonio o espíritu maligno asignado a Persia y a Grecia, cuya meta principal era la de oponerse al plan y el propósito de Dios respecto a esas naciones, y oponerse al pueblo de Dios en esas naciones.[7]

Más allá de eso, no nos dice nada. No se nos dice que las naciones hoy en día tengan el mismo tipo de "príncipe". No se nos dice los nombres de los príncipes de Persia y Grecia. No se nos dice los nombres de los príncipes de otras naciones hoy en día. Lo único que podemos concluir es que había una fuerza espiritual maligna detrás de los gobernantes de los países de Persia y Grecia, probablemente de la misma manera en que Satanás fue la influencia detrás del rey de Tiro (Ezequiel 28:11-19) y del rey de Babilonia (Isaías 14:3-21).

¿Daniel oró en contra de estos espíritus malignos? ¿Sabía que esta resistencia a Gabriel estaba ocurriendo? ¿Daniel derribó, ató, reprendió o exorcizó a estos espíritus? ¿Esta batalla involucró a cualquier ser humano? La respuesta a todas estas preguntas es no. Daniel ni siquiera fue animado a orar por Gabriel en su misión de vuelta para luchar contra el príncipe de Persia (Daniel 10:20-21). El conflicto fue enfrentado por Dios, por medio de Sus ángeles celestiales. Parece que Daniel era completamente inconsciente de la realidad de ese conflicto espiritual. El Señor no reveló a Daniel el nombre de estos espíritus malignos demoníacos. Uno pensaría

---

[7] En el mismo sentido, Miguel, el arcángel, es llamado un príncipe de Israel en Daniel 12:1. "Pero no hay nadie que se mantenga firme a mi lado contra estas fuerzas, sino Miguel, vuestro príncipe." Miguel mantiene una relación especial con Israel (Daniel 10:21; Judas 9).

que si esto fuera necesario para la victoria, Dios lo hubiese dicho al gran profeta Daniel, pero ninguna instrucción, ni revelación divina fue dada.

Si este pasaje no nos enseña a nombrar y a orar en contra de poderes demoníacos adjuntos a varias localidades geográficas, ¿entonces qué nos enseña? Nos enseña que hay fuerzas demoníacas reales que se oponen, resisten e intentan arruinar al pueblo de Dios. Nos enseña que los santos ángeles de Dios eventualmente triunfan con el poder de Dios sobre todos Sus enemigos. Además, nos enseña que Satanás es el "dios de este mundo"[8] y que el mundo entero, incluyendo gobernantes políticos y naciones, yace bajo su influencia y dominio.[9] Nada de esto nos debe sorprender dado que podemos recoger la misma información de otros lugares en las Escrituras.

Otros Problemas

La práctica de mapeo espiritual con el nombramiento de espíritus territoriales está cargada de problemas.

Primero, no existe precedente en las Escrituras. La Biblia guarda silencio sobre esto. Puedes leer tu Nuevo Testamento en vano, buscando referencias a que los apóstoles o cristianos practicaron el mapeo espiritual. La práctica no se inventó hasta más o menos 1990. Claramente no se puede encontrar su génesis en las Escrituras, o hubiera sido una práctica de la iglesia desde el primer siglo.

Pablo nunca tuvo que nombrar a demonios, hacer cartografías de las ciudades, o practicar el arrepentimiento de identificación antes de llevar el evangelio a una nueva ciudad. ¡Oh, si solo el Apóstol hubiera conocido este principio, tal vez hubiese tenido éxito en sus empeños! ¡Si sólo hubiera sido tan espiritual y sabio como John Dawson y C. Peter Wagner! ¡Imagínese lo que Jesús y los apóstoles hubieran podido realizar si hubiesen tomado las señales de estos hombres! No hay ni un ejemplo o instrucción en toda la Biblia para apoyar este disparate. ¡Ni uno solo!

Segundo, esta práctica es una actividad hecha enteramente por el hombre, carnal y según la carne. Volvemos continuamente al principio indicado cerca del comienzo de este libro, que debemos permitir que las Escrituras instruyan nuestros métodos de la guerra espiritual. Nuestro

---

[8] 2 Corintios 4:3-4.
[9] 1 Juan 5:19.

9 Armas Carnales: Mapeo Espiritual

Comandante Supremo nos ha dado todas las instrucciones y toda la información necesaria para luchar esta guerra. No nos ha dejado sin la información esencial. Tenemos que luchar la guerra de la manera que Él ha prescrito, no de una manera inventada por algún maestro de teología cuestionable, diecinueve siglos después de los Apóstoles.

Las armas de la verdadera guerra espiritual no son hechas por los hombres, ni son carnales (2 Corintios 10:3-5) pero el mapeo espiritual sí lo es. Es carnal. Es enteramente de origen humano, un invento tonto de maestros carismáticos que piensan que Dios hoy día está revelando una práctica para la iglesia actual que Él retuvo de Su pueblo por casi 2000 años.

Adoptar esta práctica es abandonar la manera que Dios ha dado para luchar la guerra – la verdad. Es como intercambiar un arma nuclear por una espada hecha de cartón. Así como con todos los métodos y las modas fabricadas por hombres, el mapeo espiritual seguirá su curso, los libros abogando por este ya se irán descontinuando y los maestros enseñando esto saldrán del escenario. Desafortunadamente, otra moda peligrosa y desastrosa fabricada por el hombre rápidamente tomará su lugar, engañando y distrayendo a los creyentes de la verdadera lucha por la verdad.

Un tercer problema concierne a la metodología a través de la cual la información acerca del ámbito espiritual es recogida. Puesto que la Biblia no dice nada sobre el tema de los nombres de los demonios individuales, la información acerca de esto debe ser recogida de alguna fuente *fuera* de las Escrituras. ¡Por favor no te pierdas la implicación obvia! Se nos dice que conocer los nombres de estos demonios, su jerarquía y asignación geográfica es *esencial* para la guerra espiritual efectiva y la propagación sin obstáculos del evangelio. Sin embargo, las Escrituras *no revelan* esta información. ¿Qué nos dice esto acerca de las Escrituras? Debe ser insuficiente. Dios no ha revelado todo lo que necesitamos. ¡Tenemos que buscar más allá de la Biblia para conseguir lo que sí funciona, es decir la información necesaria para el ministerio efectivo del evangelio! Es esta perspectiva completamente inadecuada de las Escrituras la que corre desenfrenadamente en los círculos carismáticos y entre los que abogan por esta práctica.

Tome como ejemplo lo ya citado de Wagner acerca de los métodos de Rita Cabezas, que supuestamente ha "hecho investigaciones considerables sobre los nombres de las jerarquías más altas de Satanás"[10] para así descubrir que había "seis principados mundiales" bajo el control de Satanás.[11] Wagner indica que este conocimiento fue recogido de dos maneras: primero, "la práctica extensiva de liberación sicológica"[12] y después, "recibiendo palabras reveladoras de conocimiento." Esto significa que Cabezas recogió alguna información de su interacción directa con demonios durante sesiones de liberación (exorcismos), y otra información fue revelada por Dios a ella a través de revelación directa.

¿Creemos de verdad que podemos confiar que un demonio dé información confiable cuando se le pide? He leído libros de Rebecca Brown y Mike Warnke en los que han reclamado que cuando un demonio es mandado a hablar la verdad y sólo la verdad en el nombre de Jesucristo el Hijo de Dios, ellos son restringidos y obligados a decir la verdad. ¿Cierto? ¿Cómo sabemos esto? ¿Hay un versículo en algún lugar de las Escrituras que nos diga esto? ¿Las Escrituras nos enseñan que debemos entrevistar a personas poseídas por demonios con el fin de obtener conocimiento acerca de la jerarquía satánica? ¡Ciertamente no! Además, ¿debemos de verdad confiar en la información que proviene del príncipe de la oscuridad, el padre de la mentira (Juan 8:44)?

Los cristianos no deben basar su teología, sus oraciones y sus prácticas de la guerra espiritual en información obtenida del enemigo. ¡No podemos confiar en ella y no debemos aún estar buscándola! ¡Esto es totalmente absurdo!

A los que abogan por el mapeo espiritual, no significa nada mostrarles que la Escritura guarda silencio acerca de este tema y que los apóstoles jamás prescribían ni practicaban este método de la guerra espiritual. Para ellos, las Escrituras solo sirven para apoyar lo que ellos reciben a través de revelación privada. De seguro, la Biblia no da los nombres de los seis principados mundiales de la jerarquía satánica, pero Dios lo reveló personalmente a alguien. Según C. Peter Wagner, esto es lo que "el Espíritu está diciendo a las iglesias de los 90...."[13] Aparentemente, es diferente de lo que el Espíritu reveló a la iglesia del primer siglo, y

---

[10] *Wrestling*, p. 84-85.
[11] Ibid.
[12] Wagner no quería comentar sobre su metodología, pero la mención de prácticas sicológicas hace que uno se pregunte si el hipnotismo estaba involucrado.
[13] *Breaking Strongholds in Your City,* 11-12.

9 Armas Carnales: Mapeo Espiritual

diferente de lo que el Espíritu ha estado revelando a las iglesias durante los últimos 1900 años.

Este es el resultado cuando abandonas a las Escrituras como la única y suficiente fuente de información y revelación. La caja de Pandora se abre y desliza un desfile interminable de prácticas aberrantes y herejías. La enseñanza falsa es justificada con, "El Señor está revelando esto a mí/nosotros/la iglesia a través de una palabra de conocimiento. Esto es lo que Dios nos está mostrando hoy. Tenemos una palabra fresca de Dios para nuestra generación." Por supuesto, esto implica que las Escrituras es la palabra anticuada (como pan duro) para una generación previa, una iglesia previa, pero no es realmente necesaria para nosotros. Si Dios está revelando este tipo de información esencial para nosotros hoy en día, entonces en realidad, no hace falta las Escrituras. Yo veo esto como un asunto de todo o nada.

¡Con esta práctica, "cristianos" voluntariamente ponen a un lado la Palabra de Dios más segura (2 Pedro 1:19) a favor de la revelación subjetiva personalizada y aún el testimonio de demonios! Afirman por medio de esta metodología que las Escrituras no son suficientes para capacitarnos para la guerra, pero el testimonio de demonios dado durante exorcismos, o las revelaciones de Dios subjetivas y personales sí serán eficaces. ¡Esto es trágico en muchos niveles!

La perspectiva bíblica de la guerra espiritual no trata a las Escrituras como un apéndice a mis revelaciones personales y al testimonio de demonios, sino como la única y suficiente fuente de la verdad a través de la cual se lucha la guerra. Nuestro Comandante Supremo no nos ha dejado sin información adecuada, y Él no está cambiando el plan de batalla a mitad de la guerra.

Si Dios está revelando esta información a estos "expertos" modernos de la guerra espiritual, ¿no deberíamos estar escribiendo esto en nuestras Biblias al final como revelación adicional? ¿No debería ser publicado con cada Biblia como el libro número 67? Ciertamente, si esto es lo que el Espíritu está hablando a la iglesia de hoy, tiene la misma autoridad y relevancia – me atrevo a decir, aún más – de lo que el Espíritu dijo a la iglesia durante el primer siglo. ¡Después de todo, esto es supuestamente esencial para la salud y el éxito de la iglesia!

En cuarto lugar, esta metodología disminuye el poder y la autoridad del evangelio. Esto no nos debe sorprender. Si la Biblia misma es

Verdad o Territorio: Un Acercamiento Bíblico a la Guerra Espiritual

tratada como menos creíble que la revelación personal y las palabras de demonios, no nos debe asombrar que el evangelio también sea socavado.

Se nos dice que antes de evangelizar a una ciudad, una región o una nación, el área debe ser investigada, arrepentirse por ella y orar por la región de una manera unificada. Se nos dice que se debe llamar la atención a fortalezas demoníacas específicas y espíritus, y aún a los mismos demonios, reprenderlos, exorcizarlos y echarlos fuera para poder romper el dominio de Satanás y abrir una brecha para el evangelio. No es así según el apóstol Pablo. El evangelio mismo es el "poder de Dios para la salvación" (Romanos 1:16). No necesita ayuda. Dios es soberano y salvará a quienes Él desea, cuando lo desea, y Satanás no detiene, ni puede interponerse a que Dios redima a Sus elegidos.

La predicación de la cruz es atendida por el Espíritu de Dios (1 Tesalonicenses 1:5), y es poderosa para salvar el alma, a pesar de las fortalezas demoníacas y actividad satánica. Una cosa y sola una cosa es necesaria para que Dios redima a un pecador: la predicación del evangelio. Es por esto que Pablo dedicó su vida a este fin (Hechos 20:20-24).

La predicación del evangelio no requiere nuestra investigación del pecado de una ciudad y su historia. No necesita nuestro "arrepentimiento por pecados identificados", nuestro mapeo espiritual, oraciones mientras caminamos por un sector, nombramiento de espíritus territoriales o el descubrimiento de las jerarquías de Satanás. Si el éxito del evangelio dependiera de tales actividades carnales y hechas humanamente, Dios lo hubiera revelado en las Escrituras a través de los apóstoles.

El evangelio se extendió desde Jerusalén (Hechos 1) hasta los confines más remotos del imperio romano (Romanos 15:17-25) en tan solo treinta años. ¿Cómo se pudo hacer esto sin caminar por el sector en oración, el mapeo espiritual y la oración derrotando fortalezas demoníacas? ¿Cómo pudieron los apóstoles establecer iglesias en ciudades idólatras, demoníacas, carnales y pecaminosas como Corinto y Atenas sin identificar los seis principados mundiales y los nombres de los demonios supuestamente asignados a oprimir a esas regiones? Ellos creían que la gente debía nacer de nuevo por la declaración del evangelio empoderado por el Espíritu. El evangelio ocasiona que la gente nazca de nuevo, y la llegada del evangelio rompe el poder de la oscuridad y libera a los cautivos del reino de Satanás (Colosenses 1:13-14).

9 Armas Carnales: Mapeo Espiritual

El evangelio no necesita para su éxito la implementación de estrategias sobre la guerra espiritual hechas humanamente. No requiere que recojamos información de los demonios para entonces orar de acuerdo con esto. El poder del evangelio reside en la voluntad de la Trinidad para traer la redención a los elegidos de Dios a través de la predicación. Esta metodología hace que el éxito de evangelismo dependa de la ingenua actividad humana en vez de la soberanía y el poder de Dios. Esto disminuye el poder del evangelio.

En quinto lugar, y he guardado esto de último, es solo una práctica tonta. Aceptemos por un momento que todas las afirmaciones de los proponentes de la GENE y el mapeo espiritual son verdaderas. ¿No crees que Satanás cambiaría su jerarquía cada pocas semanas para quitarnos el equilibrio? Si el conocimiento de los nombres y territorios de los demonios nos da la habilidad para acabar con las fortalezas satánicas, ¿no crees que después de entrevistarnos con suficientes demonios y recibir suficientes palabras de conocimiento, Satanás simplemente haría ajustes en sus asignaciones?

Si el demonio asignado a Kootenai, la ciudad donde pastoreo a una iglesia, es nombrado "Luciferious"[14], y el éxito del evangelismo en nuestra ciudad dependiera de nombrar y orar en contra de este demonio, entonces cuando ya descubrimos esto, ¿no crees que Satanás daría al demonio de Ponderay (una ciudad vecina) el control sobre Kootenai, y reasignaría Luciferious a Ponderay? ¡Entonces estaríamos en el punto de partida! Nos mantendría por siempre adivinando, persiguiendo sombras e intentando golpear un blanco que está en movimiento. Entonces tendríamos que entrevistarnos con más demonios y obtener más palabras de conocimiento para descubrir el nombre del demonio asignado a Kootenai. Pocos minutos después, este sería reasignado y estaríamos otra vez en el principio.

Si hemos identificado a estas fortalezas espirituales, los hemos nombrado por nombre, los hemos echado fuera, los hemos reprendido y los hemos exorcizado, ¿entonces por qué después de veinte años con este conocimiento superior dado por Dios, no hemos ganado terreno? ¿No deberían estas regiones nombradas y registradas con el mapeo espiritual estar repletas con el evangelio, doctrina sana e iglesias buenas? ¿Sin embargo puede alguien nombrar a tan solo una ciudad en la cual esta

---

[14] ¡Sólo estoy escogiendo al azar un nombre que suena como el nombre de un demonio!

tontería haya sido usada que haya experimentado un reavivamiento dramático y una renovación por el evangelio? Seattle, San Francisco, Miami y Minneapolis todas están todavía bajo el dominio del malvado.

Nada, sino una Distracción

Satanás está contento si los cristianos enfocan su tiempo, atención, esfuerzos y oraciones en cosas que no hacen nada. Está encantado si usamos cada invento tonto y creado humanamente bajo el sol, para luchar en contra de él. Mientras que los cristianos no estén reposando en la suficiencia de las Escrituras (la verdad), luchando la guerra en contra de sus mentiras con la verdad (2 Corintios 10:3-5) y proclamando el evangelio de la verdad, su reino puede avanzar.

Los cristianos, bien intencionados pero engañados, han comprado su mentira de que la Escritura no es suficiente. Así Satanás ha eliminado de la iglesia su única arma infinitamente poderosa. Ha distraído a los soldados con juegos bobos y estrategias tontas que son impotentes. Tienen la apariencia de la guerra real, pero con la sustancia de una sombra. Son ilusiones y distracciones.

La única guerra verdadera – la guerra por la verdad – sigue presente. La iglesia ha puesto al lado la verdad y abrazado el misticismo. Nuestro arsenal se ha intercambiado por armas carnales hechas humanamente y por intrigas humanas. La Palabra de Dios ocupa un puesto en segundo plano al testimonio de demonios. Esto es el triste estado de evangelismo moderno y su perspectiva sobre la guerra espiritual. El mapeo espiritual y la práctica de descubrir los nombres de los demonios es solo una manifestación de esto.

¡Examinad todo, y retened lo que es verdadero!

Parte 3:
Explicando Perspectivas Bíblicas

10

¿Puede el Cristiano Estar Poseído por un Demonio?

Ninguna discusión sobre guerra espiritual estaría completa sin considerar el caso de si un cristiano puede estar poseído por un demonio. Dependiendo de la manera en la que uno responda esta pregunta determinará, en parte, su acercamiento hacia la guerra espiritual. Determinará qué tipo de consejo pastoral se espera dar o recibir. Determinará la manera en que el creyente lucha contra el mundo, la carne y el diablo.

Ministerios enteros han sido establecidos con el propósito de exorcizar demonios de los cristianos y para enseñar cómo cristianos deben exorcizar demonios de otros. No será una sorpresa descubrir que el hecho de creer que un cristiano puede ser poseído por un demonio, encaja con la teología más amplia sobre la guerra espiritual que he estado analizando críticamente en los capítulos anteriores. Creo que no cuadra para nada con una perspectiva bíblica de la guerra espiritual.

En este capítulo, responderé a los argumentos usados para apoyar la doctrina de que los cristianos están sujetos a la posesión demoníaca. El tema del exorcismo es diferente, pero está relacionado, y que profundizaré en el siguiente capítulo.

Las Dos Perspectivas

¿Puede estar un cristiano habitado y controlado por un demonio?

Algunos responderían a esa pregunta con un "sí", aunque no les gustaría necesariamente la frase "posesión demoníaca", y más bien preferirían el término "endemoniado". Ellos darían el argumento de que,

Verdad o Territorio: Un Acercamiento Bíblico a la Guerra Espiritual

mientras un creyente no puede ser "dominado" por un demonio,[1] él o ella puede ser habitado o controlado por un demonio. Los que creen que un demonio puede habitar en un cristiano también creen que el remedio para esta ocupación y control es el exorcismo.

Otros responderían a la pregunta con un "no". Darían el argumento de que un demonio no puede habitar en un creyente porque en él habita el Espíritu Santo. Afirman que un demonio puede atacar, engañar, tentar y aún oprimir (de manera física y espiritual) a un verdadero creyente. Dense cuenta que estos son actividades externas al espíritu/alma del creyente. Los que creen que un demonio no puede morar en un cristiano apoyarían la práctica de resistir, y no el exorcismo, como la manera apropiada para tratar con el ataque satánico.

¿Qué Es la Posesión Demoníaca?

Tenemos que comenzar definiendo algunos términos. Ice y Dean ofrecen un resumen útil del uso en el Nuevo Testamento de los términos para la posesión demoníaca:

> El Nuevo Testamento usa más de un término para referirse a la posesión demoníaca. Primero tenemos la palabra griega daimonizomai, que es el participio del sujeto más frecuentemente usado para demonio (daimonion). Daimonizomai se traduce normalmente como "ser poseído por un demonio", o cuando es usada para describir a una persona en esa condición, se traduce "demoníaco". La palabra es usada 13 veces,[2] todas las veces en los evangelios, y normalmente es referido por la expresión castellana "endemoniado".
>
> El segundo término en el griego es "daimonion echein," "tener un demonio". Esta frase es usada ocho veces en Mateo, Lucas y Juan.[3] La gramática griega transmite la idea de

---

[1] Ya que, técnicamente, Satanás no puede ser dueño de nada, ellos argumentarían que un creyente, mientras pertenece a Dios, puede ser habitado y controlado por Satanás. Esto resulta ser una distinción semántica, que no marca ninguna diferencia al final.
[2] Mateo 4:24; 8:16, 28, 33; 9:32; 12:22; 15:22; Marcos 1:32; 5:15, 16, 18; Lucas 8:36; Juan 10:21.
[3] Mateo 11:18; Lucas 7:33; 8:27; Juan 7:20; 8:48, 49 ("a no tener un demonio"), 52; 10:20.

10 ¿Puede el Cristiano Estar Poseído por un Demonio?

que el sujeto es caracterizado por tener un demonio habitando en él…. "Endemoniado" y "tener un demonio" son usados en las Escrituras de solo un extremo: ser controlado internamente por un demonio habitando en uno. Nunca se usan para describir un caso de algo menor. Por ejemplo, estos términos nunca describen las actividades de Satanás de acusar, tentar, engañar o perseguir; sólo describen el caso extremo de ser controlado internamente por un demonio.[4]

Los que argumentan a favor de que un cristiano puede estar endemoniado intentan distinguir entre ser "propiedad" de un demonio (poseído) y simplemente estar "controlado por un demonio a diferentes niveles." En contraste con Ice y Dean, Fred Dickason escribe,

"*Diamonizomenos*" no significa "ser propiedad de un demonio," sino simplemente "ser demonizado". Esto básicamente describe la condición de una persona que es habitada por un demonio o demonios, y en varios grados está bajo el control del demonio con varios efectos. La idea de ser propiedad es ajena a la palabra neo testamentaria y su uso. Satanás y sus demonios no son dueños de nada. Dios es dueño de ellos.[5]

Los que creen que un cristiano puede estar endemoniado no hacen una distinción sustancial entre ser oprimido por un demonio y ser poseído por un demonio. Uno que es tentado, atacado o influenciado desde afuera es, según su manera de ver, "demonizado". De igual manera es demonizado quien es habitado por un demonio. Es un asunto de grados.

Los que niegan que un cristiano puede ser poseído por un demonio harían una distinción marcada entre ser habitado por un demonio internamente y ser atacado, tentado u oprimido por un demonio desde afuera. Mientras que estamos de acuerdo en que un demonio pueda atacar a un creyente desde afuera, negamos que un demonio pueda controlar a un creyente desde adentro.

---

[4] Thomas Ice and Robert Dean, Jr., *Overrun By Demons: The Church's New Preoccupation With The Demonic* (Eugene: Harvest House, 1990), 116, 118.
[5] Thomas B. White, *The Believer's Guide To Spiritual Warfare* (Ann Arbor: Servant Publications, 1990), 43.

Verdad o Territorio: Un Acercamiento Bíblico a la Guerra Espiritual

Con el uso de la expresión "posesión demoníaca", damos a entender habitado y controlado por un demonio. Es obvio que un demonio no puede ser dueño de una persona, pero sí puede habitar en personas y animales, y es a esto que nos referimos cuando usamos el término "posesión demoníaca". Los términos usados en las Escrituras para una persona "endemoniada" describen la condición extrema de ser controlada por un demonio. La pregunta sigue siendo, "¿Enseña las Escrituras que esto puede ser cierto en un creyente?"

¡Ésta no es una distinción pequeña! Sobre este asunto recae mucho de la enseñanza de las tácticas actuales de la guerra espiritual. Si los creyentes son tan susceptibles como los no creyentes a todas las influencias de Satanás y su control, entonces los cristianos necesitan que se quite (se exorcice) la influencia de Satanás sobre ellos. Nuestra posición en Cristo no es más segura que la de un no creyente. De hecho, estamos tan abiertos a sus ataques y control que el más pagano.

El Peligro de una Teología Basada en la Experiencia

Debemos estar seguros que nuestro entendimiento de la posesión demoníaca se basa en los datos bíblicos y no en las experiencias ni en las investigaciones clínicas. El peligro de elaborar una teología sobre la experiencia se puede ver en los escritos del fallecido erudito Merrill F. Unger.

En su libro *Biblical Demonology* ["La Demonología Bíblica"], publicado originalmente en 1952, Unger declaró enfáticamente que "solo los no creyentes son expuestos a la posesión demoníaca."[6] Más tarde Unger admitió que esta afirmación "fue basada en la suposición de que un espíritu maligno no podía cohabitar junto con el Espíritu Santo en un cuerpo redimido."[7] Ya cuando Unger publicó otro libro en 1971, había cambiado de opinión. Este cambio no fue basado en el texto de las Escrituras, que él dijo "no resuelve con claridad el asunto."[8] Más bien, Unger había recibido cartas de misioneros cristianos de todo el mundo que testificaron que habían sido testigos de "cristianos" siendo poseídos por

---

[6] Merrill F. Unger, *Biblical Demonology: A Study of the Spiritual Forces Behind the Present World Unrest* (Wheaton: Van Kampen Press, 1952), 100.
[7] Merrill F. Unger, *Demons in the World Today* (Wheaton: Tyndale Publishers, 1971), 116.
[8] Ibid.

10 ¿Puede el Cristiano Estar Poseído por un Demonio?

demonios. El cambio de doctrina de Unger no se basó en un estudio exegético del texto bíblico, sino en la experiencia.

Unger entonces dijo,

...la mayoría de los cristianos dudarían en decir que un creyente puede ser poseído por un demonio. Tales casos raramente se ven, o nunca, en los Estados Unidos. Sin embargo, en lugares donde la idolatría energizada por demonios haya florecido libremente por épocas sin ser controlada por el evangelio, se conoce casos de nuevos creyentes que fueron liberados de la posesión demoníaca volviendo a ser poseídos cuando regresan a sus ídolos del pasado. El testimonio de numerosos misioneros en áreas paganas apoya esta evidencia.[9]

¿Unger fue convencido por las Escrituras para cambiar de posición? No. Él afirmó, "Cada día la experiencia añade su testimonio a las Escrituras de que los creyentes pueden ser oprimidos y esclavizados por poderes demoníacos." Aunque Unger intenta que los datos bíblicos cuadren con la experiencia, está claro que la experiencia es el factor determinante y no las Escrituras. ¿Qué tipo de experiencia tiene Unger en mente? Él cita a Hobart E. Freeman, un pastor: "En mi experiencia personal, la mayoría de las personas por quien he orado por liberación de la opresión oculta o sujeción fueron cristianos, incluyendo a ministros y las esposas de ministros."[10]

Otro defensor de esta postura, Thomas White, escribe, "Soy consciente que esta postura provoca la oposición de muchos que se mantienen firme con la noción que el Espíritu Santo y un espíritu maligno no pueden cohabitar en el mismo depósito. Pero el punto decisivo es éste: las Escrituras no excluyen la posibilidad, y la realidad clínica afirma esto una y otra vez."[11] De nuevo, el silencio de las Escrituras (supuestamente) sobre el caso se interpreta a la luz de la experiencia como el apoyo a la creencia de que los cristianos pueden ser habitados y controlados por un demonio.

---

[9] Ibid.
[10] Ibid.
[11] White, 45.

¡Textos para Demostrarlo al Rescate!

Varios ejemplos bíblicos son citados típicamente para apoyar la enseñanza de que un creyente puede ser poseído por un demonio. Vamos a examinar cada uno para ver, en efecto, si se puede establecer este caso.

El Rey Saúl

A veces se cita al Rey Saúl como ejemplo de un creyente siendo poseído y/o controlado por un demonio. 1 Samuel 16:14 recopila, "El Espíritu del SEÑOR se apartó de Saúl, y un espíritu malo de parte del SEÑOR le atormentaba."[12]

Citar el caso del Rey Saúl requiere un poco de mendicidad. Los que usan a Saúl como un ejemplo están *asumiendo* que Saúl era un creyente verdadero. Ésta es una suposición que no puede quedar sin respuesta. Aunque en el momento de su unción como rey, aparece que era un hombre de Dios (1 Samuel 10), su comportamiento posterior fue inconsistente con el de un creyente genuino (Santiago 2:14).[13] El hecho de que fue escogido como rey y usado por Dios no demuestra que fue un creyente, puesto que Dios usó a reyes paganos como Ciro y Nabucodonosor como Sus escogidos para cumplir con varios propósitos Suyos.

Aún si cedemos, en aras de este argumento que Saúl fue un creyente, esto no demuestra que hoy día un cristiano puede ser poseído por un demonio. El ministerio del Espíritu Santo hacia los creyentes, en el Antiguo Testamento, era marcadamente diferente al de hoy. El Espíritu Santo no habitaba permanentemente en los creyentes en el Antiguo Testamento (Salmo 51:11).[14] Ese hecho, por sí solo, hace imposible extraer cualquier semejanza entre el Rey Saúl y un creyente hoy en día.

---

[12] Otros dos pasajes registran la misma cosa. En ambas ocasiones, Saúl intentó clavar a David en la pared con su jabalina. 1 Samuel 18:10–11: "Y aconteció al día siguiente que un espíritu malo de parte de Dios se apoderó de Saúl, y este deliraba en medio de la casa, mientras David tocaba el arpa con su mano como de costumbre. Saúl tenía la lanza en la mano, y arrojó Saúl la lanza, pues se dijo: Clavaré a David en la pared. Pero David lo evadió dos veces. 1 Samuel 19:9–10: "Y vino un espíritu malo de parte del Señor sobre Saúl; y estaba él sentado en su casa con su lanza en la mano mientras David tocaba el arpa. Y trató Saúl de clavar a David en la pared con la lanza, pero este se escurrió de la presencia de Saúl, y la lanza se clavó en la pared; David huyó y escapó aquella noche."

[13] Brent Grimsley and Elliot Miller, "Can A Christian Be Demonized?" *Christian Research Journal* (Summer 1993), 17-18.

[14] Algunos argumentarán que la referencia al Espíritu de Dios saliendo de él solo tenía que ver con su unción como rey sobre Israel, y no la posibilidad de que el Espíritu de Dios dejara

10 ¿Puede el Cristiano Estar Poseído por un Demonio?

John Wimber y otros compararían lo de Saúl siendo atormentado por un demonio con la posesión demoníaca. Sin embargo, hay tres razones por las cuales el ejemplo de Saúl no es un caso de posesión demoníaca.[15]

Primero, el texto dice que el espíritu maligno fue enviado de parte de Dios, no de Satanás. En los ejemplos en el Nuevo Testamento, no hay duda de que los espíritus malignos exorcizados por Jesús fueron, en realidad, enviados y empoderados por Satanás.[16]

Segundo, el espíritu malo que atormentaba a Saúl se apartaba cuando David tocaba su arpa,[17] y de ningún demonio se dice en las Escrituras que se apartaba cuando se tocaba la música. Más bien, Jesús y los apóstoles echaron fuera a los demonios en el nombre del Señor.

Tercero, y de manera más significativa, todos los textos dicen que el espíritu malo venía *sobre* Saúl o se apartaba de estar *sobre* él. El texto en ningún momento dice que el espíritu maligno *entró* en Saúl. El lenguaje de la posesión demoníaca es de entrar en alguien, y no solo estar sobre alguien. Esto es lo que esperaríamos en el lenguaje de estos pasajes si es que está describiendo un ataque externo que pueda ocurrir con un creyente.

Saúl es puesto como el ejemplo más claro del Antiguo Testamento de que un creyente puede ser poseído por un demonio. Sin embargo, no se puede presumir que Saúl fue un creyente. Tampoco son las circunstancias para nada comparables con las instancias de la demonización en el Nuevo Testamento. Después de examinar el caso de Saúl, creo que podemos decir que este caso no prueba en absoluto el punto.

---

de habitar en él. Si éste fuera el caso, entonces David solo está expresando su deseo de que Dios no mueva Su mano de bendición y favor sobre David. Los que sostienen esta perspectiva de Salmo 51:11 y el ministerio del Espíritu Santo en el Antiguo Convenio, todavía afirman que un creyente no puede ser poseído por un demonio, puesto que el Espíritu Santo habitó en creyentes de la misma manera que el Nuevo Convenio. Ellos afirman que un demonio y el Espíritu Santo no pueden habitar en la misma persona. Independientemente de que creas que el Espíritu Santo moraba permanentemente en los creyentes del Antiguo Testamento o no, todavía no podemos asumir que Saúl fuera creyente.

[15] Ice and Dean, 124-125.
[16] Mateo 12:22-29.
[17] 1 Samuel 16:23.

Hija de Abraham

La hija de Abraham mencionada en Lucas 13 también es citada como un ejemplo de un verdadero creyente siendo poseído por un demonio. Lucas 13:11 dice, "y había allí una mujer que durante dieciocho años había tenido una enfermedad causada por un espíritu; estaba encorvada, y de ninguna manera se podía enderezar." Después de que Jesús sanó a la mujer, los fariseos se indignaban porque era el día de reposo. Jesús respondió, "Y esta, que es hija de Abraham, a la que Satanás ha tenido atada durante dieciocho largos años, ¿no debía ser libertada de esta ligadura en día de reposo?" (Lucas 13:16)

El hecho de que Jesús le llamó "hija de Abraham" es citado como prueba de que fue un creyente. Su enfermedad causada por un espíritu malo es vista como evidencia de que fue poseída (o demonizada). Neil T. Anderson escribe,

> El versículo 16 indica que su discapacidad física fue causada por esclavitud satánica. Esta mujer no era un incrédulo. Era "una hija de Abraham" (versículo 16), una mujer de fe y temerosa de Dios con un problema espiritual. . . . Tome nota que esta mujer no fue protegida del control demoníaco por estar dentro de la sinagoga. Las paredes de la sinagoga, ni las paredes de una iglesia proveen un santuario contra la influencia demoníaca. Cabe reconocer, este evento ocurrió antes de la cruz. Pero es una indicación de que demonios pueden afectar físicamente a los creyentes.[18]

Recuerden que la aflicción física y el control total es todo parte de estar "demonizado" según su perspectiva. Según Anderson, si un creyente puede ser *afligido*, él puede ser *controlado* y *habitado*, dado que no hace una distinción sustantiva entre los dos. Anderson hace un salto desde "el problema espiritual" y "enfermedad causada por un espíritu" a el "control demoníaco". Para él, es todo lo mismo. El argumento de Anderson de que las paredes de una sinagoga o iglesia no pueden proteger a uno del control demoníaco es tonto. Nadie cree que las paredes de un edificio pueden proteger a uno de un espíritu. Sin embargo, sí creo que la obra del Dios

---

[18] Neil T. Anderson, *The Bondage Breaker* (Eugene: Harvest House Publishers, 1990) 188.

soberano en la cruz y Su redención de Su pueblo sí provee un santuario contra el control y la posesión demoníaca.

Así como con el caso del Rey Saúl, hay un poco de mendicidad en el argumento de Anderson. Está *asumiendo* que "la hija de Abraham" era una creyente genuina. Estando de acuerdo con Anderson, Fred Dickason sostiene que la mujer era una creyente genuina porque (1) adoraba en la sinagoga, (2) glorificaba a Dios al ser sanada y (3) la frase "hija de Abraham" implica salvación dado que Jesús pareciera sugerir que ella era una verdadera israelita con fe como Abraham (un creyente).[19]

Sin embargo, el hecho de que adoraba en la sinagoga no es una indicación segura de que era creyente, dado que los fariseos en este pasaje también adoraban en la sinagoga, y nunca los consideraríamos verdaderos creyentes. De hecho, se oponían a Jesús y Sus enseñanzas. Hay personas que pueden adorar en una sinagoga o una iglesia y no por ello, ser verdaderos creyentes. Prestando el lenguaje de la analogía tonta de Neil Anderson, estar dentro de las paredes de una sinagoga o una iglesia no indica que uno sea creyente.

Segundo, no hay ninguna mención en el texto de que la mujer llegara a ser creyente, y aún si hubiese ocurrido, hubiera sido como resultado de su liberación en vez de la causa de ésta.

Tercero, la frase "hija de Abraham" no es una indicación segura de que fuera creyente. Lo más probable es que la frase fuese usada de manera étnica para indicar que era judía. Justo antes de Su referencia a ella como "hija de Abraham", Jesús dijo, "Hipócritas, ¿no desata cada uno de vosotros su buey o su asno del pesebre en día de reposo y lo lleva a beber?" (Lucas 13:15). Probablemente Jesús estaba enfatizando su relación étnica con los fariseos para mostrar que la objeción de ellos a Su sanación en el día de reposo fuera completamente vacía de compasión para, incluso, esta "hija de Abraham" – su compatriota israelí. ¡Ellos mostrarían compasión con sus animales en el día de reposo, y aquí estaba una hija de Abraham! ¿No debería ella, como hija de Abraham, recibir por los menos la misma compasión que el asno de ellos? Jesús usó esa frase, no para resaltar la fe de la mujer, sino para mostrar la hipocresía y el corazón duro de ellos.

Además, el texto no indica que estuviera poseída. Lucas indica que la causa de su enfermedad era demoníaca. Estaba *debilitada* por el espíritu,

---

[19] http://www.banner.org.uk/dev/dickch3.html

pero esto no es lo mismo que ser *habitada* y *controlada* por un demonio. Cabe resaltar que Jesús no expulsó el demonio, sino que le curo de su enfermedad. En los casos claros de posesión demoníaca, Jesús exorcizó a los demonios. No hizo esto en este caso.

Judas Iscariote

Judas Iscariote también se pone como ejemplo de un creyente poseído por un demonio. Según John Wimber,[20] Judas era un creyente, puesto que era uno de los doce discípulos. Nunca pudiéramos argumentar que Judas no fue poseído por un demonio dado que la Biblia usa un lenguaje claro para describir el hecho de que "Satanás entró en él" (Juan 13:27). Está claro que Judas estaba poseído por un demonio.

Sin embargo, también está claro que Judas no era un creyente. En Juan 6:70-71, Jesús se refirió a Judas como "un diablo." En Juan 13:10-11, Judas fue señalado por Jesús como uno cuyo pecados no fueron perdonados, "porque Judas lo estaba traicionando."

Es una distorsión de la enseñanza clara de la Escritura afirmar que Judas Iscariote era creyente cuando, de hecho, la Escritura deja claro que aunque estaba entre los Doce, él no era un creyente verdadero de Jesús. Fue escogido por Jesús, no porque fuera creyente, sino para que la Escritura concerniente a la traición de Jesús se cumpliera.[21]

Pedro

Se dice que Pedro es un creyente poseído por un demonio ya que, en Mateo 16:23, Jesús reprendió a Pedro diciendo, "¡Quítate de delante de mí, Satanás!" Argumentan que esto indica que Pedro, sin duda alguna un creyente, fue poseído por Satanás.

Si eso es cierto, entonces se plantea la pregunta de, "¿Por qué Jesús no exorcizó al demonio?" Así como con los otros ejemplos, esto es una suposición, y resulta que, no es muy buena. En Mateo 16, la influencia de Satanás sobre Pedro fue desde fuera, no desde dentro. La reprensión de Jesús fue intencionada para identificar la fuente del pensamiento de Pedro, así como antes Jesús había identificado la fuente de la confesión de

---

[20] Ice and Dean, 125.
[21] Juan 13:18.

Pedro como "Mi Padre que está en los cielos."[22] Jesús estaba señalando la entidad espiritual que estaba influenciando el pensamiento de Pedro. El texto de ningún modo usa un lenguaje que indicara que Pedro estuviese poseído y controlado por un demonio. El lenguaje es consistente solo con la influencia externa.

Ananías y Safira

Ananías y Safira también son citados como ejemplos de creyentes poseídos por un demonio, dado que Pedro los dijo en Hechos 5:3, "¿Por qué ha llenado Satanás tu corazón para mentir al Espíritu Santo?" Se entiende aquí que al ser llenado el corazón de Ananías de engaño, fue poseído por Satanás. Neil T. Anderson argumenta, "La palabra 'llenado' en Hechos 5:3 (pleroo) es la misma palabra usada en Efesios 5:18: 'Sed llenos del Espíritu.' Es posible que el creyente sea lleno de decepción satánica o que sea lleno por el Espíritu. Serás llenado y controlado por la fuente a la que cedas."[23]

Anderson extrae una conclusión errónea de la palabra *pleroo* por igualar equivocadamente el hecho de "llenar" con "controlar". La palabra llenado (*pleroo*) en su uso en el Nuevo Testamento no significa "habitar" o "controlar". De hecho, esto sería un significado imposible para muchos de los usos de esta palabra. Por ejemplo, Lucas 3:5: "Todo valle será *rellenado*, y todo monte y collado rebajado; lo torcido se hará recto, y las sendas ásperas se volverán caminos llanos;" Otro uso se ve en Lucas 5:7: "Entonces hicieron señas a sus compañeros que estaban en la otra barca para que vinieran a ayudarlos. Y vinieron y llenaron ambas barcas, de tal manera que se hundían." Puedes ver que la palabra "llenado" no necesariamente significa "ser habitado o ser controlado por." ¿Cómo se puede "controlar" a un valle? ¿Los peces habitaron y "controlaron" los barcos?[24]

La frase "llenó su corazón" puede ser visto de dos maneras. Primero, puede referirse a la posesión demoníaca – una interpretación que yo rechazo. Segundo, puede significar simplemente que Satanás, el padre de las mentiras, ha influenciado al corazón de Ananías de tal manera que su corazón se llenó con el deseo de mentir – este deseo encuentra su

---

[22] Mateo 16:13-20.
[23] Anderson, 192.
[24] Considere también Lucas 5:26; Juan 16:6; Hechos 2:2; 3:10; 5:28; 19:29; 2 Cor. 7:4.

fuente en Satanás. Esto entonces, sería otro caso de un demonio influenciando a un cristiano desde afuera en vez de desde adentro.

Si decimos que Ananías fue habitado y controlado por Satanás, entonces no fue Ananías que mintió, sino Satanás. Si Ananías estaba bajo el control de Satanás, entonces fue Satanás que mintió, no Ananías. En ese caso, Satanás, y no Ananías, era el responsable de la mentira. Sin embargo, Pedro dice en el mismo versículo que sigue, "Mientras estaba *sin venderse*, ¿no te pertenecía? Y después de vendida, ¿no estaba bajo tu poder? ¿Por qué concebiste este asunto en tu corazón? No has mentido a los hombres sino a Dios" (Hechos 5:4).

Pedro claramente creía que Ananías fue responsable, y no un demonio. Es más evidente esto cuando observamos el castigo de Dios para Ananías y Safira. Los mató justo por *su pecado* (Hechos 5:5, 10). Si Ananías y Safira estuvieran poseídos por un demonio, ¿por qué Pedro no simplemente actuó para exorcizar a sus demonios? ¿Por qué fueron castigados por algo que fue hecho por un demonio a través de ellos?

Satanás influenció a Ananías desde afuera, no desde adentro. Esto no es un ejemplo de un creyente siendo poseído por un demonio. Ananías y Safira fueron cristianos, pero no fueron poseídos por un demonio.

Estos son los ejemplos más comunes presentados para demostrar que un cristiano puede ser poseído por un demonio. Claramente, estos no avalan el argumento.

A veces se ofrecen otros argumentos por los que apoyan esta posición. Por ejemplo, toman cualquier enseñanza en el Nuevo Testamento[25] sobre un creyente resistiendo contra las fuerzas satánicas, y entonces razonan que tal enseñanza solo tiene sentido si un cristiano puede ser demonizado (controlado o habitado por un demonio a varios grados). Sin embargo, no solo porque somos atacados externamente por Satanás, significa que él por lo tanto tiene libertad y puede controlar a un creyente de la misma manera y en el mismo grado que lo hace con un no creyente. Como hemos visto, eso es una enseñanza que se deriva de la experiencia e insertada en el texto de las Escrituras.

Merrill Unger, quien creía que los cristianos podían ser poseídos, afirmó que las Escrituras "no resuelvan claramente el asunto."[26] Fred

---

[25] Efesios 6; 1 Pedro 5; 1 Corintios 5; 2 Corintios 12, etc.
[26] Unger, 116.

10 ¿Puede el Cristiano Estar Poseído por un Demonio?

Dickason, aunque concuerda con Unger, es lo suficientemente sincero como para admitir, "No podemos decir de forma concluyente que la Biblia presente claramente evidencia de que los creyentes puedan ser endemoniados."[27]

Para defender el caso de que un cristiano puede estar endemoniado, los defensores de esa opinión tienen que definir "demonizar" y "cristiano" de una manera tan amplia que los términos pierden todo significado. Creo que la Biblia es clara en este asunto, y que cada enseñanza en el Nuevo Testamento acerca de la posición y los privilegios de un creyente imposibilita la posibilidad de la posesión demoníaca.

No Es Posible

Podemos esperar que un no creyente pueda estar poseído y controlado por un demonio. Un no creyente pertenece al dominio de la oscuridad, pertenece al padre de las mentiras y está bajo el poder del maligno.[28] No así con un creyente. De hecho, la relación del creyente con el mundo, la carne y el diablo es tan radicalmente diferente de un no creyente, que somos designados nuevas criaturas.[29] Los siguientes argumentos muestran que la posesión demoníaca de un creyente es completamente imposible.

Primero, hemos sido liberados. Colosenses 1:13 dice, "Porque Él nos libró del dominio de las tinieblas y nos trasladó al reino de su Hijo amado."[30] Ya no estamos bajo el dominio del reino de Satanás. Él nos puede atacar, engañar, tentar y oponer, pero no nos puede controlar ni habitar. No le pertenecemos. Segundo, somos el templo del Dios Viviente. Dice 1 Corintios 6:19-20: "¿O no sabéis que vuestro cuerpo es templo del Espíritu Santo, que está en vosotros, el cual tenéis de Dios, y que no sois vuestros? Pues por precio habéis sido comprados; por tanto, glorificad a Dios en vuestro cuerpo."

---

[27] C. Fred Dickason, *Demon Possession and the Christian: A New Perspective* (Chicago: Moody Press, 1987), p. 127, citado en Brent Grimsley and Elliot Miller, "Can A Christian Be Demonized?" *Christian Research Journal* (Summer 1993), 17-18.
[28] Colosenses 1:13; Juan 8:44; 1 Juan 5:19.
[29] 2 Corintios 5:17.
[30] Vea también Hechos 26:18.

El argumento de las Escrituras es que una persona puede tener a Dios habitando en él, o Satanás, pero ciertamente no las dos. Esto es el fundamento para el argumento de Pablo en 2 Corintios 6:14-16:

> No estéis unidos en yugo desigual con los incrédulos, pues ¿qué asociación tienen la justicia y la iniquidad? ¿O qué comunión la luz con las tinieblas? ¿O qué armonía tiene Cristo con Belial? ¿O qué tiene en común un creyente con un incrédulo? ¿O qué acuerdo tiene el templo de Dios con los ídolos? Porque nosotros somos el templo del Dios vivo, como Dios dijo: "Habitaré en ellos, y andaré entre ellos; y seré su Dios, y ellos serán mi pueblo."

En este pasaje, el hecho de ser templo de Dios excluye la comunión íntima con los demonios y/o con los ídolos. ¿Cómo pues Dios, que es más poderoso que Satanás, permitiría que un demonio resida con Él en un creyente? ¡Es inconcebible!

Tercero, Juan conforta a sus lectores con la seguridad de que, "Hijos míos, vosotros sois de Dios y los habéis vencido, porque mayor es el que está en vosotros que el que está en el mundo." (1 Juan 4:4). Los defensores de que un creyente puede ser poseído por un demonio tendrían que cambiar este versículo para que diga, "Mayor es Él que está en vosotros que él que está en vosotros." Claramente, Dios está en el creyente y Satanás está en el mundo. No puede ser que Dios esté en el creyente y Satanás también.

Cuarto, somos sellados y guardados. Efesios 1:13-14: "En Él también vosotros, después de escuchar el mensaje de la verdad, el evangelio de vuestra salvación, y habiendo creído, fuisteis sellados en Él con el Espíritu Santo de la promesa, que nos es dado como garantía de nuestra herencia, con miras a la redención de la posesión adquirida de Dios, para alabanza de su gloria." Puesto que pertenecemos a Dios, el Espíritu Santo habita permanentemente en nosotros y somos sellados por ese mismo Espíritu hasta el día de la redención. Puesto que somos guardados por Dios, la promesa de las Escrituras es que él que está en el mundo (Satanás) no nos toca (1 Juan 5:18). ¡La creencia de que el creyente puede ser poseído por un demonio pone todos estos versículos patas arriba!

10 ¿Puede el Cristiano Estar Poseído por un Demonio?

Quinto, no existe ninguna instrucción en el Nuevo Testamento de cómo tratar con un creyente poseído por un demonio. Si tal como se afirma, un cristiano puede ser poseído por un demonio, no podríamos esperar que las epístolas del Nuevo Testamento guardaran silencio de cómo tratar tales casos de la posesión demoníaca. Más bien, esperaríamos información abundante de cómo prevenir tal posesión y cómo tratarla. También esperaríamos numerosos ejemplos de creyentes poseídos llenando las páginas del Nuevo Testamento. Esperaríamos que una iglesia como la de Corinto, con su pecado desenfrenado e historia de adoración a los demonios, fuera susceptible a tales fortalezas demoníacas, y recibiría instrucciones para tratar con los creyentes poseídos de demonios. "Si la liberación tiene tanta importancia para la vida cristiana victoriosa, así como sus defensores nos hacen creer, podemos esperar razonablemente que el Nuevo Testamento trate con ella."[31] Sin embargo, no encontramos nada de esto.

Pero si los cristianos pueden ser poseídos, ¿por qué entonces las epístolas del Nuevo Testamento, esas cartas escritas específicamente para enseñar a los creyentes de cómo vivir una vida cristiana victoriosa hasta el regreso de Cristo, no nos dicen que los creyentes pueden ser poseídos por los demonios, o no nos mandan a echar fuera los demonios de los creyentes o no nos dan otra manera de cómo tratar con este problema? Es inconcebible que un tema con tanta importancia como este no sea tratado en las epístolas... si las epístolas diesen instrucciones de cómo echar fuera los demonios, entonces estaría claro que los cristianos pueden ser poseídos por demonios. Por lo tanto, siendo que no hay instrucciones en el Nuevo Testamento para tratar con los cristianos poseídos por demonios, y presumiendo que los creyentes sí pueden ser poseídos por demonios, entonces volvemos de nuevo a la experiencia y al proceso de ensayo y error como nuestro maestro para poder funcionar en esta área.[32]

---

[31] Grimsley and Elliot, 19.
[32] Ice and Dean, 123.

Esto es precisamente donde Unger, Anderson y otros desean que obtengamos nuestra teología – no de las Escrituras, sino de la experiencia a base de ensayo - error. Considere lo que su postura implica de las Escrituras. Ellos creen que tratar con los creyentes poseídos por demonios es esencial para la vida cristiana victoriosa. Pero no hay ninguna instrucción en la Biblia. Con esto debemos concluir que las Escrituras no nos han provisto de todo lo que necesitamos para la vida y la piedad. En cambio, tenemos que contar con *sus* metodologías y percepciones que son derivadas de la experiencia, la investigación clínica y a base del ensayo - error.

Sexto, la enseñanza del Nuevo Testamento para tratar con el diablo es siempre la misma: Resistirlo.[33] "Nunca se nos dice que los creyentes deban responder a Satanás o a los demonios por medio de echarlos fuera, que siempre es el remedio en el Nuevo Testamento para una persona poseída por un demonio. En cambio, para el creyente el mandato es siempre de estar firme o de resistir, que es la contraparte a una tentación externa de Satanás y a lo demoníaco."[34]

¿Y Qué de las Experiencias?

¿Qué debemos hacer con las varias experiencias que la gente tiene, que parecieran sugerir que un cristiano puede ser poseído por un demonio?

Empezamos reconociendo que, nuestras experiencias tienen que ser interpretadas a la luz de la revelación de Dios, y no al contrario. Si tomamos las enseñanzas de la Biblia como autoritarias, entonces estamos obligados a buscar explicaciones para nuestras experiencias que armonizan con la clara enseñanza de las Escrituras. Con este principio como nuestra preocupación rectora, creo que hay por lo menos tres posibles explicaciones para las experiencias citadas por Unger y otros.

Primero, tal vez estos "creyentes" no eran creyentes de verdad. Unger dice que "nuevos creyentes que habían sido liberados de la posesión demoníaca han vuelto a ser poseídos cuando regresaron a sus ídolos del

---

[33] 1 Pedo 5:9; Efesios 6:10-14; Santiago 4:7.
[34] Thomas Ice, "Demon Possession and the New Clinical Deliverance," *Biblical Perspectives* May-June 1992, así citado en Brent Grimsley and Elliot Miller, "Can A Christian Be Demonized?" *Christian Research Journal* (Summer 1993), 19.

10 ¿Puede el Cristiano Estar Poseído por un Demonio?

pasado."[35] ¿Qué? ¿Regresar a los ídolos? ¿Qué clase de conversión es una que resulta en una pronta apostasía? Ciertamente no es una regeneración genuina hecha por el Espíritu de Dios. Los verdaderos creyentes en Tesalónica no regresaron a sus ídolos.[36] Los que regresen a sus ídolos y se aparten de Cristo, muestran que nunca eran de Él desde el principio.[37] Nunca han sido liberados del pecado, el yo y Satanás, y por lo tanto, no debemos sorprendernos si llegan a ser poseídos en algún momento después de *profesar* fe en Cristo.

Segundo, estos episodios pueden ser opresión satánica y no posesión. Tal vez en algunas circunstancias son creyentes genuinos, que aunque no son habitados por un diablo, han entregado tanto control a Satanás que así son oprimidos de tal manera que parece como posesión. Si un creyente genuinamente piensa que su pecado, su enfermedad y su falta de una vida cristiana victoriosa es la obra de una influencia demoníaca, que lo habita y controla, y si se somete a esta teología en su conducta, es posible que conscientemente ceda sus miembros a tal influencia. El poder psicosomático de esa creencia en esta doctrina no bíblica podría terminar con ceder suficiente control a un demonio que su opresión desde afuera pudiera parecer como posesión desde adentro.

Tercero, pudiera ser puro engaño demoníaco. A Satanás le encanta que los cristianos piensen que él tiene más poder del que tiene. Si tuviéramos miedo de él, constantemente pensando que nos habita y nos controla, e intentando exorcizarlo de creyentes, él tendría a la iglesia perdida y sin encontrar el rumbo. Satanás se beneficia si nuestra teología de él es incorrecta. Él tiene un interés personal en engañar a creyentes de cómo tratar con él. El enemigo gana una victoria cuando es capaz de llevar a los cristianos, de mil en mil, más allá del conflicto real e involucrarlos en un conflicto imaginario con armas carnales.

Creo que la teología de la posesión demoníaca cristiana dirigida por la experiencia es una decepción demoníaca. Es una decepción que Satanás haya fomentado, con éxito, de poseer a conversos falsos y oprimir a los verdaderos, mientras que va socavando nuestra confianza en la clara enseñanza de las Escrituras.

---

[35] Unger, 116.
[36] 1 Tesalonicenses 1:10.
[37] 1 Juan 2:19.

Verdad o Territorio: Un Acercamiento Bíblico a la Guerra Espiritual

¿Puede un cristiano estar poseído por un demonio? No. Definitivamente no. Nada de las Escrituras o de la experiencia sugiere algo diferente.

11

¿La Autoridad de Cristo Es la Misma Que la Nuestra?

    Vamos a comenzar este capítulo con una actividad llamada "Detecte el Fallo". Ésta es la manera de jugar: Yo pondré un argumento – una línea de pensamiento – completa con la conclusión y aplicación. Tú debes intentar detectar el fallo en el argumento. ¿Estás listo? Aquí vamos...

    Jesús es Dios (Juan 1:1-14), y siendo Dios, Él tiene toda la autoridad (Mateo 28:18). La autoridad de Jesús se extiende no solamente sobre toda cosa física creada (Marcos 4:35-41), sino en el ámbito espiritual también (Efesios 1:20-23). Jesús "despojó a los poderes y las autoridades" por medio de triunfar sobre ellos en la cruz (Colosenses 2:15). Jesús ahora está sentado a la diestra del Padre (Efesios 1:20-21; Hechos 2:33; Hebreos 1:13), con una posición de poder y autoridad ilimitada (Salmo 110:1). En mi condición de creyente en Cristo, soy bendecido con toda bendición espiritual en los lugares celestiales (Efesios 1:3), y estoy "sentado con Cristo en los lugares celestiales" (Efesios 2:6). Esa posición de autoridad que pertenece a Cristo es también mía en virtud del hecho de que estoy en Él. Cuando ando en Cristo, puedo usar esa autoridad para mandar a demonios, exorcizar a demonios, recuperar territorio y dar libertad a cautivos, de la misma manera que Jesús lo hizo.

    Así cómo los apóstoles ejercieron su autoridad dada por Dios sobre los demonios por medio de una guerra espiritual agresiva y exorcismos (Hechos 5:12-16; 16:16-18), también debemos hacerlo nosotros. Si hago uso de mi autoridad celestial, yo de igual manera puedo triunfar sobre el ámbito espiritual y echar fuera, controlar y mandar a demonios. Jesús es mi modelo, mi ejemplo. Puedo seguir Sus pasos usando la autoridad que tengo en Él. Los demonios estarán sujetos a mí siempre y cuando use el poder y la autoridad que Dios me ha otorgado.

Verdad o Territorio: Un Acercamiento Bíblico a la Guerra Espiritual

¿Cómo saliste? ¿Pudiste detectar el fallo? En realidad no hay una pregunta trampa aquí, aunque el fallo tal vez no sea tan evidente. Tal vez, en ocasiones, te sentiste incómodo al leer esto. Estarías de acuerdo con lo escrito al inicio, pero a medida que yo continuaba hasta llegar al punto final, te sentiste más incómodo con las conclusiones que se presentaban. Tal vez llegaste a la parte final y dijiste, "Pues, yo sé que las ruedas se salieron en algún momento, aunque no sé exactamente dónde."

Si en algún momento has sido expuesto a las obras y escritos de los hombres que he criticado en los capítulos anteriores, hombres como Neil T. Anderson, Mark Bubeck y Thomas B. White,[1] entonces el lenguaje y la teología presentada en el juego de "Detectar el Fallo" te sonará muy familiar. Esta manera de pensar no es solamente aludida de vez en cuando, sino es de hecho, el fundamento sobre el cual está basado un acercamiento territorial agresivo de la guerra espiritual. Es el cimiento del movimiento que apoya el ministerio actual de liberación, el cual es caracterizado por las prácticas errantes que ya hemos examinado.

Algunas Suposiciones Audaces

Neil T. Anderson ha influido, más que cualquier otro autor de hoy en día, para hacer que este tipo de pensamiento sea aceptable entre las bases de los evangélicos no carismáticos. El acercamiento global de Anderson a la guerra espiritual se basa en la autoridad del creyente sobre el diablo, en lo que Anderson acierta que es otorgada por Cristo a Su pueblo. Anderson aplica esta autoridad al asunto de atar a Satanás, diciendo,

> Dios nos ha otorgado la autoridad para "atar lo que será atado en el cielo" (Mateo 16:19; 18:18). En otras palabras, tenemos la capacidad espiritual para discernir la voluntad de Dios y entonces, confiando en la obra terminada de Cristo, proclamarla en el ámbito espiritual. Tenemos autoridad sobre los demonios, siempre y cuando, permanezcamos fuertes en el Señor y operemos en Su fuerza (ver Efesios 6:10). . . . La efectividad de atar al hombre fuerte (ver Mateo 12:20 [sic])

---

[1] Otras personas que no he mencionado debería incluir a Mike Warnke y Bob Larson y cualquier persona del Charistmatic/Third Wave Movement (John Wimber, John Arnott, Jack Deere, Jack Hayford y Rick Joynery y el Movimiento Palabra de Fe (Kenneth Copeland, Fred Price, Benny Hinn, Paul Crouch, etc.).

11 ¿La Autoridad de Cristo Es la Misma Que la Nuestra?

depende de la dirección del Espíritu Santo y está sujeta al entorno y los límites de la Palabra de Dios escrita.[2]

Como es típico del movimiento de liberación, Anderson ofrece ayuda "didáctica" sobre cómo encontrar libertad en Cristo cuando escribe, Con esto en mente, usualmente comienzo los pasos hacia la libertad con una oración similar a esta: Querido Padre celestial. . . . Tomo mi posición con Cristo, sentado con Él en lugares celestiales. Siendo que toda autoridad en los cielos y en la tierra se le ha dado a Él, ahora reclamo esa autoridad sobre todos los enemigos del Señor Jesucristo en y alrededor de esta habitación y especialmente (nombre).[3] Tú nos has dicho que donde dos o tres estén reunidos en Tu nombre, Tú estás en medio de nosotros, y cualquier cosa que es atada en la tierra es atada en el cielo. Estamos de acuerdo que cada espíritu maligno que está en o alrededor de (nombre) sea atado al silencio. . . . Ahora en el nombre del Señor Jesucristo te mando, Satanás, y a todas tus huestes a liberar a (nombre) y a mantenerse atados y amordazados para que (nombre) pueda obedecer a Dios.[4]

De igual manera, Mark Bubeck comienza su capítulo titulado, "Una Confrontación Audaz Tal Vez Sea Necesaria,"[5] por medio de citar Marcos

---

[2] "Twenty-Five Most Popular Questions," ["Las 25 Preguntas Más Frecuentes"], Freedom in Christ website [página web de "Libertad en Cristo"], (http://www.ficm.org) así como citado por Elliot Miller, "The Bondage Maker: Examining the Message and Method of Neil T. Anderson, Part 2 - Spiritual Warfare and the Truth Encounter," *Christian Research Journal*, 21.2, 13. He revisado la página web de Freedom in Christ y no he podido encontrar el artículo "Twenty-Five Most Popular Questions".
[3] El lector es instruido a insertar el nombre de la persona por la cual está orando.
[4] Neil T. Anderson, *The Bondage Breaker* (Eugene, OR: Harvest House Publishers, 1990), 67-68. Citado en Elliot Miller, "The Bondage Maker: Examining the Message and Method of Neil T. Anderson, Part 2 - Spiritual Warfare and the Truth Encounter," *Christian Research Journal* 21.2, 13-15.
[5] Mark I. Bubeck, *The Adversary: The Christian Versus Demon Activity* (Chicago: Moody Press), 115.

5:9: "Y le preguntó: ¿Cómo te llamas? Y él le dijo: Me llamo Legión, porque somos muchos."[6] Bubeck continúa diciendo,

> Este versículo revela que nuestro Señor confrontó a los espíritus malvados audazmente, e insistió que revelasen su presencia y obra malvada en las vidas de la gente. Ellos, en cambio, respondieron a Sus mandatos, y con tal hecho reconocieron Su autoridad completa sobre ellos.
>
> Los creyentes, unidos con el Señor Jesucristo, en toda Su persona y obra, *tienen la misma autoridad* para reclamar y usar lo que nuestro Señor usó contra los espíritus malvados."[7]

Bubeck sigue con una cita del libro de J. A. MacMillan, *The Authority of the Believer* [*La Autoridad del Creyente*], llamándolo "una de las mejores exposiciones sobre el tema y la base de la autoridad del creyente que jamás he leído."[8] MacMillan, citado por Bubeck, escribe,

> Se ha indicado más de una vez en este estudio que *la autoridad* de la cual estamos hablando es la *porción de cada creyente*. No es un regalo impartido en respuesta a la oración, sino el *derecho inherente del hijo de Dios* a base de su elevación con Cristo a la mano derecha del Padre. Él ha llegado a ser, por medio de la rica misericordia de Dios, un ocupante del Trono del Señor, con *todo lo que esto implica en privilegio y responsabilidad*.
>
> Esta elevación ocurrió potencialmente en el momento de la resurrección del Señor y en base de la inclusión del creyente en Él. ... *Es propio reconocer simplemente el hecho de esta posición*, y tomar nuestro lugar con humilde aceptación, dando toda la gloria y honor a Dios.[9]

---

[6] King James Version. [Lo equivalente en inglés a la versión Reina Valera en el sentido de su uso durante muchos años.]
[7] Ibid. El énfasis es mío.
[8] Ibid.
[9] Ibid. El énfasis es mío.

11 ¿La Autoridad de Cristo Es la Misma Que la Nuestra?

Bubeck entonces escribe, "La autoridad del creyente es ciertamente un hecho resuelto. . . . Solo requiere que el creyente actúe sobre esta verdad poderosa." Él entonces regaña "aún a los pastores más devotos y líderes cristianos" que demuestran "una trágica temeridad de cualquier uso audaz de su autoridad en Cristo," siendo que se han "asomado a los reticentes a enfrentarse con cualquier poder demoníaco en una confrontación directa."[10]

Para Bubeck, cualquier vacilación para confrontar a las fuerzas demoníacas en un encuentro de poder como exorcismos o manifestaciones demoníacas es "temeridad" y cobardía. Parece que no se lo ocurre a él que nuestra vacilación probablemente esté teológicamente arraigada en una exégesis solida de las Escrituras y no meramente una expresión de cobardía y capitulación.

Como puedes ver, la autoridad del creyente a la par que Cristo no es solamente la suposición escondida de los líderes del movimiento actual de liberación, sino que es la enseñanza fundamental sobre la cual todas las otras prácticas están fundadas. Prácticas tales como atar a Satanás, reprender a Satanás, orar por setos de protección y remover maleficios, todas presumen que el creyente es investido con el tipo de autoridad descrito por Bubeck y Anderson. Entonces, antes de dirigirnos al asunto de la legitimidad de practicar los exorcismos, tenemos que analizar este reclamo de la autoridad para ver si está justificado.

¿Un Mesías sin Igual o un Modelo para el Ministerio?

Los líderes del movimiento actual de liberación, presumen que si algo fue hecho por Jesús, fue intencional, para mostrarnos un modelo a nosotros. Jesus confrontando y hablando a un demonio (Marcos 5:8-9ff), Sus exorcismos de demonios desde una distancia (Mateo 15:21-28) y en persona (Mateo 17:14-18) todos son tratados como un modelo para técnicas de liberación hoy en día. Se presume que si esto caracterizó el ministerio de Jesús y los apóstoles, de igual manera debería caracterizar el ministerio del evangelio por parte de creyentes individualmente y de la iglesia colectivamente durante todas las épocas.

Éste es el talón de Aquiles del argumento que presenté al inicio. Es una *suposición* que es insertada en su razonamiento sin decirla

---

[10] Ibid., 116.

explícitamente o comprobarla. Desafortunadamente para los patrocinadores del ministerio de liberación, esta *suposición* no tiene fundamento, es contraria a la Biblia y no toma en cuenta lo que ésta enseña acerca de la persona singular de Cristo y Su papel incomparable en el plan redentor de Dios.

Cuando examinamos la enseñanza de los evangelios acerca del propósito de las señales de Jesus, es obvio que la confrontación de Jesus con el reino demoníaco no fue un modelo para que lo sigamos, sino más bien una comprobación de Sus reclamos mesiánicos. Muchos se desvían porque no entienden el por qué Jesús confrontó a los demonios durante Su vida terrenal y por qué esos eventos se registran para nosotros.[11]

La Razón por la Cual Jesus Confrontó a los Demonios

Un Mesías que no pudiera conquistar a Satanás no sería Mesías en absoluto. Los judíos esperaban que el Mesías demostrara Su poder sobre Satanás y sus demonios. Después de todo, la primera predicción de un Redentor venidero prometió esta victoria: "Y pondré enemistad entre tú y la mujer, y entre tu simiente y su simiente; él te herirá en la cabeza, y tú lo herirás en el calcañar" (Génesis 3:15). Dios prometió que el Redentor, quien vendría por medio de la simiente de la mujer, aplastaría la cabeza de la serpiente dando un golpe fatal a su reino y autoridad. Solo el esperado y prometido durante largo tiempo Hijo de David, el Mesías, el Rey ejercería esa autoridad sobre el reino de Satanás.

Mateo escribió su evangelio con el propósito de comprobar que Jesús es ese esperado cumplimiento de la expectativa judía y su promesa. Mateo demostró que Jesús es el Hijo de David, el Mesías de Israel prometido por los profetas. Muchos en el tiempo de Jesús presumieron incorrectamente que Jesús no podía ser el Mesías, siendo que el anticipado "Reino Mesiánico" no había llegado todavía. Mateo nos muestra la razón de esa demora del Reino: los judíos rechazaron a su Rey. El evangelio de Mateo se desarrolla mientras los milagros de Jesús son registrados uno seguido de otro. Estos milagros son ofrecidos como prueba del reclamo de

---

[11] Thomas Ice and Robert Dean, Jr. ofrecen una excelente exposición de este tema en su libro, *Overrun By Demons: The Church's New Preoccupation With The Demonic* (see chapter 6, "Invasion of the King" and chapter 7, "Strategies of the Enemy"). Debo mucho al trabajo de Ice y Dean sobre este tema.

Jesús de ser, no solo el Hijo de Dios (Juan 5:36-37), sino el Mesías (Lucas 7:18-23).

Mateo repetidamente hace una conexión entre las señales realizadas por Jesús y Su reclamo de ser el Hijo de David. Para Mateo, la prueba estaba en los hechos. El poder sobre los demonios fue la evidencia de que Jesús era el Cristo.

Por ejemplo, en Mateo 10:1-5, "Entonces llamando a sus doce discípulos, Jesús les dio poder sobre los espíritus inmundos para expulsarlos y para sanar toda enfermedad y toda dolencia" (10:1).[12] Esta habilidad fue dada para acompañar a su predicación: "Y cuando vayáis, predicad diciendo: 'El reino de los cielos se ha acercado'" (10:7). "¿Cuál fue la evidencia definitiva que demostraría a las ovejas perdidas de la casa de Israel que Jesús era el Mesías? La habilidad de sanar y de echar fuera demonios."[13] Su habilidad para sanar y expulsar demonios estaba conectada a su proclamación que el Rey había llegado y estaba entre ellos. Estaba conectada a los *reclamos* mesiánicos y la *identidad* mesiánica de Jesús de Nazaret.

Mientras avanzaban hacia el clímax del conflicto en el capítulo 12, el capítulo 11 registra la pregunta de Juan el Bautista. Mientras estaba encarcelado y enfrentaba la muerte sin ver el amanecer del prometido Reino Mesiánico, Juan dudó y envió mensajeros a Jesús preguntando, "¿Eres tú el que ha de venir, o esperaremos a otro?" (11:1-3). Jesús respondió citando las señales que realizaba como prueba de Sus reclamos mesiánicos diciendo, "Id y contad a Juan lo que oís y veis: los ciegos reciben la vista y los cojos andan, los leprosos quedan limpios, los sordos oyen, los muertos son resucitados y a los pobres se les anuncia el evangelio" (11:4-6). El pasaje paralelo en Lucas 7:21 incluye el echar fuera a espíritus malignos entre las señales que Jesús hizo como evidencia de Sus reclamos.

A pesar de esta evidencia abrumadora, los líderes religiosos de la nación atribuyeron las obras de Jesús al poder de Satanás. Mateo 12 registra este clímax del conflicto. Curiosamente, esta atribución blasfema fue en respuesta a que Jesús había sanado a un hombre poseído por un demonio que era ciego y mudo (12:22). Las multitudes, asombradas con el

---

[12] Para no pensar erróneamente que esta misma autoridad es dada a todos discípulos de cada era, Mateo nombra específicamente a los doce para nosotros (v. 2-4), como para enfatizar la naturaleza restringida de esta capacidad.
[13] Ice and Dean, 95.

poder de Jesús sobre los demonios, empezaron a decir, "¿Acaso no es este el Hijo de David?" Empezaron a captar la realidad, que es precisamente lo que los fariseos querían evitar. Ellos no querían que la gente fuera aceptando la noción de que Jesús era el Mesías.

Ante la evidencia abrumadora, los fariseos tenían dos opciones: uno, admitir que Jesús era el Mesías y postrarse humildemente delante de Él como tal, o dos, buscar otra explicación por el poder que Él estaba demostrando. No podían negar que Jesús tenía la habilidad para exorcizar a los demonios. Lo único que podían hacer era negar que esto fuera evidencia de Sus reclamos mesiánicos. Por lo tanto, atribuyeron blasfemamente ese poder al Príncipe de la Oscuridad, diciendo, "Este no expulsa los demonios sino por Beelzebú, el príncipe de los demonios" (12:24).

Jesús luego pasó a demostrar que Su habilidad de "atar al hombre fuerte (Satanás)" y saquear a su reino era prueba de que Él estaba actuando bajo el poder de Dios y no era el poder de Satanás. Si, incluso, Dios estaba obrando, y Jesús tenía poder sin precedente sobre demonios, entonces Jesús era el Mesías.

Es difícil de perder el punto: "Los encuentros de Jesús con los demonios estaban directamente relacionados con Su reclamo de ser el Mesías y Su oferta del Reino."[14] Tomando el poder sobre Satanás y los demonios, las enfermedades, y aún la muerte, Jesús daba un anticipo de las condiciones gloriosas que existirán durante el prometido Reino Mesiánico, cuando Satanás será atado y los efectos de la maldición serán removidos.[15] A pesar de Su exhibición de poder, y de la demonstración clara e innegable de Sus credenciales mesiánicas, la nación rechazó a Su Mesías y trágicamente lo crucificó sobre una cruz romana.[16]

El Uso Nuevo Testamentario

Hay otra indicación en las Escrituras de que la confrontación de Jesús con lo demoníaco fuera intencionalmente única y no normativa.

---

[14] Ibid.
[15] Apocalipsis 20:1-6.
[16] Observamos que muchas de las mismas señales fueron hechas por los apóstoles. Vamos a tratar con esto con más detalle en el próximo capítulo, donde veremos la razón por la cual este poder fue dado a los apóstoles. Así como con el Señor, las señales de los apóstoles fueron pruebas de que ellos hablaron y actuaron de parte de Dios.

11 ¿La Autoridad de Cristo Es la Misma Que la Nuestra?

Podemos observar la frecuencia con que el Nuevo Testamento se refiere a demonios y los tipos de referencias que se hacen.

La palabra griega para "demonio" (*daimonion*), y sus palabras relacionadas, son usadas sesenta y siete veces en el Nuevo Testamento. El esquema es así:

Cuatro evangelios: 67
Epístolas: 7
Apocalipsis: 3

Una proporción similar se encuentra cuando observamos el uso de "espíritus malignos o inmundos", que se menciona 42 veces en el Nuevo Testamento:

Cuatro evangelios: 23
Hechos: 13
Epístolas: 3
Apocalipsis: 3

Juntando todas las referencias, encontramos que "demonios/espíritus malignos/espíritus inmundos" son mencionados con la siguiente frecuencia:

Cuatro evangelios: 90
Hechos: 13
Epístolas: 10
Apocalipsis: 6

No debemos perder el detalle de que los Hechos y los Evangelios son libros históricos que registran el ministerio mesiánico singular, las obras, y los reclamos de Jesucristo y el establecimiento de la iglesia por Sus apóstoles designados personalmente. Un total de ochenta y siete por ciento (103) de las 119 referencias a demonios se encuentran en esta sección histórica del Nuevo Testamento. Ésta es otra indicación de que los encuentros con demonios de Jesús y de los Apóstoles fueron singulares y no normativos.

Verdad o Territorio: Un Acercamiento Bíblico a la Guerra Espiritual

Las epístolas (Romanos a Judas) son escritas específicamente a iglesias, pastores y creyentes individuales. Estas epístolas abordan situaciones que surgieron en la iglesia, y dan instrucciones de cómo los creyentes deben andar en Cristo y comportarse en el mundo y en la iglesia. Sin embargo las epístolas *no advierten* a los creyentes a estar atentos a la posesión demoníaca. *No mencionan* ninguna de las prácticas promocionadas por los maestros de los ministerios de liberación. *No dan* ningún mandato a exorcizar a los demonios, o de cómo realizar una sesión de liberación o un ministerio de liberación. ¡La instrucción acerca de estas cuestiones está notoriamente ausente en el Nuevo Testamento en su totalidad!

Sí, las epístolas mencionan a Satanás y los demonios, pero solo diez veces, y la mayoría de éstas son declaraciones objetivas acerca de su derrota en la cruz, o de sus esfuerzos de engañar y atacar a los creyentes. ¡Por el contrario, el enemigo más fuerte y peligroso del creyente, la carne, es mencionada cincuenta veces!

¿Por qué había tanta actividad demoníaca en los tiempos de Jesús? ¿Lo mismo se aplica hoy? Estoy dispuesto a reconocer que en muchas culturas alrededor del mundo, las manifestaciones demoníacas son mucho más prevalentes de lo que estamos expuestos en el occidente. En lugares donde la adoración a demonios a través de los ídolos es la norma, deberíamos esperar mucha más actividad descarada que en una cultura que todavía está disfrutando del fruto – aunque rápidamente desvaneciéndose – de una cosmovisión cristiana.

Si se aplicara cualquier estándar, la actividad del reino de las tinieblas envolviendo el ministerio de Jesús fue excepcional. Su llegada a este mundo y Su subsiguiente ministerio mesiánico revolvió la actividad y la resistencia de Satanás, que anteriormente pasó desapercibida. La presencia del Hijo de Dios ocasionó que el reino de oscuridad se manifestara de maneras anormales (Marcos 1:21-28).

Al otro lado de mi solar hay varias parcelas desocupadas que, sin un cuidado frecuente, la maleza y el césped crece muy alto. En un anochecer tranquilo durante el verano cuando estoy sentado en el solar y mirando por encima del césped, pudiera creer que el césped alto está quieto y nulo de actividad. Sin embargo, al caminar entre el césped encontrarás algo diferente. La parcela cobra vida con bichos, moscas, saltamontes, mosquitos y aun culebras jarreteras. ¿Qué causa la repentina

11 ¿La Autoridad de Cristo Es la Misma Que la Nuestra?

oleada de actividad? La presencia cercana de un ser humano caminando, perturba toda la actividad normal y revela lo que siempre estaba ocurriendo en la parcela. Los bichos estaban allí todo el tiempo, activos, vivos y teniendo su actividad normal. La presencia de un ser humano caminando a través del campo revuelve la actividad de los bichos.

Algo similar ocurrió durante la vida y el ministerio de nuestro Señor. Los demonios siempre estaban presentes y activos, de igual manera que lo están hoy, pero la encarnación de Jesús y Su presencia física entre el ser humano ocasionó que la actividad de los demonios se hiciera notar. Su presencia actual causó una perturbación en el ámbito espiritual. De pronto, los presos de Satanás estaban siendo liberados, las tinieblas se disiparon por la luz y los ciegos empezaron a cobrar vista. El plan redentor de Dios estaba por culminarse, y el reino de oscuridad fue asaltado por el verdadero Rey de Luz. Se produjo un frenesí espiritual en el ámbito demoníaco. De nuevo, fue un tiempo singular con circunstancias únicas.

¿Qué Debemos Imitar?

¿Esto significa que nada de lo que Jesús dijo o hizo puede servir como ejemplo para nosotros? ¡Evidentemente que no! Los apóstoles apuntaron a elementos del carácter y la conducta de Cristo (1 Pedro 2:21-25) como cosas a seguir e imitar. Se nos ordena a ser conforme a Cristo en Su carácter y conducta, pero nunca somos mandados o instruidos a imitar Su ministerio o a remedar esas cosas que se relacionan singularmente con Su Oficio Mesiánico.

Jesús caminó sobre el agua, multiplicó la comida, cambió el agua en vino, pero nadie (excepto unos locos extremistas) sugiere que tenemos la misma autoridad y/o poder para hacer lo mismo. Además, nadie sugiere (de nuevo, excepto unos locos extremistas) que estas cosas deberían ser lo normal o que tenemos una responsabilidad de hacer las mismas cosas.

De hecho, si todo el poder del Trono de Gracia es nuestra para usarlo, así como Bubeck y Anderson sugieren, y deberíamos modelar nuestra vida según Jesús, entonces ¿por qué no recibimos instrucción de ellos de cómo convertir agua en vino o piedras en pan, multiplicar los peces o aún caminar sobre el agua? ¿No sería bueno que los cristianos que viven en regiones del mundo deprimidos y empobrecidos se beneficiaran de aprovechar su autoridad ordenada por Dios sobre todas las cosas para alimentar a las multitudes con tan solo un poco de comida? Esta autoridad pudiera mantener a innumerables personas hambrientas. Sin embargo, Bubeck y Anderson nos dan listas largas de instrucciones de cómo usar esta autoridad para conquistar a Satanás, pero ni una mención de cómo usarla para cualquier otro propósito. ¿Por qué esta autoridad solo se aplica a demonios y a Satanás? ¿Jesús no es Señor sobre la creación, la naturaleza, el clima y todas las cosas físicas? Si lo es, así como es evidenciado por Su exaltación al lado derecho del Padre, ¿entonces nosotros no compartimos ese mismo poder y autoridad? ¿Por qué Bubeck y Anderson no nos dan alguna instrucción de cómo controlar el clima, multiplicar el pan y levantar a los muertos?

Obviamente, no tienen la intención de llevar su enseñanza a esa conclusión, ¿pero por qué no? Han reclamado más autoridad de lo que aun ellos pueden demostrar. ¡Su argumento prueba demasiado!

Regresando a "Detectar el Fallo"

¿Entonces cuál es el error en el argumento que propuse al inicio? ¿En qué punto se cayeron las ruedas entre la realidad de que "Jesús tiene toda autoridad" y la propuesta de que "yo tengo toda autoridad"?

Para empezar, como lo he indicado, está la *presumida* pero no bíblica idea de que soy llamado a imitar *todo* lo que Jesús jamás hizo, aun esas cosas únicas para Su oficio y reclamo mesiánico.

Segundo, no debemos pasar por alto una diferencia muy significativa entre Jesús y nosotros, a saber, ¡Él es Dios y nosotros no lo somos! Aunque el argumento que yo ofrecí empezó con la declaración, "Jesús es Dios", esa distinción e identidad rápidamente es olvidada o ignorada cuando se intenta argumentar que tengo la misma autoridad que Él. No importa lo que sea cierto de mí espiritualmente, y no importa las bendiciones que he recibido, no soy Dios encarnado. A virtud de esa distinción sola, no se justifique presumiendo sobre Su autoridad.

Tercero, es cierto que Jesús está sentado en la posición de poder a la diestra del Padre (Efesios 1:18-20). También es cierto que en virtud de mi fe en Él, estoy sentado *espiritualmente* con Cristo en los lugares celestiales (Efesios 2:5-6). Sin embargo, no es cierto que esta exaltación me da derecho a toda la autoridad y el poder que Él posee como el divino Hijo exaltado.

Aunque los pasajes en Efesios son citados como prueba de la autoridad del creyente, no tienen nada que ver con la guerra espiritual. De

11 ¿La Autoridad de Cristo Es la Misma Que la Nuestra?

hecho, es enteramente ajeno al contexto. Esos pasajes tienen que ver con nuestra aceptación de parte del Padre en virtud de nuestro estar "en Cristo".[17] Es nuestra unión con Cristo que nos da derecho a todas las bendiciones indicadas en Efesios. Estamos con Cristo y pertenecemos a Él. Esa es la rica verdad de esos pasajes. Es un gran salto inferir que toda Su autoridad celestial sobre los ámbitos físicos y espirituales está a nuestra disposición.

El fallo estaba en tomar una verdad e inferir de ella una teología completa de autoridad sobre demonios. En ningún lugar de las Escrituras – en ningún lugar – se nos dice que todos los creyentes tienen autoridad sobre Satanás y los demonios. Nos dice que Jesús la tiene. Nos dice que pertenecemos a Él. Hasta aquí se nos permite llegar.

Su victoria es nuestra dado que estamos en Él. Por lo tanto, podemos resistir al diablo, permaneciendo firme en la fe y estando firmes. Nuestra posición en Cristo nos da el derecho a la confianza de que estamos firmes en Su victoria y resistimos a Satanás en Su poder. Esto no nos da el derecho a Su autoridad.

¡Por lo tanto, esté firme!

---

[17] Tomen nota de la repetición de "en Cristo" en los primeros tres capítulos de Efesios.

12

¿Qué de los Exorcismos?

¿Entonces qué de los exorcismos? Para muchos hoy en día, esto es una parte esencial de una guerra espiritual efectiva. De hecho, muchos ministerios y personas que proponen estas tácticas de guerra espiritual agresiva reclamarían que el exorcismo de demonios es indispensable para llevar adelante una guerra efectiva contra el reino de la oscuridad. La práctica de llevar a cabo los exorcismos es virtualmente dada por sentado en la comunidad cristiana. Uno pudiera llegar a ser etiquetado como un falso maestro en algunos círculos solo por cuestionar eso.

La popularidad de Bob Larson y Neil T. Anderson han ayudado a hacer que la práctica de exorcismos sea lo común en el pensamiento evangélico hoy en día.

He conocido a creyentes que defienden que en un tiempo dado fueron poseídos por demonios. Una persona declaró que fue poseída por demonios después de llegar a ser cristiana. He conocido a pastores que supuestamente realizaron exorcismos como parte de un ritual de liberación.

Una revisión rápida de los programas cristianos televisivos, de revistas y de libros populares mostrará que a muchos en la comunidad cristiana no les cuesta nada promocionar la práctica de exorcismos o creer que esto debe ser común hoy en día. En muchos círculos, se enseña a la gente que la verdadera guerra espiritual involucra exorcizar a demonios de casi cualquier persona que se quede quieto por suficiente tiempo para imponerle las manos.

Un Asunto de Perspectiva

Hay una división clara entre dos perspectivas muy diferentes acerca de la guerra espiritual. Por un lado, están los que ven la guerra

Verdad o Territorio: Un Acercamiento Bíblico a la Guerra Espiritual

espiritual como un encuentro cara-a-cara con las huestes demoníacas, por el cual éstas son conquistadas y alejadas a través de ciertas oraciones, encantamientos y tácticas. Esta perspectiva ve la guerra espiritual como una batalla territorial. Personas y ciudades deben ser reclamadas, peleadas y quitadas del reino de la oscuridad. El poder y la autoridad de Cristo es nuestro para alcanzar este fin.

La segunda perspectiva sobre la guerra espiritual, la que yo he promocionado, es una en que la batalla es mayormente una lucha por la verdad. La guerra espiritual no es una batalla para obtener territorio, sino una batalla en la cual las ideologías son derrumbadas por medio de la verdad de la Palabra de Dios. La gente es liberada de las mentiras del reino de oscuridad. Aunque es cierto que nuestros enemigos son reales, no estamos enlazados en encuentros de poder mano-a-mano o cara-a-cara con las huestes de oscuridad. Somos llamados a mantenernos firmes (Efesios 6:10-17).

Tu perspectiva de la guerra espiritual jugará un papel determinante sobre tu perspectiva de los exorcismos. Si crees que la guerra espiritual es una serie de encuentros de poder que involucra confrontación directa con Satanás y sus poderes demoníacos, entonces probablemente verás los exorcismos como una herramienta indispensable en tu arsenal. Sin embargo, si ves la guerra espiritual como una batalla por la verdad, y que somos llamados a estar firmes en la verdad, andar en la verdad, proclamar la verdad y dejar los resultados a Dios, entonces probablemente no verás a los exorcismos como algo que cabe bien en ese paradigma.

Para determinar si somos comisionados o no a realizar exorcismos, necesitamos examinar lo que el Nuevo Testamento dice acerca de ellos. Pero primero, permíteme ofrecer un poco de perspectiva histórica sobre la popularidad de los exorcismos.

El Ministerio de Liberación en la Perspectiva Histórica

Según David Pawlison, "Aunque la práctica de hacer exorcismos ha disfrutado de popularidad en varios momentos y lugares en la historia eclesial, el uso del exorcismo como un medio para alcanzar la santificación

12 ¿Qué de los Exorcismos?

– o de crear condiciones para un evangelismo exitoso – es una innovación reciente."[1]

La perspectiva sobre la guerra espiritual evaluada en este libro es de origen reciente. Solo se ha manifestado y se ha desarrollado desde los años 1960. Algunos carismáticos de aquel tiempo fueron los primeros en popularizar esta perspectiva de la guerra espiritual y su conexión a los exorcismos. Fue lanzada por el Pastor Don Bashan en su libro *Deliver Us from Evil* (1972) [*Libéranos de la Maldad*]. Su versión de la guerra para librar a la gente de los demonios vive aún en los ministerios de hombres como Benny Hinn.

Un poco después, otros autores bien conocidos, no carismáticos, dieron credibilidad a la práctica de exorcismos en libros que no enfatizaron encuentros de poder espectaculares, sino que promocionaron exorcismos como un medio de consejería pastoral y santificación. Este enfoque surgió en círculos relacionados con Dallas Theological Seminary y Moody Bible Institute. Autores como Mark Bubeck, Merrill Unger y C. Fred Dickason llegaron a ser bien conocidos por sus fórmulas de "guerra espiritual orada".

Más tarde, otra variedad de enseñanza sobre el exorcismo se presentó, centrado alrededor de Fuller Theological Seminary y el Vineyard Movement. Autores como John Wimber, C. Peter Wagner, Charles Kraft, John White y Wayne Grudem ofrecieron una perspectiva que incluía "señales y prodigios" como herramientas para la santificación, crecimiento de la iglesia y misiones al tercer mundo. Empezando en los años 1990, autores de mucha amplitud evangélica como Neil T. Anderson y Frank Peretti hicieron popular la teología de demonios, la guerra espiritual y los exorcismos, que ahora es dada por hecho en la mayoría de los círculos evangélicos.

El factor determinante para nosotros en nuestra teología de exorcismos es lo que el Nuevo Testamento revela acerca de ellos. Tenemos que sustentar nuestra teología, no en lo que un autor en particular diga, y ciertamente no en lo que yo diga, sino en lo que las Escrituras revelan. Ahora nos enfocaremos en esto.

---

[1] David Powlison, "Deliverance Ministry in Historical Perspective," *Christian Research Journal* 21. 3 (1998): Article DA086. La Información acerca de la historia de los ministerios de liberación y teología fue extraída de este artículo.

Lo Que la Biblia Enseña Acerca de los Exorcismos

El Nuevo Testamento consistentemente clasifica los exorcismos como una "señal" o un "prodigio". La mayoría de la gente no piensa que el exorcismo esté relacionado de ninguna manera con los milagros bíblicos, pero lo es. De hecho, la relación es innegable.

De manera interesante, muchos cristianos que nunca dirían que deberíamos estar realizando milagros, así como lo hicieron los apóstoles, no se pararían un momento antes de sugerir que debemos realizar los exorcismos. Los exorcismos son incluidos como algunas de las "señales" hechas por Jesús y los apóstoles. Si un exorcismo es un milagro, y no somos llamados a realizar milagros hoy en día, ¿entonces por qué pensaría alguien que deberíamos realizar exorcismos hoy? Un exorcismo es un ejemplo de un milagro bíblico.

Los que apoyan la práctica de los exorcismos son rápidos en citar los Evangelios y el libro de Hechos para comprobar su caso. Como ya se ha indicado, ellos creen que el ministerio de Jesús y de los apóstoles debe servir como un patrón para que lo emulemos. Pero vamos a observar lo que el libro de Hechos enseña sobre los exorcismos.

1. Los exorcismos son clasificados como "señales y prodigios."

Hay cuatro pasajes en el libro de Hechos que mencionan los exorcismos; Hechos 5:12-16; 8:6-7; 16:16-18; y 19:11-12. Vamos a examinar cada uno.

Por mano de los apóstoles se realizaban *muchas señales y prodigios* entre el pueblo; y estaban todos unánimes en el pórtico de Salomón. Pero ninguno de los demás se atrevía a juntarse con ellos; sin embargo, el pueblo los tenía en gran estima. Y más y más creyentes en el Señor, multitud de hombres y de mujeres, se añadían constantemente al número de ellos, a tal punto que aun sacaban los enfermos a las calles y los tendían en lechos y camillas, para que al pasar Pedro, siquiera su sombra cayera sobre alguno de ellos. También la gente de las ciudades en los alrededores de Jerusalén acudía trayendo enfermos y *atormentados por espíritus inmundos, y todos eran sanados* (Hechos 5:12-16).[2]

---

[2] El énfasis es mío.

12 ¿Qué de los Exorcismos?

La última parte de los versículos 12-14 es un paréntesis. Esas palabras que describen la unidad de la gente y la estima con que vieron a los apóstoles interrumpe el flujo de la oración que habla de señales y prodigios. Si quitamos la declaración parentética de Lucas, es más fácil ver lo que Lucas nos dice acerca de señales y prodigios.

Nos dice, "Por mano de los apóstoles se realizaban muchas señales y prodigios entre el pueblo." Lucas entonces nos dice lo que eran estas señales y prodigios. Fueron sanaciones espectaculares, a tal punto que si la sombra de Pedro caía sobre alguien, él o ella eran sanados. Observa la parte final de versículo 14: Los que estaban "enfermos y atormentados por espíritus inmundos" fueron traídos a los apóstoles "y todos eran sanados."

En ese pasaje, Lucas describe dos tipos de milagros. Había las sanaciones físicas, y había liberaciones del poder de demonios. Ya sea que la gente estaba enferma o poseída por espíritus malignos, todos fueron sanados. El exorcismo es descrito en ese pasaje como un "milagro de sanación".

El segundo pasaje en el libro de Hechos nos dice la misma cosa.

Y las multitudes unánimes prestaban atención a lo que Felipe decía, al oír y ver las señales que hacía. Porque de muchos que tenían espíritus inmundos, estos salían de ellos gritando a gran voz; y muchos que habían sido paralíticos y cojos eran sanados (Hechos 8:6-7).

Las multitudes estaban prestando atención a la proclamación del evangelio a través de Felipe porque "oyeron y vieron las señales que hacía." ¿Qué tipo de "señales" hacía Felipe? Pues, Lucas no nos deja en la oscuridad de lo que eran. En el caso de los que tenían "espíritus inmundos", los espíritus salían de ellos. En los casos de los que habían sido "paralíticos", fueron sanados. De nuevo, ¿qué es un exorcismo? Es una señal. Es un milagro. Es clasificado como "señal y prodigio".

¿Qué tal la tercera referencia a exorcismos en Hechos?

Y sucedió que mientras íbamos al lugar de oración, nos salió al encuentro una muchacha esclava que tenía espíritu de adivinación, la cual daba grandes ganancias a sus amos, adivinando. Esta, siguiendo a Pablo y a nosotros, gritaba diciendo: Estos hombres son siervos del Dios Altísimo,

> quienes os proclaman el camino de salvación. Y esto lo hacía por muchos días; más desagradando esto a Pablo, se volvió y dijo al espíritu: ¡Te ordeno, en el nombre de Jesucristo, que salgas de ella! Y salió en aquel mismo momento. (Hechos 16:16-18).

Vas a notar que este exorcismo no es llamado "una señal" o "un prodigio". Sin embargo, sigue siendo un exorcismo, y aprendemos algunas cosas importantes de lo ocurrido.

Primero, debemos notar quien realizó este exorcismo: Pablo, el apóstol. Eso es significativo porque, como veremos más adelante, con rara excepción, los únicos que realizaron milagros en el libro de Hechos fueron los apóstoles. Recordando que Lucas consideraba a los exorcismos como "milagros", no nos sorprende ver a un apóstol realizando un exorcismo. Eso es lo que esperaríamos de hombres con habilidades para realizar milagros.

Segundo, Pablo obviamente no consideró los exorcismos como necesarios para el avance del evangelio. El texto dice que esta muchacha esclava que tenía espíritu de adivinación seguía tras Pablo y Silas por "muchos días". Uno se pregunta por qué Pablo toleraría esto por "muchos días" antes de al fin exorcizar al demonio. Si somos llamados a exorcizar a los demonios de cualquier persona como parte de nuestra estrategia evangelista, entonces esto debería haber sido la primera cosa que Pablo hiciera cuando llegó a Filipos.

Tercero, observe que el demonio "salió en aquel mismo momento." Fue una sanación y liberación instantánea. No había una "batalla" prolongada involucrando oraciones detalladas al estilo encantamientos,[3] enviando los demonios al "abismo", "atando a Satanás" o nombrando principados demoníacos individuales. No se dice nada aquí de renunciar al pecado, de maldiciones ancestrales, de investigar territorios de los espíritus o de colocar un cerco de espinas. Pablo habló la palabra y se acabó, tal como esperaríamos de un exorcismo, así como con una sanación, es un milagro.

---

[3] Oraciones como esas son típicas de los escritos y ministerios de Mark Bubeck, Neil T. Anderson, John Dawson y Bob Larson.

12 ¿Qué de los Exorcismos?

El cuarto pasaje en el libro de Hechos es Hechos 19:11-12: "Y Dios hacía milagros extraordinarios por mano de Pablo, de tal manera que incluso llevaban pañuelos o delantales de su cuerpo a los enfermos, y las enfermedades los dejaban y los malos espíritus se iban de ellos." Estos eventos ocurrieron en Éfeso.

Podemos observar algunas cosas aquí que son consistentes con las otras menciones de los exorcismos en Hechos. Primero, vemos mencionado a un apóstol en conexión con "milagros extraordinarios." Segundo, Lucas no nos deja en la incertidumbre" acerca de lo que estos milagros implicaban; Dios usó pañuelos y delantales llevados desde el cuerpo de Pablo para traer sanación a los enfermos. Tercero, hay dos tipos de milagros indicados en este pasaje: los enfermos fueron sanados mientras "las enfermedades los dejaban", y "malos espíritus se iban de ellos." Tanto las sanaciones como los exorcismos son llamados "milagros extraordinarios" logrados por "manos de Pablo", un apóstol.

Lucas menciona los exorcismos cuatro veces en el libro de Hechos. En tres de esas cuatro veces, él los llama milagros, señales o prodigios. Además, observamos que tres veces ocurrieron por manos de un apóstol, y una vez a través de alguien comisionado por los apóstoles y conectado a su ministerio.

Si aprendemos algo acerca de los exorcismos del libro de Hechos, es esto: cada persona que tenía poder sobre demonios, también tenía poder para sanar a los enfermos y resucitar a los muertos. Lo mismo se puede decir de Jesús. Él demostró poder sobre los demonios y tuvo poder para sanar a los enfermos y resucitar a los muertos. Irónicamente, muchos cristianos que nunca pensarían reclamar el poder para sanar a los enfermos y resucitar a los muertos, sin embargo creen que tienen el poder sobre Satanás y sus demonios.

También es obvio que no toda persona realizó exorcismos. No era que cada creyente tenía este poder. Si cada creyente tuviese esta habilidad, ¿entonces por qué Lucas llamaría a los exorcismos "milagros extraordinarios"? La única persona que realizó un exorcismo que no fue un apóstol fue Felipe, y él estaba asociado estrechamente con el ministerio apostólico. De hecho, tenemos un recuento muy bien conocido de unos que no eran apóstoles que intentaron realizar un exorcismo: los hijos de Esceva (Hechos 19:11-20). Esto no salió muy bien.[4]

Tampoco pareciera, según el relato de Hechos, que los exorcismos eran algo común. En todo el transcurso del libro de Hechos (treinta años), Lucas solo menciona los exorcismos cuatro veces y solo graba los detalles una vez (Hechos 16:12-16). Apenas era algo central en la expansión del evangelio o del ministerio de la iglesia en general.

Los exorcismos mostraron que los apóstoles tenían la autoridad de Dios, la misma autoridad de Cristo. La obra de Cristo de echar fuera a los demonios demostró Sus credenciales mesiánicas y Su deidad. La habilidad de los apóstoles a realizar lo mismo fue evidencia de que ellos eran los representantes de Cristo comisionados directamente por Él. Solo vemos los exorcismos ocurriendo a manos de Jesús, de Sus apóstoles y, en una ocasión, por medio de alguien comisionado por los apóstoles.

2. El Nuevo Testamento enseña que la habilidad para realizar "señales y prodigios" fue dada a los apóstoles con el propósito de autentificar el ministerio apostólico y su autoridad.

Considere los siguientes textos bíblicos:

Hechos 2:43 "Sobrevino temor a toda persona; y muchos *prodigios y señales* eran hechas *por los apóstoles*."

Hechos 5:12 "Por *mano de los apóstoles* se realizaban muchas *señales y prodigios* entre el pueblo; y estaban todos unánimes en el pórtico de Salomón."

Hechos 14:3 "Con todo, se detuvieron allí mucho tiempo hablando valientemente confiados en el Señor que confirmaba la palabra de su gracia, concediendo que se hicieran *señales y prodigios* por medio de *sus manos*."

---

[4] Algunos argumentarían que los hijos de Esceva eran judíos incrédulos y no cristianos, y por lo tanto lo ocurrido con ellos solo sirve para mostrar que los no creyentes no pueden realizar los exorcismos, pero no comprueba que los cristianos no pueden. Esto puede ser cierto, pero Lucas parece estar compartiendo este evento para mostrar que Pablo (un apóstol) era único, siendo que Dios estaba realizando milagros extraordinarios a manos de él (Hechos 19:11). Pero llegando más al punto, no hay un registro en Hechos de un cristiano común realizando un exorcismo. Afirmo que es porque los cristianos entendieron que eso no era su prerrogativa así como no lo era otras habilidades milagrosas.

12 ¿Qué de los Exorcismos?

Hechos 15:12 "Toda la multitud hizo silencio, y escuchaban a Bernabé y a *Pablo*, que relataban las *señales y prodigios* que Dios había hecho entre los gentiles por medio de ellos."

Hechos 19:11 "Y Dios hacía *milagros extraordinarios* por *mano de Pablo*."

2 Corintios 12:12 "Entre vosotros se operaron las *señales* de un verdadero *apóstol*, con toda perseverancia, por medio de *señales, prodigios*, y *milagros*."

Hebreos 2:3-4 "¿Cómo escaparemos nosotros si descuidamos una salvación tan grande? La cual, después que fue anunciada primeramente por medio del Señor, nos *fue confirmada* por *los que oyeron*, testificando Dios juntamente con *ellos*, tanto por *señales como por prodigios*, y por diversos *milagros* y por dones del Espíritu Santo según su propia voluntad." (Los que oyeron al Señor hicieron las señales. Esto es una referencia a los apóstoles.)[5]

Las señales realizadas por los apóstoles tienen el mismo propósito que las señales realizadas por Jesús. Sirven como una autentificación de su ministerio. Su habilidad para realizar los mismos tipos de señales que Jesús hizo demostró que verdaderamente fueron enviados y comisionados por Él (2 Corintios 12:12); eran verdaderos apóstoles. Como el autor de Hebreos lo dice, Dios confirmó su palabra "testificando Dios juntamente con ellos, tanto por señales como por prodigios, y por diversos milagros."

Solo hay tres excepciones a esto: Esteban (Hechos 6:8), Felipe (Hechos 8:6-7) y Bernabé (Hechos 14:3). En cada uno de estos tres casos, las personas que realizaron los milagros estaban asociadas estrechamente con los apóstoles y los ministerios apostólicos.

Podemos deducir de los pasajes que hemos examinado que el Nuevo Testamento enseña que los exorcismos son milagros, y los milagros fueron hechos por apóstoles o personas muy estrechamente asociadas a ellos.

La Ausencia de Instrucción

No hay ninguna instrucción en las epístolas del Nuevo Testamento sobre el tema de los exorcismos. El silencio del resto del Nuevo Testamento

---

[5] El énfasis es añadido.

resulta ensordecedor. No encontramos a los apóstoles ni a Jesús dando instrucciones a la iglesia para llevar a cabo exorcismos.

Nunca somos mandados a exorcizar a los demonios. Nunca somos instruidos a cómo exorcizar a los demonios. Nosotros ni siquiera recibimos el sentido del Nuevo Testamento de qué se espera de nosotros para exorcizar a los demonios. Si los exorcismos deben ser lo común hoy en día, entonces es inconcebible que el Señor se mantuviera callado y dejarnos sin ninguna instrucción de cómo enfrentar a un enemigo tan peligroso, poderoso y engañoso.

Puedes leer el Nuevo Testamento desde Romanos a Apocalipsis y no encontrarás ni una sola palabra de instrucción o mandato referente a exorcizar a los demonios. La mejor manera de explicar este silencio obvio es el hecho de que los exorcismos son milagros realizados por Jesús y los apóstoles para autentificar su mensaje y ministerio, y que la intención nunca fue la de continuar con los exorcismos más allá de la era apostólica.

Si deseas instrucción de cómo llevar a cabo los exorcismos, no puedes dirigirte al Nuevo Testamento. En cambio, estás obligado a dirigirte a los escritos de los "expertos" hoy día de ministerios de liberación para obtener sus instrucciones detalladas. Son rápidos para sugerir metodologías, oraciones, encantamientos y renuncias.

Mark Bubeck ofrece "unas precauciones y advertencias para que alguien no sea propenso a entrar audazmente a un encuentro descuidadamente."[6] Lo que sigue, en su libro, son tres páginas llenas de sugerencias útiles, consejos y trucos para llevar a cabo los exorcismos. Mientras las Escrituras manifiestan silencio, Bubeck se apresura con una lista de cosas "qué hacer" y "no hacer". Entre las muchas calificaciones espirituales que Bubeck ofrece para realizar un exorcismo, encontramos lo siguiente:

- Uno debe estar comprometido con el Señorío de Cristo.
- Uno necesita practicar la memorización de las Escrituras.
- Evite trabajar con alguien que no esté comprometido y entregado al Señorío de Cristo.[7]

---

[6] Mark Bubeck, *The Adversary* (Chicago: Moody Press, 1975), 122.
[7] Ibid., 122-123.

12 ¿Qué de los Exorcismos?

Bubeck ofrece una lista de cosas que no debes hacer durante un exorcismo, incluyendo lo siguiente:

- No solicite información ni permita que un espíritu maligno ofrezca voluntariamente información que tú no buscas.
- No crea lo que un espíritu maligno diga excepto si lo comprueba.
- No presuma que una victoria es el fin de la lucha.
- No se fíe de una confrontación audaz como la manera primordial de victoria sobre el enemigo.[8]

Ninguna lista estaría completa sin las "cosas que debes hacer", y Bubeck no tarda nada en rellenar lo que falta en las Escrituras.

- Debes diariamente vestirte de toda la armadura de Dios y reclamar tu unión con Cristo y caminar en la llenura del Espíritu Santo.
- Debes retomar todo el territorio que has cedido a Satanás por medio de pecados deliberados y descuidados de la carne.
- Debes atar a todos los poderes de oscuridad trabajando bajo la autoridad de cualquier espíritu maligno de él, mandándolos a salir cuando él salga.
- Debes obligar al espíritu maligno a admitir que, puesto que estás sentado con Cristo por encima de todos los principados y poderes, tú tienes la autoridad absoluta sobre ellos.
- Debes obligarlos a admitir que cuando tú mandes que salgan, ellos tienen que ir donde Cristo los envíe.
- Debes insistir que si el poder maligno se ha dividido en varias partes, que vuelva a ser un espíritu entero.
- Debes estar preparado para que el poder maligno intente herir a la persona con quien estás trabajando de alguna manera.[9]

Es obvio que estas instrucciones no se encuentran en ningún lugar de las Escrituras. Si éstas son esenciales para los exorcismos, y si el Señor se olvidó de darnos estas instrucciones, entonces verdaderamente Él nos habrá hecho un deservicio. Nos llevaría a concluir que la Palabra de Dios

---

[8] Ibid., 124.
[9] Ibid., 124-125.

no es suficiente. ¿Debemos creer que la iglesia tuvo que esperar hasta que Mark Bubeck y Neil Anderson llegasen al encuentro para darnos esta información esencial acerca de cómo llevar a cabo los exorcismos? ¿Dónde estaríamos sin estos hombres para rellenar lo incompleto de las Escrituras?

Pero Qué Tal De...

Si nuestro entendimiento de las Escrituras es correcto, y creo que sí lo es, entonces hay una contradicción obvia entre lo que la Escritura enseña y lo que algunos han declarado haber experimentado o visto. Seguro que alguien va a objetar citando una experiencia personal o una anécdota. Yo también conozco a personas que supuestamente han realizado exorcismos, han sido testigos de ello o que han sido exorcizados de sus demonios. ¿Qué hacemos con estas experiencias?

Como se ha indicado antes, no edificamos nuestra teología sobre las experiencias, no importa lo real o convincente que puedan ser. Edificamos nuestro pensamiento sobre las Escrituras y entonces hacemos la pregunta, "¿Cómo entiendo lo que he experimentado a la luz de las Escrituras?"

Si la Biblia dice que los exorcismos genuinos son milagros, y si la Biblia dice que los milagros fueron realizados por Jesús y los apóstoles, y si los apóstoles ya no viven, y si la Biblia no nos ordena ni nos da instrucciones acerca de exorcizar a los demonios, entonces solo hay una conclusión a la que llegar: los supuestos exorcismos de hoy en día no son algo genuino.

¿Puedo sugerir que es por lo menos una posibilidad teórica que el padre de las mentiras, el gran engañador, el ángel de luz, pueda estar engañando a la gente, llevándoles a pensar que lo pueden controlar? ¿Es posible que Satanás esté guiando a la gente, bien intencionadas, a entrar en prácticas que son completamente inútiles? ¿Es posible que él desee que la gente se enfoque en actividades que no marcan nada de diferencia, para así distraer a la gente de Dios de las cosas reales, esto es la proclamación y defensa del evangelio? Yo creo ciertamente que eso es una explicación viable.

Los cristianos hoy en día no tienen el poder para echar fuera a los demonios, como tampoco tienen el poder para convertir el agua en vino o de levantar a los muertos. No podemos realizar señales y prodigios. Los exorcismos de hoy no son nada más que decepciones demoníacas diseñadas astutamente para desviar a los cristianos de la verdadera guerra, que es una guerra por la verdad.

Las experiencias de los exorcismos en estos días modernos son creadas por algo que no es el poder de Dios. Las religiones paganas también tienen exorcismos. Los gurús hindúes realizan exorcismos y la gente aparentemente son liberados de los demonios por ellos. Estos, claramente, no son hechos por el poder de Dios. ¡Jesús dijo que algunas personas podrían realizar exorcismos y que ni siquiera fueran salvos (Mateo 7:21-23)! ¿Cómo explicamos estos exorcismos? ¿Son el producto auténtico? ¿O está Satanás engañando a los que practican las religiones paganas y los cultos hindúes? Si Satanás está engañando a los que están en las religiones paganas y cultos hindúes por medio de fabricar exorcismos falsos, ¿qué nos hace pensar que él no puede hacer lo mismo a los cristianos?

¿Cuál es Nuestro Acercamiento?

¿Creo que la gente hoy en día puede ser poseída por demonios? Claro que sí. No creo que los cristianos puedan ser poseídos por demonios, pero creo que es posible que los no creyentes sean controlados y poseídos por los demonios. ¿Entonces cómo debemos tratar con los no creyentes poseídos por demonios? De la misma manera que tratamos con los no creyentes que no están poseídos – compartir con ellos el evangelio.[10]

¿Qué necesita una persona poseída por un demonio? ¿Necesita un exorcismo o un encuentro de poder? ¿Qué es lo que la Escritura dice que nos libra del reino de la oscuridad y nos traslada al reino de la luz? ¿Qué es lo que nos libera del pecado, de Satanás y de nosotros mismos? ¿Cuál es el poder de Dios para la salvación? Es el evangelio (Romanos 1:16). Para ser liberado de Satanás, el no creyente necesita la luz gloriosa del evangelio de Cristo.

Los defensores de los ministerios de liberación dirían que una persona poseída por un demonio necesita primero ser exorcizado de su demonio o demonios antes de que pueda recibir el evangelio. Enseñan que si no exorcizamos al demonio primero, el demonio va a impedir que él acepte a Cristo.

---

[10] Yo dudo que la mayoría de nosotros nos encontremos con personas poseídas por un demonio diariamente.

Verdad o Territorio: Un Acercamiento Bíblico a la Guerra Espiritual

Esta perspectiva supone que la persona poseída por un demonio está en una condición peor que el pagano común no regenerado. ¿Hace falta algo más que el evangelio para liberar a alguien del reino de tinieblas a la luz? ¿Es el evangelio insuficiente para efectuar esta transformación? ¿Carece el mensaje del evangelio del poder suficiente para liberar a alguien de Satanás? La noción completa de que algo *más* que la proclamación del evangelio es necesario para la salvación de un pecador poseído por un demonio es una afrenta al poder del mensaje del evangelio, y no acepto esto. ¿Dónde leemos en la Biblia que una persona poseída por un demonio es menos propensa a confiar en Cristo que una persona no poseída por un demonio? ¿No es la persona incrédula no poseída por un demonio tan igual que un "hijo bajo ira", "muerto en pecado" y "hostil a Dios" como el no creyente poseído por un demonio?

Una persona poseída por un demonio no necesita un encuentro de poder. Necesita un encuentro con la verdad. No necesita un exorcismo, sí necesita el evangelio. Cuando esa persona confía en Cristo para la salvación, será liberada completamente del pecado, los demonios y Satanás. El evangelio proclamado es suficientemente poderoso para liberar a un no creyente de la oscuridad. No necesita de nuestros métodos carnales acompañados por los consejos fantasiosos de los "expertos" de los ministerios de liberación.

Thomas Ice y Robert Dean lo dicen correctamente,

> La normativa para tratar con los no creyentes poseídos por un demonio ha llegado a ser la predicación del evangelio. . . . . Cualquier creyente puede liberar a otra persona de los demonios por medio de llevarlo a Cristo. Las Escrituras no requieren un segundo paso de liberación para que un creyente pueda ser liberado de lo demoníaco; Cristo barre la casa limpia en el momento de salvación.[11]

¿Son los Exorcismos para Hoy?

Los exorcismos son milagros. Fueron milagros hechos por Jesús y los apóstoles. No hemos recibido un mandato para hacer exorcismos. No somos instruidos de cómo hacer exorcismos. El Nuevo Testamento no

---

[11] Thomas Ice and Robert Dean, *Overrun By Demons: The Church's New Preoccupation with The Demonic* (Eugene: Harvest House Publishers, 1990), 128.

12 ¿Qué de los Exorcismos?

espera que hagamos exorcismos. En vista de estas verdades, tenemos que concluir que la respuesta es no. Los exorcismos no son necesarios para el avance del evangelio, la salvación del pecador o la santificación de los santos.

Esté firme en esta verdad.

13

La Guerra Espiritual y la Santificación

Pocas cosas son más obvias para un nuevo creyente que la realidad de la persistencia del pecado que permanece en el creyente. La obra de regeneración del Espíritu Santo y Su presencia interna trae una conciencia de pecado que la persona no regenerada es incapaz de conocer. De repente, un nuevo creyente ve pecado en su vida y se siente obligado a luchar en contra de eso. Siendo que la Escritura enseña que la carne no redimida persiste en nosotros hasta la muerte (Romanos 7-8), esta lucha constante en contra del pecado puede ser muy desalentadora y confusa para un nuevo cristiano.

Esta experiencia no resulta de un incremento en el número de tentaciones o de un incremento en los deseos pecaminosos. Por el contrario, llegamos a ser más conscientes del pecado como resultado de ser habitados por el Espíritu Santo. La regeneración trae un nuevo principio de vida y justicia a nuestras vidas que estaba ausente antes de la conversión. Repentinamente empezamos a progresar en la santificación y encontramos que tenemos un deseo hacia la justicia que combate contra los deseos de la carne.

El borracho, ya convertido, de repente encuentra que la sobriedad no es un asunto tan fácil. El hombre cuya mente ha sido bombardeada por años con la pornografía encuentra que la batalla no desaparece de la noche a la mañana. La adúltera habitual encuentra que controlar sus formas habitualmente provocativas es de repente más difícil de lo que había inicialmente imaginado. La persona grosera es consciente de repente que su lengua es un mundo de iniquidad y controlar su hablar requiere de una vigilancia constante y disciplinada. Así es con todo

Verdad o Territorio: Un Acercamiento Bíblico a la Guerra Espiritual

pecado, todo hábito y toda tentación.

Por falta de formación en la justicia (Romanos 6:15-23), el nuevo cristiano puede empezar a sentir que la victoria sobre el pecado y el progreso en la santidad es una causa perdida. El desaliento puede asentarse y pronto él o ella comienzan a desear una "solución rápida", un remedio, un sistema o programa que prometa la victoria inmediata y resultados instantáneos. La perspectiva predominante que he estado examinando en este libro ofrece tal remedio falso.

La Guerra Espiritual al Rescate

Si estás familiarizado con los métodos de la guerra espiritual apoyados por los autores populares que he mencionado, entonces es probable que también estés familiarizado con la manera en la cual su perspectiva sobre el mundo espiritual y la guerra espiritual es aplicada a la santificación progresiva de un creyente. Todas las prácticas que se han comprobado no ser bíblicas son inevitablemente usadas en la batalla contra el pecado. El resultado puede llegar a ser nada menos que desastroso. Ejercer la guerra espiritual con la metodología incorrecta, es seguro que resulte en distracción y derrota. De igual modo, perseguir la santificación a través de los medios errados o batallando contra el pecado con las herramientas equivocadas, no puede producir la victoria que deseamos.

La enseñanza común sobre la guerra espiritual trata la batalla espiritual como una guerra por conquistar territorio. La Biblia describe la verdadera guerra espiritual como una guerra por la verdad. Esas dos perspectivas diferentes llevan a dos metodologías radicalmente diferentes sobre la guerra espiritual y dos acercamientos diferentes a la santificación progresiva.

La "perspectiva territorial" de la guerra espiritual enseña que el pecado en la vida del creyente es causado por fortalezas demoníacas, opresión, maldiciones, espíritus territoriales o aún la posesión demoníaca. Las respuestas que ellos proponen para los problemas incluyen las mismas cosas que ya he evaluado y demostrado ser no bíblicas o extra-bíblicas. Si alguien da un diagnóstico equivocado de una enfermedad, también va a dar la cura equivocada.

13 La Guerra Espiritual y la Santificación

Entiendo Mal el Pecado y a Satanás

"El diablo me obligó a hacerlo" no es solamente un dicho bien conocido de Flip Wilson, sino también es algo constante en la teología sobre la guerra espiritual en el ámbito evangélico de hoy. A Satanás se le da más protagonismo de lo que merece por crear el pecado en la vida de un creyente. No solo le asignan el crédito por ocasionar el pecado, sino según algunos, él también es la causa mayor de enfermedades en las vidas del pueblo de Dios.

El famoso (y desacreditado) tele evangelista Robert Tilton fue muy aficionado a entrar con rabia contra las fuerzas demoníacas que pensaba estaban atormentando y atacando a su audiencia televisa. Mencioné esta diatriba en un capítulo anterior. Léela de nuevo, solo esta vez observe quien recibe el protagonismo de causar varios pecados y enfermedades. En un episodio de su *Success-N-Life* programa, él despotricó,

> Satanás, vosotros los espíritus demoníacos del SIDA, y el virus de SIDA - ¡Yo te ato! Vosotros los espíritus demoníacos del cáncer, artritis, infección, migrañas y dolor - ¡Sal de ese cuerpo! ¡Sal de ese niño! ¡Sal de ese hombre... Satanás! ¡Yo te ato! Vosotros los asquerosos espíritus demoníacos de enfermedades y dolencias, enfermedades del oído, los pulmones y la espalda. Vosotros los espíritus demoníacos de artritis, enfermedades y dolencias. Vosotros los espíritus inválidos atormentando a los estómagos. ¡Satanás, yo te ato! ¡Vosotros los espíritus de nicotina – yo les ato! ¡En el nombre de Jesús![1]

La manera extraña de Tilton de vincular la adicción de fumar a la obra de "espíritus de nicotina" casi te hace asombrarse de lo que los "espíritus de nicotina" hicieron antes del desarrollo de los cigarros.

No solo se le da a Satanás el crédito de causar enfermedad y dolencia en la vida de un creyente, sino que con frecuencia recibe el crédito de hacernos pecar. Es normal, para las personas metidas en los ministerios

---

[1] Robert Tilton, *Success-N-Life* programa (ca. 1991), el video está archivado en Christian Research Institute. Esto fue citado por Hank Hanegraaff, *Christianity in Crisis* (Eugene: Harvest House Publishers, 1993), 257.

de liberación, llegar tan lejos como para atribuir la glotonería, el odio, el celo, la envidia, el chisme, el homicidio, la homosexualidad, el orgullo, la borrachera y aún el suicidio a los demonios. Una búsqueda rápida online dará docenas de páginas web de "ministerios de liberación" dedicados a tratar con los demonios que supuestamente están ligados a todos estos pecados y muchos más.

Mark Bubeck, por ejemplo, reclama que un demonio una vez se auto nombró como "Suicidio."[2] Durante una confrontación con poderes demoníacos que Bubeck supuestamente tuvo para liberar a su hija de la opresión demoníaca (o posesión),[3] él mandó a los demonios "en el nombre del Señor Jesucristo," a indicar sus nombres, Bubeck informa,

> Pudimos obtener los nombres de una jerarquía que propusieron destruir a Judy, y a través de sus problemas podrían atacar a mi ministerio. Algunos de los nombres dados fueron idénticos a los síntomas descritos.[4] El Temor encabezaba la jerarquía, y debajo de él estaban obreros como Nausea, Colon, Destructor y Engañador.[5]

Esto es típico de la propuesta de los que creen que un demonio está detrás de todo pecado o síntoma.

Bubeck no recoge nada de esta percepción desde las Escrituras, puesto que las Escrituras jamás dan esos nombres, ni nada semejante, para los demonios. La única manera que tiene Bubeck para obtener esta información es por medio de conversar con demonios – un enfoque patentemente no bíblico, y uno lleno de errores. ¿Por qué debemos creer que los demonios están hablando la verdad acerca de sus nombres o su involucramiento? Además, ¿por qué debo creer que tal práctica es aún

---

[2] Mark I. Bubeck, *The Adversary* (Chicago: Moody Press, 1975), 91-92.
[3] Este encuentro fue detallado en el capítulo 9.
[4] Su hija estaba sintiendo nausea y angustia.
[5] Bubeck, 121. Recuerde que este es el mismo hombre, cuando daba su lista de "cosas que hacer y no hacer" para los exorcismos, que dijo a sus lectores, "No crea lo que un espíritu maligno diga excepto que se compruebe." Pero aquí Bubeck cree este testimonio que recibió de los espíritus malignos sin haberlo comprobado. ¿Qué le hace pensar que estos son los nombres actuales de estos demonios? Él solo toma su palabra como cierta. Tal vez él piense que, dado que su testimonio coincide con su experiencia, entonces es verdad. Si éste es el caso, entonces demuestra lo grave de su locura – es decir, comprobar la palabra de un demonio desde su propia experiencia subjetiva.

13 La Guerra Espiritual y la Santificación

necesaria? ¿Por qué debo aceptar la presuposición que la información provista en las Escrituras es insuficiente, y entonces solicitar la información necesaria de los demonios? La Escritura no habla de demonios nombrados Suicidio, Lujuria, Avaricia, Envidia o Nicotina. ¡Todo esto es un disparate místico, supersticioso y basado en la experiencia!

Bubeck, así como White, Anderson y otros, ven el pecado en la vida de un creyente como la obra de demonios. Así es como se desarrolla la manera de pensar: La lujuria debe ser causada por un demonio (probablemente nombrado Lujuria) quien me ataca, me distrae y pone pensamientos en mi cabeza. Debe tener un hueste de ayudantes, todos son partes de la jerarquía, cuyos nombres son probablemente Sensualidad, Pasión, Distracción, Lascivia y Hormona. Con toda probabilidad, uno de estos demonios obtuvo una incursión en mi familia a través del pecado repetido de adulterio por parte de mi padre. Ese demonio probablemente se llama Adulterio. (¡Yo sé, los nombres pueden ser confusos, pero manténgase enfocado!) Así que, el diablo ahora tiene una "entrada" a mi vida y mi hogar. Siendo que los pecados de los padres son traspasados a través de múltiples generaciones, es una garantía que yo, y mis hijos, y los hijos de mis hijos, luchemos con los mismos pecados. Estos demonios y su influencia se han atrincherado en mi vida. Por lo tanto hay una maldición espiritual sobre mi familia, una fortaleza demoníaca en mi vida y actividad demoníaca que debe ser purgada.

¿Qué hay que hacer, según la enseñanza del ministerio de liberación? Estas fuerzas espirituales deben ser confrontadas y resueltas.

La cura es algo como esto: estos pecados y actividades de mi padre y mi abuelo deben ser investigados, identificados y confesados a Dios. Yo debo "rogar por la sangre de Jesús" sobre estos pecados y renunciar verbalmente, delante del mundo de espíritus, mi repudio hacia estos pecados (y no se olvide de las oraciones formuladas para tales ocasiones). Uno no puede ser demasiado minucioso cuando intenta romper las maldiciones satánicas o generacionales, por lo tanto debe ser cuidadoso en nombrar cada pecado que tal vez haya dado esta entrada al diablo.

Después, es necesario una confrontación directa con los espíritus involucrados, que de manera conveniente son nombrados Lujuria, Adulterio, Pasión, Hormona, etc. Exigiendo, en el nombre de Jesús, por supuesto, que cada espíritu dé su nombre, e identifique los poderes demoníacos por encima y por debajo en la jerarquía, esto va a ayudar a organizar mi oración formulada contra los espíritus. Esto es importante, puesto que cada espíritu necesita ser atado por su nombre. Las oraciones deben ser usadas tales como, "Te ato, espíritu malvado de la Lujuria, en el nombre de Jesús y por Su sangre, te envío al abismo del infierno, o dondequiera que Jesús te envíe." Y por supuesto, no podemos olvidarnos de la represión verbal importantísima que debe ser lanzada a Satanás y sus demonios de vez en cuando. Algo como, "¡Te reprendo, Satanás, en el nombre de Jesús! ¡Vete de mí!" Tal vez veamos necesario recordar a Satanás que somos hijos de Dios, y que tenemos autoridad sobre él para azotarle, atarle y enviarle al abismo—por si acaso él lo haya olvidado.

Guiar a mis hijos (y nietos si es aplicable) en el mismo proceso de renuncia y atadura es esencial, si ellos van a experimentar cualquier libertad. Después, debo orar por un seto de protección alrededor de mis pertenencias, mi casa, mi lugar de trabajo, mis parientes, mi esposa, mis hijos, mi perro, mi equipo favorito de fútbol, y cualquier otra cosa que deseo proteger de la influencia de Satanás.

¡Que carga pesada con que nos ensillan tales enseñanzas falsas! ¡Si esto no deja a una persona agotada, depresiva y confundida, no sé qué lo haría! Si piensas que la batalla se ha acabado, si piensas que la victoria se ha ganado, estás equivocado. ¡Cada vez que se presenta esa tentación, vas a tener que pasar por todo este proceso laborioso de nuevo! ¡Después de todo, no puedes atar a Satanás demasiadas veces! No puedo decirte las muchas veces que escuché a Satanás y sus demonios siendo atados durante los cultos de oración cuando estudié en el seminario teológico.

Esto es el método gravoso, laborioso y mal encaminado para la santificación personal promovido por los que culpan cada pecado a los demonios.

¡Si eso no es suficiente, mantenga en la mente que esto es el proceso que debe ser repetido para cada pecado en su vida! Chisme, mentiras, vagancia, miedo, orgullo, calumnia, borracheras, lujuria, avaricia, codicia, celos, pleito, murmuración, ira, duda y una cantidad más, todos pueden ser resueltos de la misma manera – por lo menos según las enseñanzas de los "expertos" de los ministerios de liberación hoy en día.

¿Qué Está Mal con Este Cuadro?

La Escritura no describe el pecado como el resultado de la posesión, opresión o maldiciones en la vida del creyente. Esas cosas que los "expertos" de los ministerios de liberación hoy en día atribuyen a los *demonios*, son las obras de la *carne*. Gálatas 5 dice que "las obras de la carne son evidentes, las cuales son: inmoralidad, impureza, sensualidad, idolatría, hechicería, enemistades, pleitos, celos, enojos, rivalidades, disensiones, sectarismos, envidias, borracheras, orgías y cosas semejantes…" (Gálatas 5:19-21).

Atribuir estos hechos a la actividad de demonios cuando las Escrituras los atribuyen a la carne es mal diagnosticar el problema. Si el problema es mal diagnosticado, la solución apropiada no será aprovechada. Los "expertos" de los ministerios de liberación intentan lidiar con estos pecados a través de oraciones tipo mantra, los encuentros de poder, renunciando a las maldiciones, atando a Satanás y-o los exorcismos. Estas son las mismas prácticas que hemos visto son completamente no bíblicas.

Como vimos en los capítulos 3 y 4, el cristiano está involucrado en una guerra con tres frentes. Batallamos contra el mundo, la carne y el diablo. Cualquier perspectiva sobre la guerra espiritual que no toma en cuenta los tres enemigos va a fallar en ofrecer un enfoque que pueda enfrentar adecuadamente a los tres enemigos. En el cuadro que he presentado, el papel de la carne en la vida del creyente y en su lucha contra el pecado es enteramente ignorado. Esto es porque a Satanás se le echa la culpa de las obras de la carne.

Si tu teología de la guerra espiritual falla en tomar en cuenta apropiadamente la causa del problema, entonces también fallará en proveer una solución apropiada. Atribuyendo a Satanás y a sus demonios los hechos que las Escrituras claramente atribuyen a la carne, resulta en tratar con el problema incorrecto con la solución incorrecta.

El énfasis mal encaminado de parte de los ministerios de liberación hoy en día termina con llevar a la gente a trasladar la responsabilidad de su mismo pecado a Satanás.

En vez de aceptar la responsabilidad de nuestro propio pecado, preferimos transferir la responsabilidad a otra persona u otra cosa. En vez de escoger la solución bíblica de confesar y hacer morir las obras de la carne, intentamos resolver el problema por medio de "atar a los demonios" o de practicar "los exorcismos". De manera interesante, echar la culpa a otro ha sido una manera conveniente de evitar la responsabilidad personal desde Adán y Eva.[6]

Ni Satanás ni el mundo nos pueden llevar a pecar. Estas cosas pueden atraernos, tentarnos y distraernos, pero no nos pueden hacer pecar. La fuente de mi pecado no es Satanás, sino mi propia pasión. "Sino que cada uno es tentado cuando es llevado y seducido por su propia pasión. Después, cuando la pasión ha concebido, da a luz el pecado; y cuando el pecado es consumado, engendra la muerte" (Santiago 1:14-15).

Nuestro problema no es que tenemos demonios que nos posean, nos ataquen o nos opriman. Tenemos un enemigo por dentro – la carne. Como un buen amigo del instituto bíblico me decía, "¡Satanás no tiene que ejercer ningún esfuerzo para tentarme – mi carne es muy capaz de eso!"

La Solución Bíblica[7]

La Biblia no nos deja en la oscuridad cuando se trata de luchar la guerra contra el pecado. No solamente nos instruye en buscar la santidad, sino que también nos instruye y nos capacita con todas las herramientas necesarias para crecer en la santificación.

Primero, tenemos que enfrentar la causa de nuestro pecado. No podemos transferir la responsabilidad de nuestro pecado a Satanás. Tenemos que reconocer el hecho de que somos pecadores, y aunque justificados, salvados, perdonados y habitados por el Espíritu de Dios, todavía moramos en cuerpos de pecado no redimido, cargado de debilidad y corrupción.

Segundo, podemos cobrar ánimo al saber que nuestra santificación no es enteramente el resultado de nuestros propios esfuerzos y habilidades. El Espíritu Santo está obrando para tomar a los que el Padre

---

[6] Thomas Ice and Robert Dean Jr., *Overrun By Demons: The Church's New Preoccupation with the Demonic* (Eugene: Harvest House Publishers, 1990), 85.
[7] La manera en la cual un creyente persigue la santificación, mortifica la carne y crece en santidad es un tema que merece su propio libro. Lo que sigue aquí es una presentación breve de este tema. Para un estudio adicional, yo recomiendo comenzar con *Los Pecados Respetables* y *En Busca de la Santidad*, ambos escritos por Jerry Bridges, y *Christ Formed in You* por Brian G. Hedges. Entre libros más antiguos escritos por los puritanos, recomendaría *La Mortificación del Pecado* por John Owen, *El Arrepentimiento* por Thomas Watson, *La Tentación* por John Owen, y *Santidad* por J.C. Ryle. [Los títulos escritos en español existen en español en formato de un libro o en pdf en internet.]

13 La Guerra Espiritual y la Santificación

haya predestinado, llamado y justificado, y conformarlos a la imagen de Su Hijo (Romanos 8:28-30). "Pero nosotros todos, con el rostro descubierto, contemplando como en un espejo la gloria del Señor, estamos siendo transformados en la misma imagen de gloria en gloria, como por el Señor, el Espíritu" (2 Corintios 3:18). "Porque Dios es quien obra en vosotros tanto el querer como el hacer, para su beneplácito" (Filipenses 2:13).

Esto no significa que no tengamos ningún papel o esfuerzo en la lucha contra el pecado. Somos llamados a "ocuparnos en vuestra salvación con temor y temblor" (Filipenses 2:12), a perseguir la santidad (Hebreos 12:14) y a disciplinarnos a nosotros mismos para el fin de la piedad (1 Timoteo 4:7). Somos mandados a mortificar la carne y desechar sus obras (Colosenses 3:1-11). También tenemos que "revestirnos del nuevo hombre" y sus obras que son creadas en Cristo Jesús (Efesios 4:17-32). Nuestro esfuerzo hacia la santificación no desplaza ni excluye la obra de Dios en nosotros. El hecho de que Dios está obrando en nosotros no significa que no tenemos nada que ver con esto. Ésta es la paradoja de la doctrina de la santificación. Yo me esfuerzo, pero no yo, sino la gracia de Dios obrando en mí.

La Biblia de manera consistente describe mi santificación como la obra que Dios hace, y una obra que yo hago. Considere la siguiente lista breve de ejemplos:

En 2 Pedro 1:3-5 es Dios quien nos ha "concedido sus preciosas y maravillosas promesas, a fin de que por ellas lleguéis a ser partícipes de la naturaleza divina, habiendo escapado de la corrupción que hay en el mundo por causa de la concupiscencia." Esto es la obra de Dios. Es a través de Su obra y Su provisión que hemos escapado de la corrupción que está en el mundo por causa de la lujuria. Sin embargo el siguiente versículo dice que tenemos que aplicar "toda diligencia," y a vuestra fe añadid virtud, conocimiento, dominio propio, perseverancia, piedad, fraternidad y amor (vv. 5-9). Pedro concluye su pensamiento por medio de animarnos a "sed tanto más diligentes para hacer firme vuestro llamado y elección de parte de Dios" (v. 10). No suena como si Pedro viera un conflicto cualquiera entre nuestro esfuerzo hacia la santificación y la obra de Dios en nosotros.

Santiago no vio ninguna contradicción entre someterse a Dios y el esfuerzo activo de resistir al diablo (Santiago 4:7).

Pablo dijo, "Con Cristo he sido crucificado, y ya no soy yo el que vive, sino que Cristo vive en mí; y la vida que ahora vivo en la carne, la vivo por fe en el Hijo de Dios, el cual me amó y se entregó a sí mismo por mí" (Gálatas 2:20). ¿Quién fue el responsable de vivir la vida cristiana de Pablo? Era cierto que él ya no vivía – era *Cristo viviendo* en él. Sin embargo también era cierto que *él vivía* una vida en la carne por fe en el Hijo de Dios.

En Colosenses 1:28-29, Pablo menciona tanto su trabajo y la obra de Dios en él. "A Él nosotros proclamamos, amonestando a todos los hombres, y enseñando a todos los hombres con toda sabiduría, a fin de poder presentar a todo hombre perfecto en Cristo. Y con este fin también trabajo, esforzándome según su poder que obra poderosamente en mí." Era Pablo quien trabajaba. Era Pablo quien obraba. Era Pablo quien se esforzaba. Pero fue según el poder de Dios que obraba en él.

En uno de mis pasajes favoritos, 1 Corintios 15:10, Pablo dice, "Pero por la gracia de Dios soy lo que soy, y su gracia para conmigo no resultó vana; antes bien he trabajado mucho más que todos ellos, aunque no yo, sino la gracia de Dios en mí." ¿Quién hizo que Pablo fuese lo que era? Él se esforzó más que todos los apóstoles, sin embargo no fue Pablo, sino la gracia de Dios en Pablo.

Tal vez estés tentado a preguntar, "¿Pablo, por favor puedes decidirte? ¿Quién es responsable de tu santificación? ¿Quién es él que hace la obra del ministerio? ¿Quién es él que vive tu vida cristiana? ¿Eres tú o Dios?" La respuesta a esa pregunta es, "Ambos."

Tercero, la regeneración nos da libertad para obedecer a Dios y a Su Palabra. La guerra contra el pecado involucra esfuerzo de parte del cristiano para luchar contra las tentaciones y los deseos, los deseos de la carne. Esos no desaparecen en el momento de la salvación, pero tampoco nos tienen aún en esclavitud. "Pero gracias a Dios, que aunque erais esclavos del pecado, os hicisteis obedientes de corazón a aquella forma de enseñanza a la que fuisteis entregados; y habiendo sido libertados del pecado, os habéis hecho siervos de la justicia" (Romanos 6:17-18).

Ahora, en vez de vivir sujetos a los deseos de la carne y los dictados de nuestra naturaleza pecaminosa no redimida, podemos vivir en obediencia a Dios y a Su Palabra.

> Hablo en términos humanos, por causa de la debilidad de vuestra carne. Porque de la manera que presentasteis vuestros miembros como esclavos a la impureza y a la iniquidad, para iniquidad, así ahora presentad vuestros

13 La Guerra Espiritual y la Santificación

miembros como esclavos a la justicia, para santificación (Romanos 6:19).

En una ocasión nos entregamos al pecado, nuestros cuerpos, nuestras mentes, nuestro tiempo y nuestros esfuerzos. Ahora que hemos sido liberados del pecado, nos entregamos a la justicia, nuestros cuerpos, nuestras mentes, nuestro tiempo y nuestros esfuerzos. Cedemos los miembros de nuestro cuerpo a los dictados y mandatos de la justicia así como antes obedecíamos al pecado y sus pasiones. El resultado de tal obediencia a la justicia es la santificación – el crecimiento en santidad.

La victoria sobre el pecado y la tentación es tan simple como rehusar obedecer al pecado y en su lugar ceder nuestra obediencia a la justicia. A través de la gracia de Dios, por medio de la obra del Espíritu Santo en nosotros, nos esforzamos para entrenarnos en obedecer a nuestro nuevo Maestro. Confiando en el poder del Espíritu Santo, trabajamos y nos esforzamos, nos disciplinamos hacia la piedad y cedemos en obediencia. Podemos hacer esto porque...

> Hemos sido sepultados con Él por medio del bautismo para muerte, a fin de que como Cristo resucitó de entre los muertos por la gloria del Padre, así también nosotros andemos en novedad de vida. Porque si hemos sido unidos a Él en la semejanza de su muerte, ciertamente lo seremos también en la semejanza de su resurrección, sabiendo esto, que nuestro viejo hombre fue crucificado con Él, para que nuestro cuerpo de pecado fuera destruido, a fin de que ya no seamos esclavos del pecado; porque el que ha muerto, ha sido libertado del pecado (Romanos 6:4-7).

Claro que siempre seremos conscientes del pecado residiendo en nosotros y clamaremos, "¡Miserable de mí! ¿Quién me libertará de este cuerpo de muerte?" (Romanos 7:24) Así como Pablo, recibiremos consolación en el hecho de que el Espíritu Santo, que reside en nosotros, está obrando para conformarnos a la imagen del Hijo de Dios (Romanos 8).

Las Escrituras usan mucho lenguaje variado para describir nuestra obediencia. "Más bien disciplínate a ti mismo para la piedad" (1 Timoteo 4:7). La Escrituras dicen que debemos "hacer morir las obras de la carne" (Romanos 8:13), "despojaos del viejo hombre" y, "vestíos del nuevo hombre" (Efesios 4:22-24), y "considerad los miembros de vuestro cuerpo terrenal como muertos a la fornicación, la impureza, las pasiones, los malos deseos y la avaricia, que es idolatría" (Colosenses 3:5). Estamos llamados a "quitar el ropaje de la vieja naturaleza con sus vicios" y a "vestirnos de la nueva naturaleza que se va renovando hacia un verdadero conocimiento" (Colosenses 3:9-10).

Cuarto, necesitamos ser diligentes en entregarnos a esas cosas que nos van a fortalecer en esta batalla. No podemos descuidar los medios de gracia que Dios ha dado a Su pueblo por los cuales somos fortalecidos, capacitados y ayudados en nuestra santificación. El Espíritu Santo no descuida los medios, y nosotros tampoco debemos hacerlo.

No debemos descuidar congregarnos para la adoración corporal (Hebreos 10:25), someternos a nuestros líderes (Hebreos 13:17), ofrecer sacrificios de alabanza y agradecimiento (Hebreos 13:15), guardar la Palabra de Dios en nuestros corazones (Salmo 119:9-16), ser llenos con la Palabra de Dios (Colosenses 3:16), observar las ordenanzas del bautismo y la Cena del Señor, y someternos regularmente a la predicación de la Palabra. Todos estos, y muchos más, son los medios ordenados por Dios a través del Espíritu Santo para conformarnos a la imagen de Cristo.

Nuevos Afectos

Ninguna discusión de nuestro crecimiento en santidad estaría completa si no se menciona el poder de un "nuevo afecto". En última instancia, la victoria sobre la tentación y el pecado es posible solo cuando mis afectos y el deseo hacia el pecado y el "yo" han sido reemplazados por un afecto más alto y más convincente.

Es solo cuando Cristo llega a ser precioso para nosotros, y más precioso que nuestras pasiones, nuestros pecados o los supuestos beneficios del pecado, que verdaderamente vamos a huir del pecado y perseguir a Cristo. El teólogo Thomas Chalmers se refería a esto como "el poder expulsivo de un nuevo afecto." Los nuevos afectos que pertenecen a nuestra nueva naturaleza empiezan a echar fuera nuestros afectos viejos: nuestro amor hacia el pecado y el "yo". El hambre y amor por Cristo reemplazan el hambre y amor hacia el pecado. Ora para que Dios te de ese afecto.

No podemos tener una verdadera esperanza de victoria sobre el pecado si guardamos en nuestros corazones un amor hacia el pecado.

13 La Guerra Espiritual y la Santificación

Cuando amamos a Cristo más que al pecado, perderá su atracción. Todos nuestros esfuerzos por cultivar una relación con Dios deben tener como meta la satisfacción en la persona y la gloria de Cristo. Que Dios nos conceda el buscar y encontrar nuestra satisfacción en Él.

Parte 4:
Examinando un Pasaje Bíblico

14

La Postura de un Soldado

Tú podrías pensar que un libro sobre la guerra espiritual debería empezar con un estudio de Efesios 6, en vez de terminar con ello. Sin embargo, nos encontramos en los últimos tres capítulos y al fin estamos llegando a lo que se considera la sine qua non de la enseñanza bíblica sobre la guerra espiritual: la Armadura de Dios. Nuestro estudio de Efesios 6 ofrecerá alguna instrucción positiva sobre el tema y dará un resumen de lo que hemos considerado hasta ahora.

Así como hemos descubierto, el tema de la guerra espiritual ha sido distorsionado y empañado por todo tipo de enseñanzas gnósticas y místicas, abuso de las Escrituras y prácticas no bíblicas. Si hubiéramos iniciado con este tema de la "Armadura de Dios" en Efesios 6, nuestro entendimiento de este texto hubiera sido contaminado por todas las suposiciones y prácticas no bíblicas que han llegado a ser parte integrante del movimiento actual de la guerra espiritual.

Ahora que hemos establecido un fundamento para nuestro estudio y afirmado que la Biblia es suficiente para la batalla en la cual estamos implicados (Capítulo 1), y hemos llegado a entender que la guerra espiritual es una guerra por la verdad y no para conquistar territorio (Capítulo 2), y nos hemos desengañado todas las prácticas no bíblicas y extra-bíblicas que llenan el entorno cristiano (Capítulos 4-13), podemos abordar la enseñanza de Efesios 6. Encontraremos que este pasaje ofrece sabiduría clara y concisa concerniente a la batalla en la cual nos encontramos.

Estableciendo el Contexto para la Armadura de Dios

Con demasiada frecuencia, Efesios 6 se estudia aislado de su contexto entero. Si has sido un cristiano durante cualquier cantidad de tiempo, es posible que estés más familiarizado con Efesios 6 que con cualquier otra cosa en el libro de Efesios. No es raro encontrar una serie de mensajes sobre el tema de la guerra espiritual que ofrece un análisis de Efesios 6 sin una exposición consistente de los cinco capítulos y medio previos. ¡Nos preguntamos si la gente es consciente de que Efesios tiene otros cinco capítulos!

No queremos cometer ese error. Estoy convencido que un entendimiento apropiado de la Armadura de Dios requiere un entendimiento de los primeros cinco capítulos y medio de Efesios. En este capítulo y el siguiente, estaremos haciendo referencias repetidamente a las verdades enseñadas en esos otros cinco capítulos. Empecemos por fijar el contexto.

Mientras leemos o estudiamos Efesios, llegamos al capítulo 6, y a primera vista el pasaje nos parece un poco fuera de lugar. Si trazas el argumento y el flujo de los primeros cinco capítulos, entonces la última cosa que esperarías en el cierre del libro es un tratado sobre la guerra espiritual.

Los primeros tres capítulos de Efesios tratan la doctrina más elevada que la mente humana pudiera enfocar: elección, predestinación, adopción, redención, la gloria de Dios, el sello del Espíritu Santo, nuestra herencia eterna, la voluntad soberana de Dios, la depravación total, justificación y la paz que se ha alcanzado por medio de la muerte de Cristo. Los primeros tres capítulos cubren casi todas las doctrinas de la salvación. Pablo describe los resultados comprensivos de las acciones de Dios y la obra soberana de redimir a los pecadores.

Pablo no deja esas doctrinas como meras propuestas teóricas, sino que en la segunda mitad del libro él rellena las implicaciones de esta teología profunda mientras nos anima a andar "de una manera digna de la vocación con que habéis sido llamados" (Efesios 4:1). Entonces él continúa al dirigirse a temas elevados como el andar en humildad (4:1-6), andar en unidad (4:7-16), andar en vida nueva (4:17-32), andar en la luz (5:1-17) y andar en sumisión mutua (5:18-6:9). Entonces de repente, pareciera que, somos llevados a la realidad de la metáfora sangrienta y mugrienta de guerra y a hablar de demonios (6:10-17). Sin embargo, lo que a primera

14 La Postura de un Soldado

vista pareciera estar fuera de lugar, resulta ser un resumen perfecto de lo que Pablo ha estado enseñando en todo el libro.

Esencialmente Pablo está diciendo: "Ahora, en vista de una tremenda oposición espiritual, pónganse todo lo que han recibido. Vístanse con esto. Estén firmes." Desde el 4:1, Pablo nos viene diciendo que debemos tomar por fe todo lo que ha sido provisto por Dios en Su regalo bondadoso de salvación. Los capítulos 1-3 nos indican lo que significa "estar en Cristo". Los capítulos 4-6 nos dicen lo que significa tener a Cristo en nosotros.

Deberíamos esperar que si nos comprometemos a vivir según nuestra fe, vamos a experimentar la oposición y aún la persecución (2 Timoteo 3:12). Cualquier persona que se comprometa a andar en humildad en vez de orgullo, en unidad en vez de divisiones, en amor en vez de malas pasiones, en la luz en vez de oscuridad, en sabiduría en vez de necedad, en el Espíritu de Dios en vez de borrachera, en sumisión mutua en vez de egoísmo, de seguro se enfrentará con un enemigo que buscará su destrucción. Ese enemigo se nos va a oponer. Va a sacar lo mejor suyo para engañarnos a ceder al orgullo, al egoísmo, al rencor, a hablar mal, a la falta de perdonar, a las obras de oscuridad, a la necedad – las mismas cosas de las que fuimos liberados. La cruda realidad es que Satanás busca cómo oponerse a cualquier creyente que de verdad intente "andad de una manera digna de la vocación con que habéis sido llamados" (Efesios 4:1).

Te vas a encontrar con un enemigo, y no será un juego de niños. Será una lucha. El pasaje que estamos considerando nos explica cómo debemos mantenernos firmes en la salvación que hemos recibido. Este pasaje demuestra la suficiencia de nuestra salvación para protegernos contra el mismo diablo.

> Por lo demás, fortaleceos en el Señor y en el poder de su fuerza. Revestíos con toda la armadura de Dios para que podáis estar firmes contra las insidias del diablo. Porque nuestra lucha no es contra sangre y carne, sino contra principados, contra potestades, contra los poderes de este mundo de tinieblas, contra las huestes espirituales de maldad en las regiones celestiales. Por tanto, tomad toda la armadura de Dios, para que podáis resistir en el día malo, y habiéndolo hecho todo, estar firmes. Estad, pues, firmes, ceñida vuestra cintura con la verdad, revestidos con la coraza de la justicia, y

calzados los pies con el apresto del evangelio de la paz; en todo, tomando el escudo de la fe con el que podréis apagar todos los dardos encendidos del maligno. Tomad también el yelmo de la salvación, y la espada del Espíritu que es la palabra de Dios. (Efesios 6:10-17)

En este capítulo vamos a observar lo que Pablo dice acerca de la batalla en la cual nos encontramos. Vamos a dejar las piezas individuales de la armadura y su significado para el próximo capítulo. En los versículos de apertura del texto arriba indicado, vemos tres cosas que necesitamos saber: nuestra suficiencia está en nuestro Soberano, nuestro adversario es Satanás y nuestra respuesta es la de estar firmes.

Nuestra Suficiencia Está en Nuestro Soberano

"Por lo demás, fortaleceos en el Señor y en el poder de su fuerza. Revestíos con toda la armadura de Dios para que podáis estar firmes contra las insidias del diablo" (Efesios 6:10).

Pablo comienza al dirigir nuestra atención a la fuerza que encontramos en el Señor. Por medio de Su gracia y a través de Su habilitación, Dios ha provisto dos cosas.

Primero, Él nos ha provisto de la fuerza adecuada para la lucha. "Fortaleceos" es pasivo en el griego. Eso indica que no es algo que hacemos a, o por nosotros, sino de algo que viene hacia nosotros desde fuera. Es algo que nos ocurre, no es algo que ocurre gracias a nosotros. "Sean fortalecidos" sería una mejor manera de captar el sentido.

Pablo ya nos ha hablado en Efesios acerca del poder de Dios disponible para nosotros. En el capítulo 1 Pablo oraba por los Efesios para que "los ojos de vuestro corazón sean iluminados, para que sepáis cuál es la esperanza de su llamamiento, cuáles son las riquezas de la gloria de su herencia en los santos, y cuál es la extraordinaria *grandeza de su poder* para con nosotros los que creemos." Esta es la misma "*eficacia de la fuerza de su poder*, el cual obró en Cristo cuando le resucitó de entre los muertos y le sentó a su diestra en los lugares celestiales" (Efesios 1:17-20ff).

Pablo nos está diciendo que nos fortalezcamos en el poder de Aquel "que es *poderoso para hacer* todo mucho más abundantemente de lo que pedimos o entendemos, según *el poder que obra* en nosotros" (Efesios 3:20). Este es el poder descrito aquí.

14 La Postura de un Soldado

Podemos y debemos confiar que nuestra suficiencia y fuerza viene a través del poder de Dios. No está en nosotros. Está en Cristo. Todo lo necesario para la guerra se nos ha dado en Él. Estando solos, no podemos prevalecer contra el enemigo. Cuando empezamos a confiar en nuestra propia fuerza para la batalla, estamos acabados. No podemos mantenernos firmes contra el enemigo con nuestra fuerza. Él es más inteligente, fuerte y astuto que nosotros.

Una de las intrigas sutiles del enemigo es llevarnos a intentar ser fuertes por nosotros mismos. Él desea que pensemos que tenemos una fuerza inherente y un poder para vivir la vida cristiana por nuestra propia cuenta. Él desea que pensemos que podemos mantenernos firmes separados de la gracia sustentadora de Dios y la fuerza que Cristo da. Satanás está encantado si somos fuertes por nuestra propia cuenta, porque una confianza equivocada no es una confianza real. Una fuerza mal habida no es una fuerza real. Satanás no teme a los que piensan que son adecuados en sí mismos para la tarea. Si piensas que tu suficiencia para la batalla está en tu capacitación espiritual, tu firme resolución, tu sabiduría, tu juventud, tu inteligencia, tu educación o tu experiencia, el enemigo te tiene exactamente donde él desea – en su punto de mira.

Esta fuerza autosuficiente es la misma cosa que he descrito en los capítulos anteriores. Los que piensan que sus encantamientos, las oraciones repetitivas y los mantras repetidos son herramientas suficientes para confrontar al enemigo de nuestras almas están confiando en la fuente de fuerza incorrecta. Ellos argumentan que la autoridad y el poder detrás de estas "herramientas" es el Señor, pero cuando alguien emplea tácticas no bíblicas y extra bíblicas derivadas de conversaciones ingeniosas con los demonios, evidencias de anécdotas y experiencias de la vida, están, de hecho, confiando en sí mismos y en su propia sabiduría. Están dependiendo de herramientas carnales que Dios no ha prometido bendecir o apoderar.

Segundo, Él nos ha provisto de una defensa adecuada. Nuestra defensa adecuada es la "armadura completa de Dios". Esta defensa es inútil a menos que nos la pongamos.

La palabra traducida "revestíos" es la palabra ἐνδύω (enduo) y significa "arroparse de, esconderse en o vestirse de". Conlleva la idea de vestirse a uno mismo con algo. Está en el tiempo aoristo que indica una acción completada, una vez para siempre. La protección que se nos ha dado nunca debe quitarse. Nunca bajamos la guardia. Habiendo sido revestidos una vez con esta armadura, nunca nos encontramos desvestidos.

Pablo describe nuestra "defensa adecuada" con las palabras "toda la armadura". Esa era una palabra que fue usada para describir a un soldado fuertemente armado. Significa literalmente "todas las armas". Tenemos el deber de ponernos la armadura completa que Dios bondadosamente nos ha provisto en Cristo.

Pablo estaría muy familiarizado con la armadura de un soldado romano. En el tiempo que escribió Efesios, Pablo había pasado cuatro años como prisionero del Imperio Romano bajo una supervisión constante y con guardias.[1] Pablo compara nuestra defensa con la armadura de un soldado romano.

Pablo lo llama la armadura "de Dios". Eso es significativo. La armadura no es algo de lo que nos proveemos o hacemos. La armadura es provista por Dios, porque viene de Dios. Todas las piezas de la armadura indicadas en los versículos 14-17 se refieren a las cosas provistas por Dios para Su pueblo.

v. 14   la cintura ceñida con la **verdad** y la coraza de la **justicia**
v. 15   los pies calzados con el apresto del evangelio de la **paz**
v. 16   el escudo de la **fe**
v. 17   el yelmo de la **salvación** y la espada del **Espíritu** – la Palabra de Dios

Todas estas cosas son provistas para nuestra salvación. No son manufacturadas por nosotros. Tampoco son cosas que nosotros aportemos a nuestra salvación. Todas son parte del paquete salvífico, dado a nosotros en Cristo junto con las demás bendiciones espirituales en los lugares celestiales (Efesios 1:3). Si eres un creyente en Cristo, entonces ya tienes la verdad, la justicia, la paz, la fe, la salvación y el Espíritu Santo. Solo te queda ponértelas (apropiártelas). Debes revestirte con ellas. Éstas son tu defensa.

---

[1] Pablo pasó dos años en Cesarea bajo la custodia de Félix (Hechos 24:27) y dos años en Roma bajo arresto domiciliario (Hechos 28:30).

Nuestro Adversario Es Satanás

"Para que podáis estar firmes contra las insidias del diablo. Porque nuestra lucha no es contra sangre y carne, sino contra principados, contra potestades, contra los poderes de este mundo de tinieblas, contra las huestes espirituales de maldad en las regiones celestiales" (Efesios 6:11b-12).

Debemos tomar toda la armadura de Dios para que podamos estar firmes contra el diablo y sus artimañas. Nuestro Comandante Supremo ya ha hecho el sondeo del enemigo por nosotros. Él ha emitido una sesión informativa describiendo a nuestro enemigo, su territorio, su forma de operación, su fuerza y sus tácticas. Esto está revelado en las Escrituras, nuestra fuente suficiente de información. Tan suficiente son las Escrituras que Pablo puede decir en 2 Corintios 2:11 que "no ignoramos sus [el diablo] artimañas."

Nos encontramos con un enemigo real. No es un mito o un cuento de hadas, sino un ser espiritual real con poder real. Es el enemigo despiadado del creyente.

Charles Spurgeon escribió,

No hay un creyente en Cristo, no hay un seguidor de lo que sea verdadero y amable y honorable, que no se encuentre, en un tiempo u otro, atacado por este demonio asqueroso y las legiones alistadas a su servicio. He aquí tu adversario. Aunque no puedes ver su cara ni detectar su forma, cree que tal rival está en contra de ti. No es un mito, ni un sueño ni una supersticiosa imaginación. Es un ser tan real como nosotros. Aunque un espíritu, él tiene un poder real sobre nuestros corazones tal cual como nosotros tenemos sobre los corazones de otros, y mucho más en muchos más casos. Esto no es una visión en la noche, ningún fantasma de un cerebro desordenado. Ese ser malvado es tan severamente real hoy en día como el día cuando Cristo se encontró con él en un conflicto mortal en el desierto de tentación.[2]

---

[2] Charles H. Spurgeon, *Spiritual Warfare in a Believer's Life* (Lynnwood: Emerald Books, 1993), 100.

Verdad o Territorio: Un Acercamiento Bíblico a la Guerra Espiritual

El peligro que él presenta es genuino. Pablo describe sus tácticas como "artimañas". Recibimos nuestra palabra en ingles "métodos" de la palabra griega.[3] La otra y única vez que esa palabra es usada en el Nuevo Testamento está en Efesios 4:14 donde se nos advierte "que ya no seamos niños, sacudidos por las olas y llevados de aquí para allá por todo viento de doctrina, por la astucia de los hombres, por las artimañas engañosas del error." La palabra se refiere a "una artimaña" o "un engaño". Fue la palabra usada para describir a un depredador poniendo una trampa, una intriga engañosa para su presa. La meta de las artimañas de Satanás es nuestra destrucción total. Así lo indica C. H. Spurgeon,

> Nada menos que la destrucción total del creyente jamás satisfaría a nuestro adversario. Satanás rompería al creyente en pedazos, con sus huesos rotos y su destrucción total si pudiera. Por lo tanto, no te permitas pensar que el propósito principal de Satanás es hacerte miserable. Satanás se complace con eso, pero no es su meta final. Algunas veces él aún puede hacerte feliz, porque tiene delicados venenos dulces al gusto que administra a la gente de Dios. Si piensas que nuestra destrucción puede ser realizada más fácilmente con cosas dulces que amargas, él de veras preferirá lo que mejor cumpla su meta.[4]

Podemos discernir de las palabras de Pablo que Satanás tiene una hueste entera de ayudantes a su disposición. Estos poderes demoníacos son descritos en cuatro fases, cada una comenzando con la palabra "contra".

. . . contra principados
. . . contra potestades
. . . contra los poderes de este mundo de tinieblas
. . . contra las huestes espirituales de maldad en las regiones celestiales

Algunos maestros de los ministerios de liberación han sugerido que estas cuatro frases describe la jerarquía de Satanás. Ellos sugieren que "principados" se refiere a los demonios principales del reino de Satanás,

---

[3] μεθοδεία (methodeia).
[4] Spurgeon, 107.

con las "potestades" debajo de ellos, después "poderes de tinieblas", y debajo de ellos y en el último peldaño, las "huestes espirituales de maldad".

Por ejemplo, Mark Bubeck, demostrando una gran imaginación pero una pobre exégesis, hace referencia a Efesios 6:12:

> Estos seres espirituales también son muy estructurados, organizados y disciplinados. Obtenemos conocimiento sobre este hecho por medio de la mención en Efesios 6:12 de estos rivales quienes sirven bajo el control de Satanás. El retrato es muy parecido a lo que prevalece en una organización militar. Por encima de la estructura militar de los Estados Unidos está nuestro Presidente, el Comandante Supremo de todas las fuerzas militares. Debajo de él están los generales de mando, los admirables y todos los demás oficiales de rango hasta llegar al soldado raso.
>
> Esto es el mismo tipo de estructura que se sugiere aquí en Efesios 6. Satanás es el comandante supremo de las fuerzas de oscuridad. Él es el estratega supremo, y debajo de él hay un sistema altamente organizado que es tan disciplinado para cumplir con los deseos de Satanás como él pueda hacerlo.
>
> En el primer nivel por debajo de Satanás está un grupo de comandantes llamado "principados" o "príncipes". Estos seres poderosos llevan una responsabilidad extensa y poder para guiar los asuntos de Satanás. . . . En el siguiente nivel, descendiendo en esta estructura organizada, están los "poderes". Estos son probablemente más numerosos y algo menos independientes y poderosos que los príncipes. . . . En el siguiente nivel hacia abajo, en la organización de maldad, están los "poderes de tinieblas". Estos seres son más numerosos; sin embargo ellos son las verdaderas bestias de carga en el nivel de mando. Sus homólogos en el ejército pudieran ser los tenientes y sargentos en nuestras fuerzas militares. Estos poderes de tinieblas tienen directamente debajo un nivel final y rápido de seres espirituales llamados

"huestes espirituales de maldad" o "espíritus de maldad" en las regiones altas.[5]

¡Esto no es lo que Pablo está transmitiendo! Pablo nos está dando cuatro frases que describen el carácter y la actividad de nuestro enemigo, no los rangos de su milicia. Sin duda, hay niveles de autoridad y actividad en el reino de Satanás, pero este texto no describe eso. Estas palabras describen la naturaleza de las fuerzas demoníacas y sus actividades. Son "principados" de oscuridad. Son "poderes" espirituales. Son fuerzas mundiales que promueven la oscuridad. No son fuerzas físicas sino fuerzas espirituales que obran la maldad y residen en regiones celestiales (el ámbito espiritual). Bajo el riesgo de sonar redundante, Pablo nos está recordando que nuestra lucha "no es contra sangre y carne".

Es importante para nosotros recordar que nuestros verdaderos enemigos no son físicos. ¿La gente estará en tu contra? Ciertamente. ¿La gente intentará frenarte en vivir tu fe, dando testimonio y haciendo la voluntad de Dios? Ciertamente. Pablo estaba más que familiarizado con la oposición humana. Cuando estaba encarcelado, Demas lo abandonó (2 Timoteo 4:10). Alejandro el caldero le hizo mucho daño (2 Timoteo 4:14). Él luchaba contra los falsos maestros y judaizantes que fastidiaron su andar e intentaron deshacer su trabajo. Algunos en la iglesia de Corinto lo odiaban, lo calumniaron, mintieron acerca de él, se burlaron de él y enviaron informes falsos acerca de él. Estaban los que torcían sus enseñanzas y robaban sus convertidos. Algunos cuestionaban su autoridad y se burlaron de su aspecto físico. Estaban los que lo perseguían y lucharon para que lo ejecutaran. De hecho, escribió la carta a los Efesios mientras esperaba su juicio delante de Nerón, bajo arresto domiciliario, acusado falsamente.

Pablo sabía lo que era la oposición humana, sin embargo también sabía que el enemigo real no era "sangre y carne". El enemigo detrás de

---

[5] Mark I. Bubeck, *The Adversary: The Christian Versus Demonic Activity* (Chicago: Moody Press, 1975), 72-73. Efesios 6:12 no enseña ni aún sugiere tal jerarquía detallada de poder, habilidad y cadena de mando. ¿De dónde obtiene Bubeck su Información acerca de lo que cada nivel hace y cuantos demonios ocupan cada grupo? ¿Cómo sabe que los "príncipes" tienen una "responsabilidad extensa y poder para guiar los asuntos de Satanás"? ¿Cómo sabe que los "poderes de las tinieblas" son "más numerosos" y "son las verdaderas bestias de carga" para las actividades de Satanás? ¡Pareciera que lo inventa en su propia mente! Ciertamente no deriva esto del texto.

toda oposición humana a la causa de Cristo es las fuerzas espirituales de maldad que obran en las regiones celestiales. Los hombres y las mujeres no son nuestros verdaderos enemigos.

Tu batalla no es contra el jefe que no permite que dejes tu Biblia en tu escritorio. El enemigo no es el director de tu escuela que no permite que tu hijo lleve puesta una camiseta cristiana. El enemigo no es el juez humanista que decide que las palabras "bajo Dios" en la promesa de lealtad a la bandera no sea constitucional. El enemigo no es el partido político, un candidato, un diputado, el esposo no creyente y hostil a Cristo o un funcionario público de la localidad. El enemigo no es el proveedor para el aborto, el activista homosexual o la entidad en defensa de los derechos civiles. ¡Estas personas no son el enemigo – son el campo misionero!

La batalla real es con los poderes de las tinieblas – con Satanás y sus ángeles caídos que controlan el pensamiento del mundo, influyen su conducta y los engañan a creer que esas cosas son verdaderas, correctas y buenas. Los que a menudo percibimos como el enemigo son los que necesitan escaparse "del lazo del diablo, habiendo estado cautivos por él para hacer su voluntad" (2 Timoteo 2:26).

Esta información no tiene la intención de aterrorizarnos a la inacción miedosa. No debemos pensar que hay un demonio debajo de cada piedra o detrás de cada árbol. Tal preocupación miedosa no es saludable ni bíblica. Aunque nuestro enemigo es real, engañoso y peligroso, no tenemos que temer puesto que el Señor ha provisto la fuerza y la defensa adecuada. Es por esto que debemos revestirnos con todo lo que Dios ha provisto para nuestra protección.

Nuestro Enfoque Es el de Estar Firmes

"Por tanto, tomad toda la armadura de Dios, para que podáis resistir en el día malo, y habiéndolo hecho todo, estar firmes. . ." (Efesios 6:13-14a).

Pablo nos anima a "tomar toda la armadura de Dios." La descripción de la naturaleza y la obra de Satanás y sus demonios está intercalada entre estos mandatos de "tomar toda la armadura de Dios" (vv. 11 & 13).

Tan importante es la armadura de Dios que sin ella, no podremos "estar firmes" o "resistir". La única persona que puede estar firme contra las artimañas del diablo es un creyente que se apropia de todo lo que Cristo

Verdad o Territorio: Un Acercamiento Bíblico a la Guerra Espiritual

ha provisto. Un no creyente no puede estar firme. Los no creyentes no pueden y no resisten al diablo, porque no tienen ninguna armadura. Los no creyentes ni pueden ponerse esta armadura. Están muertos en sus delitos y pecados, siendo hijos de ira (Efesios 2:1-3), e hijos del diablo (Juan 8:44). Los no creyentes no conocen la verdad, no tienen la justicia de Cristo, no tienen paz con Dios, no tienen la salvación, nunca han ejercitado la fe y no tienen el Espíritu Santo. Éstas son todas las piezas de la armadura. Éstas son las cosas provistas a los elegidos de Dios en salvación. Un no creyente no tiene ninguna parte en ellas.

Solo los cristianos han sido liberados del "día malo." Algunos han entendido la referencia del "día malo" como una descripción de tiempos y temporadas de tentación intensa, de angustia o de ataques directos de parte de Satanás. Sugieren que hay ciertas temporadas en las cuales somos atacados de manera más intensa. Sin embargo, Pablo ya nos ha dicho lo que es el "día malo" en Efesios 5:16: "Aprovechando bien el tiempo, porque los días son malos." Cada día desde que Adán comió el fruto prohibido en el jardín ha sido un día malo. Cada día está lleno de maldad. Ayer fue un día malo. Hoy es un día malo. Mañana será un día malo.

No solo debemos estar en guardia en tiempos de tentación particular, sino cada día. No solo debemos resistir cuando sentimos la máxima oposición, sino en todo tiempo. La armadura no está diseñada solo para los días de tentación intensa, de angustia o de ataque satánico. La armadura está diseñada para ser nuestra en todo tiempo, en todo lugar – cada día.

Pablo dice que "habiendo hecho todo, debemos estar firmes. ¿Qué quería decir con "habiendo hecho todo"? Creo que se está refiriendo a todos los mandatos imperativos que nos ha dado desde 4:1 a 6:9. Habiendo cumplido con todo lo que Dios nos ha dado, habiendo andado en el camino al que hemos sido llamados (4:1), habiendo descartado todas las obras de la oscuridad (5:11), habiendo aprovechado bien cada oportunidad (5:15), habiéndonos sometido el uno al otro en el temor de Cristo (5:21), debemos mantenernos firmes.

La vida cristiana es una vida vivida en obediencia sincera a los mandatos de nuestro Soberano. Sabemos que nos hemos "vestíos del Señor Jesucristo" (Romanos 13:14) cuando estamos andando en obediencia a los mandatos del Señor.

14 La Postura de un Soldado

Tome nota de la frecuencia con que Pablo nos dice que debemos "estar firmes". La idea de "estar firmes" es un tema central del pasaje. Una lectura rápida del pasaje entero mostrará la repetición. Pablo menciona la necesidad de estar firmes cuatro veces en Efesios 6:

v. 11 ". . . para que podáis estar firmes. . ."
v. 13 ". . . para que podáis resistir[6] en el día malo. . ."
v. 13 ". . . y habiéndolo hecho todo, estar firmes."
v. 14 "Estad, pues, firmes. . ."

Esto describe la postura con que realizamos la batalla. La guerra espiritual es descrita en términos de "estar firmes". En pasajes que dan instrucción sobre cómo tratar con el diablo, se nos dice que debemos estar firmes. Santiago y el apóstol Pedro ambos dan la misma instrucción que Pablo.

1 Pedro 5:8-9: "Sed de espíritu sobrio, estad alerta. Vuestro adversario, el diablo, anda al acecho como león rugiente, buscando a quien devorar. Pero **resistidle** firmes en la fe, sabiendo que las mismas experiencias de sufrimiento se van cumpliendo en vuestros hermanos en todo el mundo."

Santiago 4:7: "Por tanto, someteos a Dios. **Resistid**, pues, al diablo y huirá de vosotros."

Tanto Santiago como Pedro nos dicen que tenemos que "resistir". Usan la misma palabra que Pablo usa en Efesios 6 que aquí se traduce "estar firmes".[7]

Observe cuan diferente es este enfoque a lo que he estado criticando en los capítulos anteriores. No somos llamados a ir golpeando y rompiendo las puertas del infierno, reclamando dominio, ganando territorio de nuevo, exorcizando a los demonios, atando al diablo, echándole abajo, lejos o fuera, y mandándole al abismo del infierno. Las Escrituras no nos enseñan a desarrollar una estrategia sobre la guerra espiritual basada en la experiencia personal, en anécdotas o en conversaciones con demonios. No debemos perseguir una estrategia marcada por reprender, atar, insultar o argumentar con Satanás y sus

---

[6] Es una forma de la misma palabra traducida "estar firmes" en los otros versículos.
[7] Efesios 6:11 - ἵστημι (histemi – estar firmes); Efesios 6:13 - ἀνθίστημι (anthistemi – ponerse contra uno); Efesios 6:13 - ἵστημι (histemi – estar firmes); Efesios 6:14 -ἵστημι (histemi – estar firmes); 1 Pedro 5:8-9 - ἀνθίστημι (anthistemi - ponerse contra uno); Santiago 4:7 - ἀνθίστημι (anthistemi – ponerse contra uno).

Verdad o Territorio: Un Acercamiento Bíblico a la Guerra Espiritual

demonios. No estamos involucrados en una batalla para conquistar territorio, sino por la verdad.

Nuestra guerra no es una estrategia ofensiva con el fin de conseguir territorio. Solo debemos practicar la ofensiva en el sentido de atacar a las ideologías falsas, predicar la Palabra, proclamar el evangelio e ir a todo el mundo a hacer discípulos. En términos de nuestro acercamiento a las fuerzas espirituales de maldad, somos mandados a resistir y estar firmes en la verdad.

Todos los métodos criticados en este libro tienen una cosa en común: son no bíblicos o extra-bíblicos. El enfoque de la guerra espiritual hoy en día se involucra en prácticas a las cuales no somos llamados y en las que no somos instruidos. Somos llamados a estar firmes. Cualquier otro enfoque es desobediencia a nuestro Comandante Supremo.

El problema en la iglesia no es que los cristianos no saben cómo hacer los exorcismos, romper maldiciones generacionales, atar a Satanás o usar las oraciones mantras para manipular a los demonios. El problema en el ámbito evangélico hoy en día es que los cristianos no cumplen con la instrucción de estar firmes. La iglesia pierde su efectividad cuando compromete la verdad. No puede haber ninguna ganancia de territorio cuando estamos perdiendo la batalla por la verdad. El estado desconcertante de la iglesia es dado a su anemia espiritual. Los cristianos están comprometiendo la doctrina y la moralidad en sus vidas diarias. Los hombres no se ponen como los líderes y protectores de sus hogares. Los hombres no dirigen y no desean servir en la iglesia. Los cristianos hoy en día están más interesados en complacer al mundo e imitar la cultura que en tomar una posición firme por la verdad y la pureza doctrinal.

El ámbito evangélico se ha tragado la mentira posmoderna de que es intolerante y una falta de amor condenar cualquier estilo de vida o doctrina. A los cristianos no les interesa la obediencia. A la iglesia no le interesa ejercer la disciplina eclesial. Los mandatos de las Escrituras se consideran opcionales en vez de obligatorios. Estos y muchos más son los síntomas de una iglesia que no practica el estar firme.

La iglesia visible no está de pie firme. Está perdiendo la batalla por la verdad. Ninguna práctica no bíblica, y ninguna combinación de prácticas no bíblicas pueden remediar esta crisis presente. Las tácticas no bíblicas no pueden avanzar el reino de Dios. Los cristianos están perdiendo la batalla espiritual porque rehúsan estar firmes.

La Guerra Espiritual y la Humildad

Merece la pena observar que en el contexto en el cual Pedro y Santiago nos urgen a resistir, estaban discutiendo el tema de la humildad.

1 Pedro 5:5: "Asimismo, vosotros los más jóvenes, *estad sujetos* a los mayores; y todos, revestíos de *humildad* en vuestro trato mutuo, porque Dios resiste a los soberbios, pero da gracia a los *humildes*. *Humillaos*, pues, bajo la poderosa mano de Dios, para que Él os exalte a su debido tiempo."[8] Inmediatamente después de esta exhortación hacia la humildad, Pedro nos advierte acerca de nuestro enemigo rondando, y entonces dice que debemos "resistidle firmes en la fe" (5:8-9).

De igual manera, las instrucciones de Santiago acerca de resistir el diablo están intercaladas entre dos exhortaciones a la humildad. Observe el contexto entero del pasaje a que nos referimos antes, Santiago 4:6-10:

> Pero Él da mayor gracia. Por eso dice: Dios *resiste a los soberbios* pero da gracia a los *humildes*. Por tanto, someteos a Dios. Resistid, pues, al diablo y huirá de vosotros. Acercaos a Dios, y Él se acercará a vosotros. Limpiad vuestras manos, pecadores; y vosotros de doble ánimo, purificad vuestros corazones. Afligíos, lamentad y llorad; que vuestra risa se torne en llanto y vuestro gozo en tristeza. *Humillaos* en la presencia del Señor y Él os exaltará.[9]

¿Por qué supones que hay tanto énfasis en la humildad cuando se está dando instrucciones de cómo tratar con el diablo?

La humildad es la marca de los que se han revestido con la armadura de Dios. Los que "se han vestido del Señor Jesucristo"[10] se han apropiado la gracia que les pertenece en Cristo. Son los que obedecen al Señor. Saben que su propia fuerza es insuficiente para estar firme contra las artimañas del diablo, por lo tanto confían en la fuerza que Dios les provee. Saben que su autoridad, sus habilidades, su sabiduría, su discernimiento, todos son inadecuados para la tarea de resistir un rival tan letal y formidable. No dependen de su propio entendimiento. No dependen de su propia fuerza. Son humildes.

---

[8] El énfasis es mío.
[9] El énfasis es mío.
[10] Romans 13:14.

Solo los humildes pueden verdaderamente estar firmes. Dios no provee fuerza para los soberbios. Dios resiste a los soberbios. "El temor del Señor es aborrecer el mal. El orgullo, la arrogancia, el mal camino y la boca perversa, yo aborrezco" (Proverbios 8:13). Los orgullosos se prestan para una caída y la destrucción así como Proverbios 16:18 lo dice, "Delante de la destrucción va el orgullo, y delante de la caída, la altivez de espíritu."

Tal deseo por la humildad se necesita desesperadamente hoy, especialmente en los "ministerios de liberación". No creo que se pueda calificar como humildes a los que reclaman la autoridad de Cristo para sí mismos, el poder para atar al diablo, para romper maldiciones, para enviar los demonios al infierno, para aplastar a Satanás, para reprender las fuerzas demoníacas y para echar fuera a los demonios. De hecho, el enfoque tomado por los "expertos" en los ministerios de liberación hoy en día hacia Satanás y sus poderes suena como orgullo, no a humildad.

Un Último Pensamiento sobre el Estar Firmes

Los que defienden un acercamiento a la guerra espiritual caracterizado por un agresivo aplastamiento de Satanás, con una lucha mano-a-mano para conquistar territorio, no encuentran su enfoque descrito o prescrito en las Escrituras. En vez de esto, somos llamados a estar firmes.

Estamos obligados a seguir las instrucciones de las Escrituras. En esos textos donde recibimos nuestras órdenes de batalla, la instrucción está clara: estar firmes. Él solo nos ha dado una estrategia. Nuestro Señor nos ha indicado lo que Él espera. El único método efectivo de la guerra espiritual es depender del Señor por la fuerza, apropiar la gracia que hemos recibido, obedecer el mandato de nuestro Rey y estar firme en el evangelio, la verdad y en Su justicia. Cualquier otro enfoque nos expone a los engaños y el poder del enemigo. Solo hay un acercamiento a la guerra espiritual que es honrado por Cristo. Solo hay una metodología que nos asegura la protección de parte de nuestro Soberano. Solo hay una postura que refleja la humildad y obediencia incondicional a la Palabra de Dios. Estar firmes.

Por lo tanto, ¡estar firmes! Es realmente así de simple.

15

La Protección para un Soldado

Por lo demás, fortaleceos en el Señor y en el poder de su fuerza. Revestíos con toda la armadura de Dios para que podáis estar firmes contra las insidias del diablo. Porque nuestra lucha no es contra sangre y carne, sino contra principados, contra potestades, contra los poderes de este mundo de tinieblas, contra las huestes espirituales de maldad en las regiones celestiales. Por tanto, tomad toda la armadura de Dios, para que podáis resistir en el día malo, y habiéndolo hecho todo, estar firmes. Estad, pues, firmes, ceñida vuestra cintura con la verdad, revestidos con la coraza de la justicia, y calzados los pies con el apresto del evangelio de la paz; en todo, tomando el escudo de la fe con el que podréis apagar todos los dardos encendidos del maligno. Tomad también el yelmo de la salvación, y la espada del Espíritu que es la palabra de Dios. (Efesios 6:10-17)

Tomando prestadas las palabras del Apóstol Pablo, "Finalmente, mis hermanos," llegamos a la armadura de Dios. El pasaje sobre la armadura de Dios sirve como una conclusión perfecta para el libro de Efesios, y su instrucción positiva referente a la guerra espiritual sirve como una conclusión perfecta a este libro.

Anteriormente me entretenía en muchas nociones acerca de la armadura de Dios que ahora son vergonzosas. Cuando llegué a ser cristiano, me obsesionaba con la idea de asegurar que no fuese una víctima de Satanás y de sus decepciones. ¡Inconscientemente, mi preocupación por Satanás y los demonios como un esfuerzo para *evitar* la decepción llegó a engañarme!

Verdad o Territorio: Un Acercamiento Bíblico a la Guerra Espiritual

Efesios 6:10-17 llegó a ser muy familiar a medida que lo estudiaba, escuché ponencias sobre el texto y leí recursos de cómo apropiarme de la armadura de Dios, y evitar las tentaciones y los ataques del diablo. Pude recitar el pasaje de memoria, aunque mi conocimiento del material en los otros cinco capítulos de Efesios faltaba lamentablemente.

Como nuevo creyente, tuve muchas ideas erróneas acerca de la guerra espiritual y de cómo se luchaba. Sabía que tenía que "revestirme de toda la armadura de Dios" y "tomar toda la armadura de Dios" (Efesios 6:11,13), pero fue un misterio para mí cómo esto se hacía exactamente. Después de todo, era una armadura "espiritual". ¿Cómo "te pones" o "tomas algo" que no puedes ver ni tocar? Si éstas son piezas espirituales, ¿cómo las tomo espiritualmente y cómo me las pongo? Pensaba que la armadura era algo que se tenía que "poner" cada mañana, o aún varias veces al día. Incluso me imaginaba que era algo que se hacía en oración mientras que nombraba cada pieza de la armadura, oraba acerca de esto y me las apropiaba.

Además, se me había enseñado que el fracasar en ponerme estas piezas me dejaría como una presa fácil delante de mi enemigo mortal. Había aprendido que la victoria sobre el pecado y la tentación solo era posible para la persona que se había puesto la armadura. Estaba aterrorizado de no ser inmune a las maldiciones generacionales y el pecado. Quería ser libre de la tentación, las pruebas y el engaño. Estaba convencido que estas cosas llegarían a ser realidad si era diligente en ponerme la armadura. Pero de nuevo, ¿cómo?

Los "expertos" de la guerra espiritual son rápidos para ofrecer sugerencias de cómo se puede lograr esto. Mark Bubeck, quien no pierde la oportunidad de ofrecer una oración formulada para cualquier situación, sugiere "una oración típica que uno pudiera usar para ponerse su armadura."[1] Lo siguiente son extractos de su oración:

> Padre celestial, deseo ser obediente por medio de estar fuerte en el Señor y en el poder de Tu fuerza. . . . Deseo tomar la armadura que has provisto y por fe ponérmela como la protección efectiva espiritual contra las fuerzas de oscuridad. . . . Con confianza tomo el cinturón de la verdad que me

---

[1] Mark I. Bubeck, *The Adversary: The Christian Versus Demon Activity* (Chicago: Moody Press, 1975), 74-77.

15 La Protección para un Soldado

ofreces. Lo tomo a Él quien es la verdad como mi fuerza y protección. Rechazo las mentiras de Satanás y sus maneras engañosas para obtener ventaja contra mí. . . . Deseo creer solo la verdad, vivir la verdad, hablar la verdad y conocer la verdad.

Gracias por la coraza de justicia que me ofreces. Con ilusión la acepto y la pongo como mi protección. . . . Rechazo y repudio toda confianza en mi propia justicia que es como trapo sucio. . . . Traigo la justicia de mi Señor directamente contra todas las obras de Satanás hacia mí. . . . Sé que Satanás tiene que retirarse cuando está delante de la justicia de Dios.[2]

Para ponernos el calzado de paz, Bubeck nos instruye a orar: Gracias, Señor, por el calzado de paz que nos has provisto. . . . Reclamo la paz de Dios que es mía a través de la justificación. Deseo la paz de Dios que toque mis emociones y sentimientos a través de la oración y la santificación. Gracias porque mientras ando en obediencia a Ti, el Dios de paz promete andar conmigo, puesto que eres el Dios de paz, Tú estás aplastando a Satanás debajo de mis pies. . . . Gracias porque Satanás no puede estar firme frente a Tu paz.

Este tipo de "ponerse" la armadura de Dios espiritualmente se repite mientras cada pieza de la armadura es nombrada, explicada y recibida espiritualmente en oración. Para obtener el yelmo de la salvación uno debe orar, "Reconozco que mi mente es un blanco especial para las obras engañosas de Satanás. Recibo de Ti el yelmo de la salvación. Cubro mi mente y mis pensamientos con Tu salvación. . . . Hago que mi cabeza tenga como un casco a Él [Cristo]. . . ."

Para la espada del Espíritu, que es la Palabra de Dios, Bubeck sugiere orar de esta manera:

Con gozo me aferro con la espada del Espíritu, que es la Palabra de Dios. . . . Permíteme usar Tu Palabra no solamente para defenderme de Satanás, sino también para reclamar sus

---

[2] Ibid., 74-75.

promesas y usar la espada con fuerza contra Satanás para derrotarlo, hacerlo retroceder, quitarle el territorio que haya reclamado y ganar grandes victorias para mi Dios a través de Tu Palabra. Gracias porque Satanás tiene la obligación de retirarse cuando Tu Palabra es aplicada contra él.[3]

Bubeck enseña que la armadura debe ponerse de esta manera a través de la oración cada día y todos los días, tal vez varias veces al día.[4] Cuando era un nuevo creyente, yo pensaba exactamente de esta manera en cuanto a cómo apropiarme de la armadura. Pensaba que tenía que ponerme cada pieza de la armadura por medio de imaginarme tomando y aplicando cada pieza mientras oraba por cada una individualmente.

El antídoto para remediar esta perspectiva incorrecta de la armadura es un entendimiento correcto del *contexto*, que es el libro entero de Efesios.

El Peligro de Divorciarse del Contexto

Cuando este pasaje acerca de la armadura de Dios es considerado fuera de su contexto más amplio, nos quedamos con nuestra propia imaginación subjetiva para saber cómo debemos "tomar" o "ponernos" la armadura. Éste fue mi problema al principio de mi vida cristiana. Conocía las piezas de la armadura de memoria, pero no tenía ni idea de lo que significaba "ponerme" estas piezas. El acercamiento subjetivo lleva a todo tipo de enfoques místicos, gnósticos y supersticiosos de la armadura.

Normalmente, Efesios 6:10-17 está divorciado de su contexto e interpretado como un texto aislado. El pasaje es la conclusión del libro de Efesios, y debe ser visto como tal. En otras palabras, la analogía de la armadura debe ser interpretada como un resumen, una conclusión para todo lo que se ha dicho en los cinco capítulos previos. Todas las presentaciones de la armadura de Dios que yo había escuchado nunca trataban a la armadura de Dios como una conclusión del libro. Un poco de contexto allana mucho camino para aclarar la confusión.

Cada pieza de la armadura de Dios es desarrollada ampliamente a lo largo de todo el libro de Efesios. Efesios 6 no es el primer lugar del libro

---

[3] Ibid., 76.
[4] Ibid., 73, 76.

que leemos sobre la verdad, la justicia, el evangelio de paz, la fe, la salvación o la Palabra de Dios. Todos estos son temas que Pablo ha explicado a lo largo del libro. Se encuentran en este pasaje final sumatorio, que sirve como una conclusión a Efesios.

Otro resultado de divorciar este pasaje de su contexto es que tiende a hacer mayor la analogía de la armadura romana de lo que Pablo hubiera pretendido. No hay duda de que el pasaje es una analogía. Pablo compara estas diferentes provisiones para la salvación a las piezas de armadura puestas por un soldado romano.

Sabiendo esto, debemos responder a varias preguntas de interpretación. Por ejemplo, ¿cuál es el punto de la analogía? ¿Qué pretendía Pablo que entendiéramos con su referencia a "armadura"? ¿Debemos tomar la analogía como algo completo o debemos entender el pasaje a través de la suma de sus partes individuales?

La clave para entender la analogía no es su referencia a las piezas individuales, sino ver la armadura como una unidad completa. Aquí es donde corremos el peligro de hacer mayor la analogía de un soldado romano de lo que Pablo pretendía. Típicamente el trato que se da es de ver la armadura como una lista de piezas individuales, con la opción de tomar o no cualquiera de ellas. Por ejemplo, así es como "la coraza de justicia" es típicamente enseñada.

Se usa mucha tinta para detallar lo que era la coraza, como se veía y cómo funcionaba. La coraza de un soldado romano fue usada para proteger a los órganos vitales. ¿Cuáles son estos órganos vitales? El corazón y las entrañas. En el pensar judío, el corazón representaba el asiento de la mente y de la voluntad, y las entrañas representaban el asiento de las emociones. Por lo tanto Dios ha provisto algo que protege nuestra mente y nuestras emociones: la justicia. Entonces iniciamos la pregunta, "¿Cómo es que la justicia protege mi mente y mis emociones?" Es aquí donde los maestros y comentaristas encuentran la libertad para desviarse con todo tipo de sugerencias y aplicaciones sobre lo que Pablo quería decir.

Nadie se detiene a hacer la pregunta, "¿Se encuentra la intención de esa referencia en la función de la coraza, o el punto de esa referencia se encuentra en el significado de "la justicia"? El punto de la referencia se encuentra en el significado de la justicia, no en la función de la coraza.

Verdad o Territorio: Un Acercamiento Bíblico a la Guerra Espiritual

Después de todo, ¿no es que la verdad, la paz, la salvación y la Palabra de Dios también sirven para proteger nuestra voluntad y nuestras emociones?

Pablo no nos dice lo que tenía en mente cuando asigna la verdad al cinturón, la justicia a la coraza y la paz a los pies. Cuando cada pieza es considerada y aplicada aparte de la unidad completa, la "armadura de Dios" llega a ser un ejercicio subjetivo del pensar creativo y de imaginaciones desbordadas, restringidas solo por el capricho y la voluntad del intérprete, en vez de por el texto. Hay una mejor manera para acercarse a la armadura, y más fundamentada en el texto.

El "cinturón" no ilustra el propósito de la "verdad" en la vida del creyente, ni la "coraza" ilustra la función de la "justicia" en la vida del creyente. El punto principal de la analogía no está para nada en la función de las piezas individuales. El punto de la analogía es la función de la unidad completa. El punto no se encuentra en la vestimenta, sino en los atributos que son mencionados: la verdad, la justicia, la paz, la fe, la salvación y la Palabra de Dios.

Dos veces en este pasaje, Pablo hace referencia a "toda la armadura de Dios" (vv. 11, 13). Por lo tanto, vamos a mirar a la armadura como un todo.

Lo Que Llevaba Puesto un Soldado

Los lectores de Pablo estaban familiarizados con la armadura de un soldado romano. Aunque no queremos hacer mayor la analogía de la verdadera intención, tampoco queremos ignorarla. Vamos a echar un vistazo a lo que llevaba puesto un soldado romano.

Cinturón: El cinturón de un soldado era importante. Tal vez no se ve como una pieza esencial para nuestro atavío hoy en día, pero en el tiempo de las batas y las túnicas sueltas, el cinturón jugaba un papel vital. Se usaba para amarrar las partes sueltas del vestido del soldado. La túnica era un pedazo de tela cuadrado con huecos abiertos para la cabeza y los brazos. Antes de una batalla, las partes sueltas de la túnica eran ceñidas por el cinturón y remetidas para que no hubiera nada para impedir el movimiento del soldado.

Coraza: La coraza era una sola pieza elaborada al martillar un pedazo de metal. Se llevaba puesta en la parte delantera del cuerpo y protegía los órganos vitales.

15 La Protección para un Soldado

Calzados: Un soldado necesitaba protección para sus pies contra todo tipo de terreno. Las sandalias usadas por los soldados romanos eran de larga duración y a menudo tenían pedazos pequeños de metal o clavos incrustados en las suelas para dar tracción y estabilidad en ciertos terrenos.

Escudo: Había dos tipos de escudos usados en los tiempos de Pablo. El primero era un escudo pequeño y redondo de 61 centímetros de diámetro y usado para un combate mano a mano. El escudo se aseguraba al brazo con correas de cuero.

El segundo tipo de escudo era del tipo que Pablo menciona aquí. Estos eran más grandes y de forma rectangular. Normalmente medían 137 centímetros de alto y 76 centímetros de ancho. Estos escudos eran usados en conjunto con los otros. Los soldados se ubicaban en una línea hombro con hombro, poniendo sus escudos juntos para formar una pared difícil de penetrar. Los arqueros estaban de pie detrás de esta pared humana que avanzaba, y disparaban a cualquier persona que intentaba asomarse por encima, y lanzaban flechas por encima hacia el enemigo. Los escudos a menudo se cubrían de piel. Los escudos cubiertos de piel eran empapados en agua antes de ir a la batalla, puesto que era una práctica común sumergir la punta de la flecha en una sustancia como petróleo que se encendía al lanzarla. Cuando la flecha pegaba contra un marco, la sustancia encendida salpicaba contra otras cosas alrededor y encendía el marco. La piel mojada del escudo servía para sofocar estas flechas encendidas.

Casco: Esto protegía a la cabeza del soldado.

Espada: Cada soldado necesitaba una espada como un arma ofensiva.

Cuando tomamos la armadura como un todo, varias cosas resaltan. Primero, observamos la totalidad de la protección que la armadura ofrecía. Todo está cubierto de cabeza (casco) hasta los dedos del pie (calzado). En otras palabras, no hay ninguna parte en la que al cristiano le falte protección. Dios ha provisto una defensa adecuada para el creyente. No nos falta nada de lo que necesitamos para tratar con el enemigo y sus artimañas. Dios nos ha dado todo lo que necesitamos para la vida y la piedad (2 Pedro 1:3). Si el enemigo logra tener éxito con sus ataques, no es porque falta alguna provisión de Dios, sino más bien un fallo de nuestra parte en la aplicación de lo provisto.

Segundo, observamos que no hay armadura para la parte posterior del cuerpo. No se había provisto protección para un soldado en retirada.

Verdad o Territorio: Un Acercamiento Bíblico a la Guerra Espiritual

Un soldado que se mantenía firme en su posición se encontraba bien protegido contra las armas del enemigo. Simplemente no hay protección para quien no se mantenga firme.

El punto clave de la analogía está en la totalidad de nuestra protección. Eso es el punto significativo. Dios te ha envuelto tan fuertemente en Su provisión que no hay excusa para no mantenerse firme. Mientras te mantengas firme, y no cedas territorio al enemigo, no hay manera de que Satanás pueda penetrar la protección de Dios.

Ahora vamos a mirar las cosas indicadas por Pablo que componen nuestra protección.

Temas de Efesios

Si te asignan la tarea de identificar los temas mayores del libro de Efesios, ¿sabes lo que encontrarías? Si estudias el libro de Efesios desde el primer versículo, y resaltas los temas que aparecen una y otra vez, encontrarás que hay seis: la verdad, la justicia, la paz, la fe, la salvación y la obra del Espíritu Santo. No de manera casual, estos seis temas corresponden a la armadura de Efesios 6. En este pasaje, todos los temas principales que se han desarrollado en un momento u otro a lo largo del libro, se unen en un solo paquete.

La Verdad: La verdad es mencionada en otras seis ocasiones en Efesios (1:13; 4:15, 21, 24, 25; 5:9). El asunto importante aquí no es, "¿Qué nos enseña un cinturón acerca de la verdad?" sino, "¿Qué nos enseña el resto de Efesios acerca de la verdad?"

La verdad es el contenido de la doctrina que hemos creído para la salvación (1:13). La verdad nos madura y nos hace crecer en todos los aspectos en aquel que es la Cabeza, es decir, Cristo (4:15). Encontramos que la verdad está en Cristo (4:21). Somos el nuevo hombre creados en la verdad (4:24), y por lo tanto debemos dejar de lado toda falsedad y hablar la verdad el uno con el otro (4:25).

Entonces los que han sido salvados por la verdad, madurados por la verdad, creados en la verdad y santificados por la verdad, debemos andar en esa verdad y en el fruto de la misma (5:9). Esto contrasta de manera obvia con Satanás, quien anda en falsedad como el padre de las mentiras (Juan 8:44).

La Justicia: Hay dos tipos de justicia. Primero, está la justicia imputada. Cuando llegaste a ser cristiano, Cristo tomó tu pecado y te dio

15 La Protección para un Soldado

Su justicia. Se acreditó la justicia en tu cuenta. No es una justicia que tú mismo has ganado o que mereces. Es una justicia no derivada de la ley, sino dada por Cristo.[5]

Segundo, hay una justicia práctica. Ésta es la justicia que practicamos cuando andamos en la verdad. Somos capaces de vivir una vida de justicia porque se nos ha otorgado la justicia de Cristo. Nuestra justicia imputada es la que hace posible nuestra justicia práctica.

Pablo dice que debemos revestirnos de la justicia como una coraza. Otra vez, la pregunta no es, "¿Qué me enseña una coraza acerca de la justicia?" sino, "¿Qué sé acerca de la justicia en el resto de Efesios?"

Creo que es la justicia práctica la que Pablo está describiendo aquí. Las otras dos veces que Pablo ha mencionado la justicia, la ha conectado con nuestro andar. En Efesios 4:24 se nos dice, "y os vistáis del nuevo hombre, el cual, en la semejanza de Dios, ha sido creado en la justicia y santidad de la verdad." En Efesios 5:9 Pablo dijo que debemos andar en la luz "porque el fruto de la luz consiste en toda bondad, justicia y verdad." En ambos contextos, hay un contraste entre la vida justa de un creyente obediente y la conducta injusta de un creyente desobediente, o más aún, de un no creyente.

Debemos revestirnos con una conducta justa. La justicia de Cristo que ha sido provista para nosotros en salvación no es algo que nos podamos poner. Es algo dado por Dios a nosotros. Dios nos viste de Su justicia. La conducta justa, por otra parte, es algo que sí puedo "ponerme". Siempre que practiquemos la justicia y desechemos las obras de la oscuridad, estaremos protegidos. Cuando empezamos a vivir o participar en la injusticia, estamos dando una vía a Satanás por la cual nos pueda atacar.

La Paz: En conexión con los pies, Pablo habla del evangelio de la paz. También se menciona otras cinco veces la paz en Efesios (1:2; 2:14, 15, 17; 4:3). De nuevo, la intención de la analogía no es lo que las sandalias o los pies nos puedan decir acerca del evangelio o su proclamación sino, "¿Qué nos dice el resto de Efesios acerca de la paz?"

La paz es algo que proviene de Dios nuestro Padre y el Señor Jesucristo (1:2). El hecho de que Pablo mencione "el evangelio de la paz" nos dice exactamente lo que él tiene en mente. Este tema se trata de

---

[5] Filipenses 3:7-11.

manera más larga en el capítulo 2 donde Pablo muestra cómo el evangelio trae paz. No estaba hablando de un "sentimiento de paz" o una "paz en nuestro espíritu". Pablo tiene algo muy específico en su mente. En el capítulo 2, él nos dice cómo el evangelio ha logrado paz entre dos grupos de la humanidad que antes estaban enemistados. En un tiempo había una división entre judíos y gentiles. Esa división se creó por la "ley de los mandamientos expresados en ordenanzas." El evangelio ha cambiado eso.

> Pero ahora en Cristo Jesús, vosotros, que en otro tiempo estabais lejos, habéis sido acercados por la sangre de Cristo. Él mismo es nuestra paz, quien de ambos pueblos hizo uno, derribando la pared intermedia de separación, aboliendo en su carne la enemistad, la ley de los mandamientos expresados en ordenanzas, para crear en sí mismo de los dos un nuevo hombre, estableciendo así la paz, y para reconciliar con Dios a los dos en un cuerpo por medio de la cruz, habiendo dado muerte en ella a la enemistad. Y vino y anunció paz a vosotros que estabais lejos, y paz a los que estaban cerca; porque por medio de Él los unos y los otros tenemos nuestra entrada al Padre en un mismo Espíritu. Así pues, ya no sois extraños ni extranjeros, sino que sois conciudadanos de los santos y sois de la familia de Dios, edificados sobre el fundamento de los apóstoles y profetas, siendo Cristo Jesús mismo la piedra angular, en quien todo el edificio, bien ajustado, va creciendo para ser un templo santo en el Señor, en quien también vosotros sois juntamente edificados para morada de Dios en el Espíritu" (Efesios 2:13-22).

El evangelio que hemos creído para recibir nuestra salvación (1:13-14) es un evangelio que trae paz entre los hombres. El evangelio reconcilia a los hombres con Dios, y entre ellos. El evangelio hace hermanos de los que antes eran enemigos. En el contexto de Efesios, es la paz entre judíos y gentiles.

De la misma manera que Cristo es nuestra verdad y nuestra justicia, Él también es nuestra paz. Esa paz que ahora disfrutamos con la gente de Dios es algo provisto por Dios en nuestra salvación. Es parte de nuestra protección contra el enemigo.

15 La Protección para un Soldado

La Fe: La fe es mencionada varias veces en Efesios (1:15; 2:8; 3:12, 17; 4:5, 13; 6:23). Tal como nos hemos apropiado de las otras provisiones de la salvación de Dios, así también debemos hacer uso de la fe para protegernos del enemigo. La pregunta no es, "¿Qué nos enseña un escudo acerca de la fe?" sino, "¿Qué me dice el resto de Efesios acerca de la fe?"

La fe, a saber la fe en Cristo, es lo que nos salva (1:15; 2:1-10). La fe es un regalo de Dios a Sus elegidos (2:8). La fe también nos da acceso continuo al Padre por medio de Cristo en oración (3:12). A través de esa misma fe que nos ha salvado, somos unidos juntos en un cuerpo, la iglesia (4:5, 13). La fe también es algo que proviene de Dios y es dada a Su gente (6:23).

Aunque el enemigo pueda lanzar dardos encendidos contra nosotros, estamos protegidos por medio de esta continua confianza en Dios. La fe que el creyente ejercita para la salvación y la protección es el regalo de Dios a Su gente. Es una fe sobrenatural, la cual es el resultado del regalo soberano de Dios. De la misma manera que hemos sido salvados, así andamos, y permanecemos firmes en y por medio de la fe.

La Salvación: La salvación es el tema de la epístola entera (1:13; 2:5, 8). El punto de la analogía no es, "¿Qué nos enseña un casco romano acerca de la salvación?" sino, "¿Qué me dice el resto de Efesios acerca de la salvación?"

Los capítulos 1-3 nos indican lo que es la salvación, cómo llega a nosotros, quién está seguro por medio de la salvación y lo que la salvación ha hecho por nosotros. Los capítulos 4-6 nos muestran los efectos prácticos de la salvación en nuestras vidas diarias.

En 1:13 se nos dice que es "el mensaje de la verdad, el evangelio de vuestra salvación", el cual creemos y por medio de esa creencia somos sellados por el Espíritu Santo. Esta salvación nos ha llegado enteramente por la gracia (2:5, 8).

El Espíritu de Dios / La Palabra de Dios: La obra del Espíritu de Dios en traer la salvación a Sus elegidos, y de santificarlos, es evidente a lo largo de Efesios (1:13; 2:18, 22; 3:5, 16; 4:3, 4, 30; 5:18; 6:18). A riesgo de ser redundante, el punto de la analogía no es, "¿Qué me dice una espada acerca de la Palabra de Dios o la obra del Espíritu?" sino, "¿Qué me dice el resto de Efesios acerca de la obra del Espíritu Santo?"

Somos "sellados con el Espíritu Santo de la promesa" (1:13). En el poder del Espíritu Santo tenemos acceso al Padre (2:18), y por medio de Él

Verdad o Territorio: Un Acercamiento Bíblico a la Guerra Espiritual

Dios habita en Su pueblo (2:22). El Espíritu Santo ha revelado a Sus santos apóstoles y profetas el ministerio del evangelio que en otras generaciones no se dio a conocer a los hombres (3:5). Por lo tanto, el Espíritu Santo es quien ha estado activo en dar la revelación y también la iluminación (3:16). El Espíritu Santo ha creado una unidad en la iglesia que nos corresponde preservar (4:3-4). Se nos ha dado la fuerza para obedecer los mandatos de las Escrituras mientras estemos llenos del Espíritu Santo y nos sometamos mutuamente el uno al otro en el temor de Cristo (5:18-21). También debemos orar en el poder del Espíritu Santo (6:18).

En el contexto de la armadura de Dios, la obra del Espíritu se representa en términos de cómo Él usa la Palabra de Dios para proteger, defender y capacitarnos para la batalla.

El Espíritu de Dios usa la Palabra de Dios como un arma contra Satanás. Jesús dio el modelo de esto durante Su tentación en el desierto (Mateo 4:1-11). Cuando Satanás tentó a Jesús, Él respondió con, "Escrito está."

La Palabra de Dios es tanto un arma ofensiva como defensiva. Su cualidad ofensiva está descrita en Hebreos 4:12: "Porque la Palabra de Dios es viva y eficaz, y más cortante que cualquier espada de dos filos; penetra hasta la división del alma y del espíritu, de las coyunturas y los tuétanos, y es poderosa para discernir los pensamientos y las intenciones del corazón." Esto es lo que la verdad hace en la guerra espiritual.

Cuando veamos la guerra espiritual como una batalla por la verdad en vez de una conquista de territorio, entonces podremos ver cómo la Palabra de Dios se debe usar. 2 Corintios 10:3-5 nos dice que la esencia de la guerra espiritual es derribar ideologías, y fortalezas mentales en las cuales los no creyentes buscan refugio. La guerra espiritual es una batalla por la verdad, no una guerra para conquistar territorio.

La Palabra de Dios es verdad, y mediante la proclamación de la verdad en el evangelio y la Palabra de Dios, los cautivos de Satanás son liberados de sus fortalezas mentales. En la confrontación y el conflicto de liberar al ser humano del reino de la oscuridad, la única cosa que debemos y podemos usar es la Palabra de Dios. La usamos de una manera ofensiva en el sentido de que la predicamos, la enseñamos, la defendemos y confrontamos a la gente con sus reclamos de la verdad. Hacemos esto, confiando en que la Palabra de Dios obrará en los corazones, las vidas y las

15 La Protección para un Soldado

mentes de la gente para traerlos al conocimiento de la verdad para que puedan ser liberados del lazo del diablo (2 Timoteo 2:25-26).

También hay un uso defensivo para la Palabra de Dios. Cuando el enemigo ataca, siempre vamos a las Escrituras. Cuando somos tentados a dudar, vamos a la Palabra. Cuando somos tentados con la ansiedad, vamos a la Palabra. Cuando Satanás trae desaliento, vamos a la Palabra. Cuando Satanás trae depresión, encontramos la respuesta en la Palabra. Cuando el diablo nos confronta con falsedad, vamos a la Palabra de la Verdad. Siempre respondemos con la verdad específica de las Escrituras que corresponde a la tentación o al ataque. Podemos depositar nuestras vidas sobre lo que está escrito por el Espíritu de Dios.

C.H. Spurgeon escribió,

> Luchemos contra Satanás siempre con un "Escrito está," porque ningún arma jamás peleará contra el archienemigo tan eficazmente como las Sagradas Escrituras. Los esfuerzos de luchar contra Satanás con la razón, una espada de madera, siempre resultan en ser vencidos por él. Pero usa el filo de la Palabra de Dios, con la cual él ha sido herido muchas veces, y con rapidez lo vencerás. . . . "Escrito está." Esté firme sobre la Palabra, y si el diablo fuese 50 diablos en uno, él no te vencerá. De otra manera, si te apartas de "Escrito está", Satanás sabe más acerca del razonamiento que tú. Él es mucho mayor en edad, y ha estudiado al ser humano muy a fondo y conoce todos nuestros puntos débiles. Por lo tanto, el concurso será desigual. No argumentes con él, pero ondea en su cara la bandera de la Palabra de Dios. Satanás no puede permanecer contra la verdad infalible, porque es la muerte a la falsedad de la cual él es padre.[6]

La Palabra de Dios tiene que ser algo que estudiamos, amamos, leemos, memorizamos y honramos. Abandonar la Palabra de Dios es abandonar la misma batalla. La guerra espiritual es una batalla por la verdad. La Palabra de Dios es la verdad. Colocar la Palabra en un estante y rehusar usarla, o usar otra arma en su lugar es perder toda la batalla.

---

[6] Charles Spurgeon, *Spiritual Warfare in a Believer's Life* (Lynnwood: Emerald Books, 1993), 37, 78.

> Spurgeon dijo,
> Si vas a luchar con éxito contra Satanás, haz que las Sagradas Escrituras sea tu comunión diaria. De la sagrada Palabra extrae tu armadura y munición. Aférrate a las doctrinas gloriosas de la Palabra de Dios; haz de ellas tu comida y bebida diaria. Así estarás fuerte para resistir al diablo, y estarás gozoso al descubrir que él huirá de ti.[7]

Lo Que Aprendemos de la Armadura

La armadura (protección) que Dios ha provisto es, nada menos, que Jesucristo mismo. Él es la verdad. Él es nuestra justicia. Él es nuestra paz. Él es el autor y consumador de nuestra fe. Él es nuestra salvación y Capitán de ella. Él es la Palabra viva de Dios. El hecho de apropiarte de esta protección es "vestirse del Señor Jesucristo, y no penséis en proveer para las lujurias de la carne" (Romanos 13:14). Cristo es nuestro escudo y nuestra armadura. Él es nuestra protección contra Satanás.

Todo lo que Dios ha provisto bondadosamente en la salvación (Efesios 1-3) es vivido y apropiado para nuestro vivir diario (Efesios 4-6). La protección espiritual resulta de andar en, esforzarse en y vivir en la salvación con que Dios nos ha bendecido.

Ser desobediente a Dios es perder la protección y así ceder al enemigo. La desobediencia es fallar en estar firme en Cristo. El grado en el que descuidemos cualquier elemento de nuestro andar es el grado en que seremos vulnerables a los ataques del enemigo. La postura de un soldado es la de estar firme. La provisión de protección para un soldado es nuestro Señor.

La armadura de Dios es la conclusión para el libro de Efesios. Pablo simplemente está trayendo todo lo que ha dicho a una conclusión: Vive esta gran salvación. Anda en esta salvación. Mientras te mantengas firme en Cristo, estarás protegido de las artimañas del diablo. No hay nada que temer para el que está en Cristo Jesús. La persona a la que se le haya otorgado la salvación y hace seguro su llamado y elección por medio de andar en esa salvación no tiene nada que temer al enemigo de su alma. Está protegido porque está en Cristo.

---

[7] Ibid., 37.

15 La Protección para un Soldado

El hecho de "ponerse" o de "tomar" la armadura de Dios *es vivir en la práctica las bondades de la salvación que han sido provistas en Cristo por la rica bendición de Dios*. No es algo que nos lo apropiemos místicamente por medio de una oración mantra. No es algo que hablemos y llegue a ser real por una confesión positiva. No es una lista de piezas individuales que son "quitadas" o "puestas diariamente". Es la protección provista por estar en el Hijo Amado de Dios. En Él estamos firme. Estamos seguros y protegidos de Satanás mientras andemos en Él.

Por lo tanto estate firme en Él por medio de "andar de una manera digna de la vocación con que habéis sido llamados" (Efesios 4:1). Esta es tu protección.

16

Conclusión: Una Apelación Final

¿Qué estabas esperando cuando adquiriste este libro? ¿Estabas esperando un manual sobre la guerra espiritual? ¿Estabas esperando una guía de "cómo hacer" un combate mano a mano con los demonios? ¿Estabas deseando encontrar unas oraciones formuladas para poder derrotar a Satanás, atar a los demonios y liberar a tus seres queridos? Si es así, seguro que a esta altura estarás reaccionando en una de dos maneras.

Primero, estarás muy, pero muy ENFADADO conmigo. Puedes estar sintiendo que he atacado a tu maestro favorito, socavado tu experiencia y cuestionado tu discernimiento. Si estás en este grupo, entonces deseo darte gracias por leer todo hasta el final. Hubieras podido dejar de leer hace mucho tiempo atrás.

Por favor entiende que comparto tu dolor. No digo esto de manera condescendiente o como un gesto sin sentido. De *veras* entiendo tu dolor. Así como tal vez lo has captado en varios momentos de este libro, había un tiempo en que creía, practicaba y abrazaba casi cada perspectiva sobre la guerra espiritual que he evaluado y criticado. A través de un entendimiento creciente de la suficiencia de las Escrituras y los retos amorosos de algunos amigos, fui obligado a evaluar estas prácticas y eventualmente abandonarlas. Lo sé por mi propia experiencia que no es fácil abandonar creencias y tradiciones, y cuestionar las experiencias, especialmente esas con las cuales nos hemos comprometido emocionalmente.

Está bien si un lector está enfadado conmigo. Solo pido una cosa: prueba lo que he dicho para ver si es bíblico. Prueba tus propias creencias y suposiciones de la misma manera. No soy la autoridad final sobre estas prácticas. La Escritura sí lo es. Por lo tanto, no solo pon a prueba lo que he escrito, sino también pon a prueba en el mismo estándar los escritos de Anderson, Bubeck, White y el resto.

Verdad o Territorio: Un Acercamiento Bíblico a la Guerra Espiritual

¿Están manejando con precisión la Palabra de la Verdad? ¿Están sus prácticas arraigadas a la sana doctrina y claramente descritas en las Escrituras, o son sus enseñanzas derivadas de las experiencias y del testimonio de demonios? ¿Se enseñan y se moldean estas cosas en las Escrituras? ¿Se mandan estas cosas?

Mi apelación para ti es esta: ve a la Palabra. Examina todo y retén lo que es verdadero (1 Tesalonicenses 5:21).

Si no estás echando humo contra mí, entonces tal vez estás en un segundo grupo: sientes una sensación de liberación y libertad. Haz llegado a entender que no tienes que vivir en el temor. No necesitas recitar mantras y oraciones formuladas. No tienes que preocuparte de que inconscientemente tal vez hayas adquirido un demonio o una influencia demoníaca. No tienes que batallar contra maldiciones, investigar espíritus territoriales y limpiar de manera ceremonial tu ambiente para poder vivir una vida cristiana fructífera y productiva.

Haz llegado a apreciar firmemente la muerte de Cristo y lo que esto ha significado para ti. Ahora ves tu liberación completa de Satanás y su reino. Aprecias totalmente la expiación de Cristo y la redención que ha asegurado. Repentinamente entiendes que la guerra espiritual no es tan complicada ni mística como algunos lo han hecho. Las cosas son mucho más simples ahora. Las nubes de confusión se han desvanecido. Has sido liberado no solo de Satanás y su reino, sino de una perspectiva gravosa y no bíblica acerca de los demonios y la guerra espiritual.

¡Comparto tu gozo!

Mi apelación para ti es esta: ve a la Palabra. Examina todo y retén lo que es verdadero (1 Tesalonicenses 5:21).

¡Es a la Palabra de Verdad a la que debemos acudir! Ella es suficiente. Ella es infalible. Ella es inerrante. Ella es la Santa Palabra de Dios.

La confusión actual y las prácticas no bíblicas sobre la guerra espiritual del movimiento de liberación son nada más que otra manifestación triste de la falta de creencia de la iglesia actual en la suficiencia de la Palabra de Dios. Es mi oración que Dios usará la verdad de Su Palabra para exponer el error y derribar toda ideología falsa levantada contra el conocimiento de Dios – aún la ideología falsa del movimiento sobre la guerra espiritual.

Acerca del Autor

Jim Osman nació en mayo del 1972, y ha vivido en Sandpoint, Idaho desde los tres años de edad. Se graduó del bachillerato en Sandpoint High School en 1990. Jim llegó a conocer a Cristo a través del ministerio de Cocolalla Bible Camp en el verano de 1987. Kootenai Community Church siempre ha sido su iglesia principal, habiendo asistido la escuela dominical, vacaciones bíblicas de verano y el grupo de jóvenes.

Después de graduarse del bachillerato, Jim estudió en Millar College of the Bible en Pambrun, Saskatchewan (Canadá). Fue allí, en el instituto bíblico, que Jim conoció a su futura esposa, Diedre, quién también estaba inscrita como estudiante. Jim se graduó con un diploma del curso de tres años en abril del 1993, y se casó con Diedre en agosto del mismo año. Regresó a Millar en septiembre del 1994 para seguir con sus estudios, y se graduó del Programa de Cuarto Año de prácticas, como Licenciado en Letras en Ministerios Estratégicos en abril del 1995. Fue incorporado a la Sociedad de Honor de la Asociación de Institutos Bíblicos de Canadá y nombrado como miembro de la Pi Alpha Mu.

Jim y Diedre regresaron a Sandpoint donde Jim empezó a trabajar en la construcción, como colocador de techos, hasta que Kootenai Community Church lo llamó a tomar las responsabilidades del anciano encargado de la predicación en diciembre del 1996. Ahora él reconoce como el privilegio más grande el poder involucrarse en servir a la iglesia que tanto le ayudó a él durante muchos años.

A Jim le encanta estar en el campo, ya sea de acampada, cazando animales o trabajando en su jardín. Él disfruta mucho de montar en bicicleta y ver los partidos de futbol americano, especialmente su equipo favorito, los 49ers de San Francisco, siendo éste el equipo que apoyaba desde su niñez. Jim y Diedra tienen cuatro hijos: Taryn, Shepley, Ayden y Liam. ¡Todos apoyan a los 49ers!

Puedes contactar con Jim a través de Kootenai Community Church (http:www.kootenaichurch.org) o por medio de del correo electrónico jimcosman@truthorterritory.com.

www.ingramcontent.com/pod-product-compliance
Lightning Source LLC
LaVergne TN
LVHW041540070426
835507LV00011B/843